Auswirkungen von mehrfachen
Diskriminierungen auf Berufsbiografien

Simone Philipp · Isabella Meier · Klaus Starl
Margareta Kreimer

Auswirkungen von mehrfachen Diskriminierungen auf Berufsbiografien

Eine empirische Erhebung

Simone Philipp
ETC und Universität Graz
Österreich

Isabella Meier
ETC und Universität Graz
Österreich

Klaus Starl
ETC Graz, Österreich

Margareta Kreimer
Universität Graz
Österreich

Gedruckt mit freundlicher Unterstützung der Karl-Franzens-Universität Graz

ISBN 978-3-658-01436-0
DOI 10.1007/978-3-658-01437-7

ISBN 978-3-658-01437-7 (eBook)

Die Deutsche Nationalbibliothek verzeichnet diese Publikation in der Deutschen Nationalbibliografie; detaillierte bibliografische Daten sind im Internet über http://dnb.d-nb.de abrufbar.

Springer VS
© Springer Fachmedien Wiesbaden 2014
Das Werk einschließlich aller seiner Teile ist urheberrechtlich geschützt. Jede Verwertung, die nicht ausdrücklich vom Urheberrechtsgesetz zugelassen ist, bedarf der vorherigen Zustimmung des Verlags. Das gilt insbesondere für Vervielfältigungen, Bearbeitungen, Übersetzungen, Mikroverfilmungen und die Einspeicherung und Verarbeitung in elektronischen Systemen.

Die Wiedergabe von Gebrauchsnamen, Handelsnamen, Warenbezeichnungen usw. in diesem Werk berechtigt auch ohne besondere Kennzeichnung nicht zu der Annahme, dass solche Namen im Sinne der Warenzeichen- und Markenschutz-Gesetzgebung als frei zu betrachten wären und daher von jedermann benutzt werden dürften.

Gedruckt auf säurefreiem und chlorfrei gebleichtem Papier

Springer VS ist eine Marke von Springer DE. Springer DE ist Teil der Fachverlagsgruppe Springer Science+Business Media.
www.springer-vs.de

Inhaltsverzeichnis

Einleitung	9
Begriffsbestimmungen aus sozial-, rechts- und wirtschaftswissenschaftlicher Perspektive	15
Stand der Forschung zu Benachteiligungen und Diskriminierungen im Bildungssystem und am Arbeitsmarkt	27
Forschungsdesign	43
„Je mehr Angriffsfläche für Personen mit Vorurteilen vorhanden ist, umso eher kann diskriminiert werden …" Ergebnisse der ExpertInnenbefragung	53
Mehrfache Diskriminierungen in Berufsbiografien Ergebnisse der Betroffenenbefragung	71
Präferenzen und Einstellungen von ArbeitgeberInnen	131
Einmal ist nicht genug? Resümee	155
Literaturverzeichnis	161
Die AutorInnen	169

Danksagung

Dieses Buch beruht auf den Ergebnissen eines vom Jubiläumsfonds der Österreichischen Nationalbank (OeNB) geförderten Forschungsprojekts.[1] Unser Dank gilt daher der OeNB für die Finanzierung des Projekts sowie dem Institut für Volkswirtschaftslehre der Karl-Franzens-Universität Graz und dem Europäischen Trainings- und Forschungszentrum für Menschenrechte und Demokratie (ETC) für die Zurverfügungstellung von Ressourcen. Für die finanzielle Unterstützung zur Drucklegung ist dem Forschungsvizerektorat der Universität Graz zu danken.

Wir möchten weiterhin allen danken, die in vielfacher Weise zum Projekt und damit auch zum Gelingen des vorliegenden Buches beigetragen haben. Unser ganz besonderer Dank gilt allen interviewten Personen, ohne deren Bereitschaft, ihre oft auch leidvollen Erfahrungen für uns zu reflektieren und ihre beruflichen Erfahrungen mit uns zu teilen, dieses Buch nicht entstehen hätte können. Auch all jenen, die uns dabei geholfen haben, Zugang zu InterviewpartnerInnen zu bekommen, möchten wir herzlich danken. Insbesondere danken wir den MitarbeiterInnen der Zentren für Ausbildungsmanagement Steiermark (zam Steiermark GmbH) und der Kammer für Arbeiter und Angestellte Steiermark (AK). Weiterhin danken wir Dr. Christoph Kainz von der Wirtschaftskammer Österreich (WKO), Mag. Martin Reinisch vom Arbeitsmarktservice Graz-West und Umgebung, Abteilung Service für Unternehmen, Eva Surma, MA vom Verein Freiraum, Mag.ª Regina Wallner von der GEFAS Steiermark – Akademie für Generationen, sowie Mag.ª Emina Saric und Mag.ª Evelyn Awad von der Caritas Steiermark.

Christoph Knapp danken wir für die Transkription der Interviews, Mag.ª Barbara Schmiedl für das Lektorat und den KollegInnen vom ETC Graz danken wir für ihre Hinweise und Anregungen im Zuge von Fachgesprächen.

Graz, im Mai 2014　　　　　　　　　　　　　　　　　　Margareta Kreimer, Isabella Meier,
　　　　　　　　　　　　　　　　　　　　　　　　　　　Simone Philipp, Klaus Starl

---

[1] Das Jubiläumsfondsprojekt Nr. 13964 mit dem Titel „Der Einfluss von Mehrfachdiskriminierungen auf Karriereverläufe von Betroffenen" war am Institut für Volkswirtschaftslehre der Universität Graz angesiedelt und wurde in Kooperation mit dem Europäischen Trainings- und Forschungszentrum für Menschenrechte und Demokratie (ETC) umgesetzt. Das Projekt lief von Jänner 2011 bis Mai 2013.

Einleitung

Der Begriff Diskriminierung provoziert im Allgemeinen Assoziationen mit bestimmten „Merkmalen" oder „Charakteristika" von Personen, wie Geschlecht, Alter, Behinderung oder Migrationsgeschichte. Bilder von Kopftuch tragenden Frauen, älteren Migranten oder behinderten Frauen und Mädchen kommen ins Blickfeld. Kann bereits jedes einzelne dieser „Merkmale" zu Benachteiligungen oder Diskriminierungen führen, sind Betroffene von mehrfacher Diskriminierung gleich doppelt oder dreifach benachteiligt – so als ob „einmal nicht genug" wäre.

Durch unsere langjährige Beschäftigung mit dem Thema der mehrfachen Diskriminierung kennen wir diese Bilder, die in den Köpfen vieler Menschen herrschen. Diesen wollten wir auf den Grund gehen und stellten uns dabei folgende Fragen:
- Gibt es mehrfache Diskriminierungen am Arbeitsmarkt als (über Einzelfälle hinausgehendes) relevantes Phänomen?
- Wodurch lassen sie sich charakterisieren? Sind beispielsweise Frauen mit dunkler Hautfarbe im Vergleich zu Männern mit heller Hautfarbe „doppelt" oder sogar „dreifach" benachteiligt?
- Sind folglich die Arbeitsmarktchancen mehrfach diskriminierter Personen noch geringer bzw. noch verengter als jene „einfach" diskriminierter, und erwachsen den Betroffenen höhere monetäre und immaterielle Kosten infolge von mehrfacher Diskriminierung?
- Lassen sich Verstärkungseffekte bei mehrfachen Diskriminierungen im Vergleich zu einfacher Diskriminierung identifizieren?

Die Sichtung vorhandener Fachliteratur bringt zu Tage, dass es einerseits mehr oder weniger komplexe theoretische Abhandlungen über mehrfache Diskriminierungen gibt, die sich nicht ohne weiteres in empirische Zugänge übersetzen lassen. Andererseits gibt es eine Vielzahl von empirischen Studien, beispielsweise zur Situation von Frauen mit Migrationsgeschichte oder von Frauen mit Behinderungen am Arbeitsmarkt. Wiewohl diese Studien mehrfache Diskriminierungen beschreiben, lassen sich damit keine allgemeineren Aussagen über das Thema an sich treffen. Denn diese Studien sind in ihrer Aussagekraft auf die jeweils untersuchten Gruppen begrenzt und arbeiten überdies nicht mit Vergleichspersonen, denen privilegiertere Lagen zugeschrieben werden könnten.

Diese Lücke zwischen umfassenden, aber komplexen theoretischen Beiträgen über mehrfache Diskriminierung einerseits und empirischen Studien, die sich mit der Lage einer spezifischen Gruppe auseinandersetzen, andererseits wollen wir schließen, um einen Beitrag zum Verständnis von mehrfacher Diskriminierung zu leisten.

Den Ausgangspunkt unserer Beschäftigung mit diesem Thema bildete auch die Tatsache, dass es im österreichischen Recht zwar den Begriff der mehrfachen Diskriminierung (Mehrfachdiskriminierung) gibt, bislang allerdings kaum juristische Fälle zu diesem Sachverhalt vorhanden sind.

1 Problemstellung und Zielsetzung

Im juristischen Verständnis beziehen sich mehrfache Diskriminierungen (eigentlich: Mehrfachdiskriminierungen) auf Diskriminierungen aus mehr als einem Grund. Es reicht demnach beispielsweise nicht aus, Diskriminierung nach dem Geschlecht *oder* nach ethnischer Zugehörigkeit zu untersuchen und rechtlich zu bestimmen. Es bedarf der gemeinsamen Analyse, da die betroffenen Individuen mehreren benachteiligten Gruppen – z.B. *Frau* und *Migrantin* – angehören und in dieser multiplen Identität Diskriminierung ausgesetzt sind. Wir sind in unseren Identitäten in der Regel nie eindimensional, *nur* Mann oder Frau und damit mehr oder weniger privilegiert bzw. benachteiligt, sondern mehrere Differenzachsen bzw. deren Überschneidung beeinflussen Identität und soziale Positionierung.

Zur konkreten Definition von mehrfacher Diskriminierung gibt es eine Vielzahl von Begrifflichkeiten (u.a. additive, sequentielle, verstärkende Diskriminierung), auf die im Kapitel der Begriffsbestimmungen näher eingegangen werden wird. An dieser Stelle sei vermerkt, dass die Begriffe keinesfalls einheitlich verwendet werden, was auch einiges an Verwirrung mit sich bringt.[2] Zudem sind die disziplinären Zugänge durchaus unterschiedlich: Sind die Rechtswissenschaften vorrangig an (Mehrfach-)*Diskriminierung* interessiert (z.B. Holzleithner 2010), so steht im Mittelpunkt der Sozialwissenschaften die *soziale Ungleichheit* und die Ökonomik beschäftigt sich primär mit den Auswirkungen von Diskriminierung. Für das vorliegende Vorhaben sind unseres Erachtens jedenfalls alle drei Zugänge erforderlich.

Eine besondere Form mehrfacher Diskriminierung ist die intersektionale Diskriminierung, bei welcher sich durch die Verwobenheit verschiedener Differenzkategorien (wie Alter, Geschlecht, ethnische Herkunft, sexuelle Orientierung, Behinderung, Religion oder Weltanschauung) ein spezifisch neuer Diskriminierungsgrund ergibt. Der Begriff Intersektionalität geht auf die Arbeiten von Kimberlé Crenshaw (exempl. Crenshaw 1989; 1991) zurück, die Ende der 1980er und Anfang der 1990er Jahre in den USA untersuchte, wie *Rasse* und *Geschlecht* interagierend den Erfahrungshorizont schwarzer Frauen mitgestalten. Eine getrennte Analyse der Diskriminierungsgründe *Rasse* und *Geschlecht* kann der spezifischen Realität, mit der schwarze Frauen konfrontiert sind, nicht gerecht werden. Damit lieferte Crenshaw auch den Anstoß für die Untersuchung von Mehrfachdiskriminierung.

Obwohl mehrfache Diskriminierungen eine zunehmende Beachtung und Erforschung in sozialwissenschaftlichen Diskursen erfahren (exempl. Lutz et al. 2013, Degele/Winker 2009; Walgenbach et al. 2007), ist ihr Einfluss auf die Karriereverläufe von Betroffenen noch weitgehend unbekannt. Das vorliegende Buch fasst die Ergebnisse eines Forschungsprojekts zusammen, das sich zum Ziel gesetzt hat, Erfahrungen mit mehrfachen Diskriminierungen und deren Einflüsse auf Karriereverläufe (im Bildungsweg und am Arbeitsmarkt) zu erforschen. Vorkommen und Auswirkungen von mehrfachen Diskriminierungen werden im ökonomisch relevanten und auch grundrechtlich geschützten Bereich des Arbeitsmarktes untersucht.

---

[2] Die EU-Kommission versuchte den Begriff Mehrfachdiskriminierung in einer Studie zur Bekämpfung derselben konkreter zu fassen und unterscheidet zwischen additiver, verstärkender und intersektioneller Diskriminierung (EU-Kommission 2007). Holzleithner (2010) nimmt auf diese Differenzierung Bezug.

Die zentrale Fragestellung lautet:

> Haben mehrfache Diskriminierungen Auswirkungen auf die Berufsbiografien der Betroffenen? Führt das Auftreten von mehrfachen Diskriminierungen zu qualitativ anderen Formen von Auswirkungen als eindimensionale Diskriminierungen?

Die Bearbeitung dieser Fragestellung umfasst zum einen die konzeptionelle Klärung mehrfacher Diskriminierung und eine explorative Sichtung des Feldes (unter anderem durch ExpertInneninterviews), und zum anderen die Erforschung der Erfahrungsebene durch qualitative Interviews mit Betroffenen, sowie die der Strukturebene durch Befragungen auf der ArbeitgeberInnenseite. Die Fragestellung verweist auf die interdisziplinäre Anlage der Studie, wobei insbesondere auf der konzeptionell-theoretischen Ebene die Rechts-, Sozial- und Wirtschaftswissenschaften angesprochen sind.

2 Mehrfachdiskriminierung – ein kurzer Abriss vorhandener Ergebnisse

Einige Analysen zu konkreten Konstellationen von Mehrfachdiskriminierung liegen, teilweise auch für Österreich, bereits vor. Mehrfachdiskriminierung beschreibt dabei zumeist Diskriminierungssituationen, bei denen mehr als eine Kategorisierung/Differenzkategorie involviert ist.

Ahmadpour-Milani (2012) untersucht Mehrfachdiskriminierung von Mädchen und Frauen mit einer türkischen Migrationsgeschichte in Österreich. Sie spricht ob der spezifischen Situation *türkischer* Migrantinnen im Vergleich zu anderen Zuwanderungsgruppen und der Bedeutung der Kategorien „Klasse" und „symbolisch-identitäre Faktoren" sogar von „Vielfachdiskriminierung" (ebd., 126). Kalsberger (2013, 122) kommt in ihrer Untersuchung zur Gesundheitssituation von Migrantinnen zu einem ähnlichen Ergebnis und veranschaulicht dies in Anlehnung an Crenshaw (1989) mit dem Bild der Straßenkreuzung, bei der Diskriminierungen aus mehreren Richtungen zusammentreffen. Es sei gerade die Verwobenheit von Migrationshintergrund und Geschlecht, auf die die nachweisbare Schlechterstellung von Migrantinnen in Bezug auf ihre gesundheitliche Versorgung zurückgeführt werden kann. Im Sammelband von Bereswill et al. (2012) werden eine Reihe von Studien vorgestellt, die ebenfalls im Überschneidungsbereich von Migrationsforschung und Geschlechterforschung angesiedelt sind. Darin findet sich u.a. auch ein Beitrag zu Zugehörigkeitsdiskursen im Kontext von Kopftuch tragenden Frauen in Österreich.

Paierl (2009) stellt Studienergebnisse zusammen, die die Benachteiligungskonstellationen von *Frauen mit Behinderung* am Arbeitsmarkt aufzeigen. Es lässt sich zeigen, dass Frauen mit Behinderung sowohl gegenüber Frauen ohne Behinderung als auch gegenüber Männern mit und ohne Behinderung Benachteiligungen erfahren. Grünbichler/Andree (2009) untersuchen die Gruppe der gehörlosen jungen Frauen und betonen mehrfach die Notwendigkeit expliziter Berücksichtigung beider Kategorien, weil

> „... Frauen, die gehörlos oder schwerhörig sind, mit ihren spezifischen Bedürfnissen, Voraussetzungen und Benachteiligungen in diesem Diskurs [den Disability Studies] nicht sichtbar sind, meist werden sie unter die Kategorie Behinderung subsumiert und damit unsichtbar gemacht." (ebd., 4).

Ähnlich argumentiert auch Gruaz (2008): Behinderte Frauen unterliegen sowohl dem „Behindertenklischee" als auch dem „Geschlechterrollenklischee" und sind insofern „mehrfach diskriminiert" (ebd., 187).

Auch Strupp (2006) geht der Frage der Mehrfachdiskriminierung behinderter Frauen nach, legt aber zusätzlich den Fokus auf das Alter. Sie zeigt, dass faktisch Frauen mit Behinderung im Alter nicht wahrgenommen werden. Wenn überhaupt, gibt es Erkenntnisse zu *zwei* der drei Kategorien, die jeweils dritte bleibt unsichtbar.

„Gendering disability" ist der Titel des Sammelbandes von Jacob et al. (2010), in dem intersektionale Aspekte von Behinderung und Geschlecht diskutiert werden. Die Herangehensweise in den einzelnen Beiträgen ist sehr breit angelegt, indem neben den Differenzkategorien Geschlecht und Behinderung auch Sexualität, Rasse, Ethnizität und Klasse als interdependent in den Blick genommen werden.

Biffl et al. (2013) untersuchen Diskriminierung in Rekrutierungsprozessen und legen den Fokus in ihrer Fallstudie auf die Kriterien *ethnische Zugehörigkeit, Geschlecht und Alter*. Allerdings war es empirisch nicht möglich, die untersuchten Gruppen der Personen mit Migrationshintergrund, der Frauen und der über 50-Jährigen direkt miteinander zu verknüpfen, es handelt sich daher um keine Analyse von Mehrfachdiskriminierung im engeren Sinn.

Im Forschungsprojekt „Locating Intersectional Discrimination", das von 2010 bis 2013 am Europäischen Trainings- und Forschungszentrum für Menschenrechte und Demokratie (ETC Graz) durchgeführt wurde[3], gingen die ForscherInnen der Frage nach, welche Relevanz intersektionale Diskriminierung im Leben von Betroffenen hat und welche rechtlichen Möglichkeiten sich bieten, um mit Fällen von Mehrfach- und intersektionaler Diskriminierung besser umgehen zu können. Zentrales Ergebnis des Projektes war die Tatsache, dass Erfahrungen von Mehrfachdiskriminierung zwar eine große Rolle im Leben von Betroffenen spielen, vor allem aber Viktimisierungsängste dazu führen, dass die Betroffenen sich gegen eine rechtliche Geltendmachung ihrer Erfahrungen entscheiden. Im für die Rechtspraxis entwickelten Analyseschema wurden Methoden aufbereitet, um mehrfache bzw. intersektionale Aspekte von Diskriminierungssituationen erkennen und berücksichtigen zu können.

3 Zu den spezifischen Herausforderungen des Untersuchungsgegenstandes

Die Entwicklung eines Forschungsdesigns für die Analyse von Auswirkungen von mehrfacher Diskriminierung auf Berufsverläufe ist in jedem Fall eine Herausforderung. Eine Möglichkeit besteht darin, sich im Vorfeld auf eine bestimmte Konstellation von mehrfacher Diskriminierung festzulegen und das Design dementsprechend zu gestalten, um gerade diese Konstellation zu beforschen. Die im vorigen Abschnitt kurz vorgestellten Studien bedienen sich weitgehend dieser Methode.

So sehr diese „kategorienbezogene" Vorgangsweise ihre Berechtigung hat, um Erkenntnisse zu den jeweils spezifischen Konstellationen zu gewinnen und quasi maßgeschneiderte Ansätze zur Reduktion von mehrfacher Diskriminierung entwickeln zu können,

---

3 Locating Intersectional Discrimination war ein vom FWF unter der Projektnummer P 22639-G16 gefördertes Projekt, das von 2010 bis 2013 am ETC durchgeführt wurde. Die zentralen Ergebnisse des Projektes wurden als Beiträge in Philipp et al. 2014 veröffentlicht.

so sehr ist diese Vorgangsweise auch limitierend: Zum einen gibt es zu viele Kategorienkombinationen, die untersucht werden müssten,[4] zum anderen bleiben mögliche Diskriminierungsgründe außer Acht, die eben nicht in den gängigen Kategorien abgebildet werden, wie soziale Klasse/Status oder körperliches Erscheinungsbild. Auch eine konzeptionell-theoretisch abgeleitete und daher in aller Regel sehr komplexe Definition mehrfacher Diskriminierung, die andere Komponenten wie Zeit und Tatbestände mit einbezieht, kann sich in Hinblick auf eine empirische Untersuchung als einschränkend erweisen. Aus diesen Gründen wurde in der vorliegenden Studie explorativ vorgegangen, wenn es um Diskriminierungskonstellationen geht.

Wie eingangs schon dargelegt, verlangt die Untersuchung mehrfacher Diskriminierung ein interdisziplinäres Vorgehen. Dem wurde über die Zusammensetzung des ForscherInnenteams Rechnung getragen, wobei soziologische, juristische und ökonomische fachliche Hintergründe vertreten waren. Dass interdisziplinäre Zusammenarbeit immer wieder eine Herausforderung darstellt, zeigte sich auch in diesem Projekt – daher werden insbesondere die zentralen Begriffe und Zugänge im Kapitel der Begriffsbestimmungen ausführlich dargelegt.

Angesichts der Tatsache, dass bereits die Erfassung und Analyse *einfacher* Diskriminierung ein schwieriges Unterfangen darstellt – als Beispiel seien die Untersuchungen zum Gender Pay Gap angeführt[5] – erweist es sich als ungleich aufwändiger, Erfahrungen mit und Auswirkungen von mehrfachen Diskriminierungen zu erheben und zu analysieren. Eine rein quantitative Vorgangsweise schied von vornherein aus, da damit die komplexen Erfahrungen von Betroffenen mit Situationen mehrfacher Diskriminierung jedenfalls nur unzureichend abgebildet werden könnten. Die Studie ist daher qualitativ-explorativ angelegt und das Forschungsdesign weist einen zirkulären Charakter auf, in dem aufbauend auf den Ergebnissen der jeweiligen Erhebungsschritte die Fragestellungen der weiteren re-formuliert sowie die Methoden adaptiert wurden. Neben von mehrfacher Diskriminierung betroffenen Personen wurden auch ExpertInnen und ArbeitgeberInnen in die Untersuchung mit einbezogen, um ein möglichst umfassendes Bild zum interessierenden Phänomen zeichnen zu können (vgl. dazu ausführlich Kapitel Forschungsdesign).

4 Aufbau des Buches

Im Kapitel der Begriffsbestimmungen erfolgt eine Auseinandersetzung mit den für das Forschungsvorhaben relevanten Begriffen Ungleichheit, Diskriminierung und mehrfache bzw. intersektionale Diskriminierung sowie eine Reflexion über die Zugänge zu diesen

---

4   Für die gängigen 6 Diskriminierungskategorien (Geschlecht, Alter, Ethnie, Religion, sexuelle Orientierung, Behinderung) gibt es allein bei paarweiser Verknüpfung 15 mögliche Kombinationen.

5   Zum empirisch vielfach untersuchten Gender Pay Gap gibt es eine Vielzahl von Studien, die den in diesem Gap steckenden Diskriminierungsteil durchaus unterschiedlich ansetzen. Die meisten Studien kommen aber doch zu dem Ergebnis, dass rund die Hälfte des Pay Gap nicht durch Ausstattungsunterschiede zwischen Frauen und Männern erklärbar ist und daher mit Diskriminierung verknüpft werden kann. Geisberger/Glaser (2014) berechnen beispielsweise, dass vom gesamten Gender Pay Gap von rund 24% (d.h. Frauen verdienen auf der Basis von Bruttostundenverdiensten 24% weniger als Männer) nur 9 Prozentpunkte erklärt werden können, fast 15 Prozentpunkte bleiben unerklärt. Aber selbst damit liegen nur unzureichende Informationen über die Auswirkungen von Einkommensdiskriminierung nach dem Geschlecht vor, beispielsweise zur Frage kumulierter Lebenseinkommensverluste durch Diskriminierung oder zu den Rückwirkungseffekten, die die Erfahrung von Lohndiskriminierung auf die betroffenen Frauen haben kann.

sozialen Phänomenen aus den jeweiligen Disziplinen. Ziel ist die Eingrenzung und Klärung der für das Forschungsvorhaben relevanten Definitionen und Zugänge. Aufbauend darauf wurden die Forschungsfragen weiterentwickelt und ihnen zugrundeliegende Elemente operationalisiert, um auf dieser Basis die Erhebungsinstrumente zu entwickeln.

Das Kapitel zum Stand der Forschung gibt einen Überblick über bisherige Forschung zu Diskriminierung am Arbeitsmarkt und im Bildungssystem. Besonderes Augenmerk wurde hierbei darauf gelegt, welche Gruppen von Personen im Zentrum der Untersuchungen standen. Ein weiterer Fokus der Literaturstudie war die Beantwortung der Frage, in welchen Stadien der Bildungs- und Berufsbiografie Benachteiligungserfahrungen besonders zentral sind und in welchen Branchen diese besonders häufig vorkommen. Die Charakterisierung der Studie und die Beschreibung des Forschungsdesigns erfolgen im nächsten Kapitel. Die einleitend entwickelte Arbeitsdefinition von mehrfacher Diskriminierung wird empirisch übersetzt und durch Subfragestellungen ergänzt: Welche Dimensionen umfasst mehrfache Diskriminierung? Die Erhebungs- und Auswertungsmethoden werden ebenfalls in diesem Kapitel erläutert.

Die anschließenden Kapitel fassen die Ergebnisse der einzelnen Erhebungsschritte zusammen: Zuerst kommen die ExpertInnen für mehrfache Diskriminierungen und Benachteiligungen zu Wort, deren Angaben die explorative Erkundung des Feldes ermöglichen. Das darauffolgende Kapitel enthält die Ergebnisse des zentralen Erhebungsteils der Studie, narrativ-problemzentrierte Interviews mit Betroffenen mehrfacher Diskriminierung. Diese geben Auskunft über die Auswirkungen von mehrfacher Diskriminierung auf Berufsbiografien. Die Struktursseite, d.h. ArbeitgeberInnen, werden im folgenden Kapitel einbezogen, um über eine Gegenüberstellung mit der Sichtweise der Betroffenen Gemeinsamkeiten und Unterschiede in den Deutungen zur Mehrfachdiskriminierung herausarbeiten zu können.

Im letzten Kapitel wird ein Resümee gezogen, wobei die zentralen Ergebnisse der Studie zusammengefasst, deren Grenzen thematisiert und weiterer Forschungsbedarf identifiziert wird.

Begriffsbestimmungen aus sozial-, rechts- und wirtschaftswissenschaftlicher Perspektive

Das zentrale Erkenntnisinteresse der vorliegenden Studie liegt in der Untersuchung des Einflusses mehrfacher Diskriminierungen auf die Berufsbiographien von betroffenen Personen. Dazu wurden Bildungsbereich und Arbeitswelt als die entscheidenden Lebensbereiche herangezogen.

Die Fragestellung erfordert einen interdisziplinären Zugang, wobei insbesondere auf der konzeptionell-theoretischen Ebene die Rechts-, Sozial- und Wirtschaftswissenschaften angesprochen sind. Gerade im interdisziplinären Kontext bedarf es einer umfassenden Begriffsbestimmung, nicht nur, weil die Terminologie in den Disziplinen unterschiedlich ist oder verwendet wird, somit Unterschiedliches bezeichnet, sondern auch deshalb, um den verwendeten Begriffen eine für das Erkenntnisinteresse sinnvolle Bedeutung zu geben, die weder aus der jeweiligen Disziplinensicht irreführend ist noch einen simplifizierenden Kompromiss darstellt.

Vor diesem Hintergrund erfolgt in diesem Kapitel eine Auseinandersetzung mit den für das Forschungsvorhaben relevanten Begriffen *(soziale) Ungleichheit* und den unterschiedlichen Formen von *(mehrfacher) Diskriminierung* sowie eine Reflexion über die Herangehensweisen zu diesen sozialen Phänomenen aus Sicht der jeweiligen Disziplinen.

Um die zentrale Forschungsfrage des Einflusses mehrfacher Diskriminierungen und individueller und gesellschaftlicher Benachteiligungen auf Berufsverläufe im interdisziplinären Kontext beantworten zu können, ist zu klären, welche rechtlichen, sozialen und ökonomischen Einflüsse relevant sind. Weiters ist zu klären, inwiefern Ungleichheit, Benachteiligung oder Diskriminierung als ursächlich für die Auswirkungen auf die Berufsverläufe gesehen werden können. Zu Beginn muss jedenfalls festgestellt werden, was die Wirkungsmechanismen aus der Perspektive der angesprochenen Disziplinen sind. Dabei sind die jeweiligen Erkenntnisinteressen der Rechtswissenschaft sowie der Sozial- und Wirtschaftswissenschaften zu beachten.

- Die Rechtswissenschaft hat den konkreten Sachverhalt im Blick. Die rechtlichen Definitionen sind daher relativ eng. Sie müssen geeignet sein, einen konkreten Fall zu beurteilen. Dazu kommt, dass Diskriminierung ein Tatbestand ist, der erst durch eine rechtliche Entscheidung als solcher qualifiziert werden muss.
- Die Sozialwissenschaften verwenden den Begriff Diskriminierung kaum, betrachten stattdessen Ungleichheit und wollen auf gesellschaftlicher Ebene ihre Ursachen und Auswirkungen erklären. Eine derart aggregierte Sichtweise ist den Rechtswissenschaften aufgrund des unterschiedlichen Interesses weitgehend fremd.
- Die Ökonomik geht, jedenfalls im Standardmodell, davon aus, dass der Marktmechanismus eine optimale und daher auch diskriminierungsfreie Allokation sicherstellt. Diskriminierung kommt daher als ökonomisch-theoretisch nicht erklärbare Form des Marktversagens oder als ebenfalls dem Marktsystem exogene „Präferenz für Diskriminierung" ins Spiel.

Die Herstellung einer Verbindung zwischen der individuellen konkreten Sichtweise der Rechtswissenschaften und der tendenziell aggregierten Perspektive in den Sozial- und Wirtschaftswissenschaften stellt eine Herausforderung interdisziplinärer Analyse von Diskriminierung dar. Ziel ist es, auf beiden Ebenen Aussagen treffen zu können und Ergebnisse zu präsentieren.

1 Soziale Ungleichheit

Die Forschung zu sozialer Ungleichheit hat in den Sozialwissenschaften eine lange Tradition, deren – selbst überblicksartige – Nachzeichnung den Rahmen hier sprengen würde. In ihren Anfängen zog die Soziologie der sozialen Ungleichheit vorwiegend ökonomische Faktoren wie Einkommen, Kapital und Vermögen als Basis für die Begründung einer Theorie der Klassen und Schichten heran. Diese findet sich bei „soziologischen Klassikern" wie Karl Marx und Max Weber. In der Folge entwickelten sich Theorien der sozialen Schichten und Milieus, welche weitere Merkmale identifizierten, an denen sich die Platzierung von Individuen oder Gruppen in der Gesellschaft ablesen lassen, beispielsweise Lebensstile und Geschmack (exempl. Schulze 1992, Hradil 2001, Vester et al. 2001). Insbesondere die viel zitierte und diskutierte Studie „Die feinen Unterschiede. Kritik der gesellschaftlichen Urteilskraft" des französischen Soziologen Bourdieu (1982) ist zu nennen. Aus sozialen Unterschieden wurden konzeptuell soziale Ungleichheiten, um das Phänomen in seinem dynamischen Charakter begreifen zu können. Ungleichheiten werden in der neueren sozialwissenschaftlichen Forschung als Vorgänge begriffen, die sich innerhalb von Schichten, Milieus und Klassen und vor allem auch an deren Grenzen abspielen. Hinzu kommen neuere Ansätze der Ungleichheitsforschung, die sich mit der Pluralisierung von Lebensstilen auseinandersetzen und unter dem Begriff der „Individualisierung" Lebensstile analysieren, die quer zu sozialen Schichten liegen und auf der gleichen sozialen Ebene vorkommen können. Zentrales Forschungsinteresse dabei ist die Identifikation von typischen Mustern des Denkens und Handelns in spezifischen sozialen Lagen und Milieus. Einen Überblick über die Auseinandersetzung der Sozialwissenschaften mit dem Phänomen sozialer Ungleichheit bieten diverse Einführungswerke (exempl. Budowski/Nollert 2010, Keller 2007, Kreckel 2004, Burzan 2007, Schwinn 2007).

Für das vorliegende Forschungsvorhaben sind Ansätze relevant, die soziale Kategorisierungen wie „Rasse", Geschlecht und Klasse als Ausgangspunkt der Analyse von sozialer Ungleichheit in den Blick nehmen und dabei die Bedeutung der Unterscheidung von horizontalen und vertikalen Differenzierungsprozessen betonen. Hierdurch kann der Einsicht Rechnung getragen werden, dass sich Personengruppen sowohl im Hinblick auf nominale Parameter (ethnische Zugehörigkeit, Religion, Beruf, Wohnort, etc.) als auch über graduelle Merkmale, deren Ausprägungen sich in eine Rangordnung bringen lassen (Bildung, Einkommen und Prestige), unterscheiden können. Während nominale Parameter Unterschiede zwischen Personen(gruppen) beschreiben, führen Differenzierungsprozesse entlang gradueller Parameter zu Statusunterschieden und zu (wertender) Ungleichheit und Ungleichbehandlung. Ungleichartigkeit gilt zwar als Voraussetzung oder Legitimationsinstrument für soziale Ungleichheit. Nach Dahrendorf (1974) beginnt Ungleichheit erst dort, wo aus sozialer Ungleichartigkeit über einen Bewertungsprozess soziale Ungleichwertigkeit entsteht.

Die Sozialwissenschaften und insbesondere die Ungleichheitsforschung weisen auf den engen Zusammenhang von Zuschreibungen an Personen oder Personengruppen mit gesellschaftlichen Herrschaftsverhältnissen hin. Es handelt sich dabei um Strukturen, die eng mit der ungleichen Verteilung von Macht, Kapital und Anerkennung verbunden sind und die sich als funktional für die Gesellschaft erweisen. Benachteiligungen und Ungleichheiten entstehen aus Herrschaftsverhältnissen und sind nur im Kontext dieser Herrschaftsverhältnisse verstehbar. Die Strukturen einer Gesellschaft beeinflussen die Zuweisungsprozesse von Personen an bestimmte gesellschaftliche Positionen und rufen dadurch Ungleichheit und Benachteiligung hervor.

Ansätze zur Analyse der Intersektionalität sozialer Ungleichheit gehen von einer Verwobenheit verschiedener Kategorisierungen wie „Geschlecht", „Klasse" oder „ethnische Zugehörigkeit" aus. Auf einer makrosoziologischen Ebene ist dabei insbesondere der Beitrag von Klinger/Knapp (2007) zu nennen, welcher Ansätze der Ungleichheitsforschung, der Gesellschaftstheorie, der Genderforschung, der neuen Class-Studies und der kritischen „Race"-Studies zusammenführt, um die Achsen Klasse, Ethnizität und Geschlecht als miteinander in Wechselwirkung stehende Strukturzusammenhänge („Achsen der Ungleichheit") zu analysieren.

Makrosoziologische und strukturtheoretische Ansätze begreifen soziale Ungleichheit als funktional für moderne Gesellschaften und betonen, dass Ungleichheiten weder vorübergehende Erscheinungen noch marginale Anomalien der Gesellschaft sind. Strukturen funktionaler Ungleichheit erzeugen strukturelle Benachteiligungen. Gleichzeitig wird der widersprüchliche Charakter von sozialer Ungleichheit in modernen kapitalistisch organisierten Gesellschaften betont, indem einerseits auf die mangelnde Möglichkeit zur Herstellung von sozialer Gleichheit verwiesen und andererseits der fehlende Begründungszusammenhang von persistenter Ungleichheit thematisiert wird (Klinger/Knapp 2007, 19ff).

2 Diskriminierung

Der Begriff Diskriminierung bedeutet Absonderung oder Trennung. Als soziale Praxis bezeichnet Diskriminierung Ungleichbehandlung, Benachteiligung oder Herabwürdigung. Wohl auch aufgrund des normierenden Charakters des Elementes der Herabwürdigung im Zusammenhang mit Diskriminierung findet sich der Diskriminierungsbegriff kaum in der sozialwissenschaftlichen Literatur, insbesondere nicht in der Ungleichheitsforschung. Die von Susanne Baer formulierte Definition baut eine Brücke zwischen rechts- und sozialwissenschaftlichen Zugängen zum Phänomen Diskriminierung:

> Diskriminierung ist die ungleiche Verteilung von Chancen, Ressourcen oder Anerkennung, die eben nicht willkürlich oder gar zufällig, sondern historisch gewachsen tief in gesellschaftlichen Strukturen eingeschrieben ist, die Privilegien der Normalität sichern (Baer 2010, 25).

2.1 Ökonomische Diskriminierung

In der ökonomischen Literatur zum Thema Diskriminierung liegt der Fokus klar auf dem Arbeitsmarkt (exempl. Kreimer 2009, Maier/Fiedler 2008, Schubert 1993). Werden die (häufig monetären) Gegenleistungen, die Individuen für ihre Leistungen erhalten, nicht ausschließlich an diesen Leistungen bemessen, sondern auch an persönlichen Merkmalen oder Zuschreibungen (dazu unten), die für diese Leistung an sich irrelevant sind, so wird dies in der ökonomischen Literatur als *pay discrimination* bezeichnet. Alle anderen Formen von Diskriminierung am Arbeitsmarkt, beispielsweise die Zuweisung bestimmter Personengruppen auf bestimmte Arbeitsplätze, Barrieren bei Aufstiegsmöglichkeiten oder unterschiedliche Zugänge zu Ausbildungswegen gelten als *job discrimination*. Direkte oder unmittelbare Diskriminierung am Arbeitsmarkt besteht in jenen Fällen, in denen Personen für gleichwertige Arbeit unterschiedliche Löhne erhalten oder einen ungleichen Zugang zu bestimmten Arbeitsplätzen oder Aufstiegsmöglichkeiten haben. Indirekte oder mittelbare Diskriminierung liegt dann vor, wenn scheinbar neutrale, für alle geltende Vorschriften, Kriterien oder Verfahren sich auf eine bestimmte Personengruppe benachteiligend auswirken.

Letztendlich schlagen sich fast alle Formen der Diskriminierung am Arbeitsmarkt wiederum in Einkommensunterschieden nieder. Einkommensunterschiede können jedoch – selbst bei gleichwertiger Arbeit – nicht immer als Resultate von Diskriminierung aufgefasst werden, denn auch faktische Unterschiede (Berufserfahrung, Ausbildungsniveau, Branchen und Berufe, Arbeitszeit) bringen Lohndifferenzen mit sich. Daher wird innerhalb der ökonomischen Diskriminierungsforschung aus einem feststellbaren Lohnunterschied zunächst der erklärbare Teil (weil auf faktischen Unterschieden beruhend) herausgefiltert, der nicht erklärbare Rest gilt als Diskriminierung (Kreimer 2009, 101). Diese Vorgangsweise bringt es mit sich, dass die Ökonomik zwar am Ausmaß und an den Auswirkungen von Diskriminierung interessiert ist, sich jedoch selten mit den Ursachen der Diskriminierung beschäftigt, sondern vielmehr mit jenen Teilen des Unterschieds, die eben *keine* Diskriminierung darstellen (ebd., 104f.). Diskriminierung erhält solchermaßen einen amorphen Status, dessen Hintergründe selbst nicht wirklich innerhalb der Ökonomik untersucht werden können. Die hinter Diskriminierung liegenden Prozesse, Strukturen und Institutionen, zu denen Macht und Hierarchien in Betrieben ebenso zählen wie die traditionelle Arbeitsteilung oder diskriminierende Präferenzen, werden in andere Disziplinen verwiesen.

Die ökonomische Perspektive ist für das gegenständliche Forschungsvorhaben relevant, weil die ökonomische Analyse von Diskriminierung auf den Arbeitsmarkt fokussiert ist und insbesondere weil die Auswirkungen von Diskriminierung einen zentralen Stellenwert in der ökonomischen Diskriminierungsforschung einnehmen (z.B. Analysen des Gender Pay Gap). Allerdings bedarf es sozial- und rechtswissenschaftlicher Ergänzungen, da der ökonomische Zugang für sich jedenfalls zu eng gefasst ist, um die Komplexität mehrfacher Diskriminierung zu erfassen.

2.2 Diskriminierung im Recht

Nach der rechtlichen Definition ist Diskriminierung entweder eine Handlung oder auch eine Struktur, die sich in einer Ungleichbehandlung die Wertschätzung (im Sinne einer Herabwürdigung) einer Person betreffend ausdrückt (Kälin 2000, 106).

Im Menschenrechtssystem ist Diskriminierung als jegliche(r) Unterscheidung, Ausschluss, Abgrenzung oder Bevorzugung mit dem Ziel oder Ergebnis der Aberkennung oder Verneinung gleicher Rechte und gleichen Schutzes normiert. Diese Definition findet sich in den Konventionen zur Beseitigung aller Formen rassistischer Diskriminierung und der Diskriminierungen von Frauen. Rechtlich sind Strukturen, Handlungen oder Unterlassungen, die aufgrund der im Gesetz festgelegten unerlaubten Diskriminierungsmotive eine Benachteiligung oder Entwürdigung einer Person bewirken, Diskriminierungen. Zentrale Elemente einer rechtlich relevanten Diskriminierung sind

- die Behandlung/Klassifikation von Menschen,
- die Wertschätzung als Person (Herabwürdigung durch die Tat und Begründung der Tat durch Kategorisierung/Stereotypisierung) und
- das Bestehen eines kausalen Zusammenhangs zwischen der Benachteiligung und der Kategorisierung.

Diskriminierung ist durch unterschiedliche Machtpositionen der beteiligten Personen gekennzeichnet. Diese führen dazu, dass Täterinnen oder Täter gegenüber Diskriminierungsopfern in bestimmten Situationen überlegen sind oder sich so fühlen. Führt diese (angenommene) Superiorität aufgrund eines vor dem Gesetz nicht rechtfertigbaren Unterscheidungsmerkmals zu einer entwürdigenden, benachteiligenden Behandlung oder zu einer Benachteiligung auf struktureller Ebene, so handelt es sich um Diskriminierung im rechtlichen Sinne. Diskriminierung im rechtlichen Sinne setzt daher das Element der Entwürdigung als Ergänzung zur Benachteiligung oder benachteiligenden Behandlung voraus. Eine Verneinung gleicher Rechte muss nicht notwendigerweise das Element der Herabwürdigung beinhalten, sondern kann einen legitimen Zweck mit verhältnismäßigen Mitteln verfolgen. Es wäre dies eine sachlich rechtfertigbare Ungleichbehandlung, wie es etwa bei so genannten „positiven Diskriminierungsmaßnahmen" zum Ausgleich von bestehenden Ungleichheiten der Fall ist. Ungleichbehandlungen oder Benachteiligungen sind daher vor dem Gesetz unter bestimmten Voraussetzungen rechtfertigbar, Diskriminierungen nicht.

Im Folgenden werden die zentralen Elemente von rechtlich relevanten Diskriminierungen dargestellt und diskutiert.

3 Elemente der Diskriminierungsanalyse

Die Analyse von Diskriminierung bedarf einer Reihe von Festlegungen. Die primär ökonomische Frage nach dem Einfluss von mehrfacher Diskriminierung auf Berufsverläufe soll unter Anwendung sozialwissenschaftlicher Methoden auf der Basis eines in erster Linie rechtlichen Konzepts von Diskriminierung untersucht werden. Das rechtliche Konzept umfasst die Elemente der (unerlaubten) Unterscheidungsmerkmale, die (unerlaubten) Tatbestände der Benachteiligung und der Belästigung und die Arten von Diskriminierungen.

3.1 Diskriminierungsgründe, Differenzkategorien, soziale Kategorisierungen

Das europäische Gleichbehandlungsrecht spricht von „Diskriminierungsgründen", also „Begründungen" für eine Ungleichbehandlung, die nach dem Gesetz nicht erlaubt sind. Als verbotene „Gründe" sind das Geschlecht, die ethnische Zugehörigkeit, das Alter, die sexuelle Orientierung, Religion bzw. Weltanschauung und Behinderung normiert. Häufig wird in diesem Zusammenhang auch von (persönlichen) Merkmalen oder von Identitäten gesprochen. Im rechtlichen Kontext wird zudem der Begriff des Motivs verwendet.

Baer (2010, 26) plädiert für den Begriff Kategorisierung statt Gründe oder Merkmale, weil dadurch der mitunter prozessuale Charakter dieser Zuschreibungen evident wird. Kategorisierungen werden beständig hervor gebracht und werden den betroffenen Personen zugeschrieben. Statt ethnischer Zugehörigkeit handle es sich um ethnisierte Zugehörigkeit; statt Geschlecht um Vergeschlechtlichung, statt Religion oder Weltanschauung um Kulturalisierung, statt Behinderung um eine behinderte Entfaltung, statt Alter um Bio-Chronologisierung, statt sexueller Identität um sexuelle Normierung. Diese Unterscheidungsmerkmale sind keine Identitäten, die Menschen haben, sondern prozesshafte Kategorisierungen, variable Zuschreibungen durch andere, die sich in meist übergeordneten (Macht- oder Autoritäts-) Positionen befinden. Dass Kategorisierungen Zuschreibungen von außen darstellen, bedeutet nicht, dass die Betroffenen diese nicht auch übernehmen können, es kann durchaus zu Selbstzuschreibungen kommen. Dennoch weist der Begriff Kategorisierung nicht nur auf den prozesshaften und variablen Charakter von Zuschreibungen hin, sondern auch auf die Bedeutung von sozialen Normen und Abweichungen im Zusammenhang mit Diskriminierungen: Wer oder was von der Norm (stark) abweicht, wird eher diskriminiert oder benachteiligt.

Gegen die Verwendung des Begriffes „Gründe" spricht, dass diese den Schluss auf die Möglichkeit einer Begründung nahelegt, also auf eine Motivation zur Diskriminierung durch verschiedene Akteure (Baer 2010, 61). Gründe können zudem in Verbindung mit „Ursachen" gebracht werden und mit einer (Teil-)Schuld der Betroffenen an ihrem Schicksal einhergehen. Ausgangspunkt für Diskriminierungen sind jedoch bestimmte Zuschreibungen, Kategorisierungen, die andere Menschen in tatsächlichen oder gefühlten Machtpositionen gegenüber anderen vornehmen. Dabei spielt die Norm eine wichtige Rolle, das, was als normal konstruiert wird.

In der rechtswissenschaftlichen Literatur wird im Zusammenhang mit Diskriminierungen oft von unveränderbaren Merkmalen bzw. dem „eigenen Verschulden nicht zurechenbaren Merkmalen" gesprochen, für die die betreffende Person nichts könne und somit auch nicht aus diesem Grund heraus diskriminiert werden dürfe.

Winker und Degele (2009) verwenden den Begriff Differenzkategorie. Dieser Begriff ist für die Beschreibung von struktureller Ungleichheit geeignet. Im Unterschied zu Kategorisierungen beschreibt er einen Zustand von struktureller Unterscheidung.

Der Begriff Kategorisierung wird im Folgenden verwendet, wenn der prozesshafte Charakter eine Rolle spielt. Er ist überzeugend und unterstreicht den interdisziplinären Ansatz der vorliegenden Arbeit. Kategorisierungen sind demnach wertende Zuschreibungen, denen Personen ausgesetzt werden. So können unter diesem Begriff sämtliche für die Forschungsfragen relevanten Zuschreibungen subsumiert werden, wenngleich die gesellschaftlichen Haltungen und Meinungen, die einzelnen Differenzkategorien entgegengebracht werden, unterschiedlich sind. Der Begriff der Differenzkategorie wird ebenfalls verwendet, weil er für die Analyse von Ungleichheit generierenden Differenzen auf struktureller Ebene angebracht ist.

3.2 Diskriminierungstatbestände und -ebenen

Grundsätzlich wird in der Rechtsordnung zwischen der Diskriminierung seitens der Hoheitsverwaltung und der Diskriminierung im privatrechtlichen Verkehr unterschieden. Der Gleichheitsgrundsatz und das Menschenrechtssystem verbieten Diskriminierung durch den Staat in seinen hoheitlichen Akten. Im privatrechtlichen Verkehr (auch der öffentlichen Hand) verbietet das Gleichbehandlungsrecht Diskriminierung. Die österreichischen Gleichbehandlungsgesetze setzen Richtlinien der Europäischen Union um und nennen die Tatbestände unmittelbare Diskriminierung, mittelbare Diskriminierung, Belästigung und Anstiftung.[6]

- *Unmittelbare Diskriminierung* liegt nach dem Gesetz vor, wenn eine Person aufgrund ihres Geschlechts, ihrer ethnischen Zugehörigkeit, ihres Alters, ihrer sexuellen Orientierung, ihres Glaubens oder ihrer Weltanschauung oder einer Behinderung in einer vergleichbaren Situation eine weniger günstige Behandlung erfährt, erfahren hat oder erfahren würde als eine andere Person.
- *Mittelbare Diskriminierung* liegt vor, wenn dem Anschein nach neutrale Vorschriften, Kriterien oder Verfahren Menschen aus den genannten Gründen gegenüber anderen Personen in besonderer Weise benachteiligen oder benachteiligen können.
- *Belästigung* ist ein unerwünschtes Verhalten aus den genannten Gründen, welches die Würde der Person mit Absicht oder im Ergebnis verletzt und ein einschüchterndes, feindliches, herabwürdigendes oder aggressives Umfeld schafft.
- Die *Anstiftung* zu oben genannten Handlungen ist laut Gleichbehandlungsgesetz ebenfalls Diskriminierung.

Diskriminierungen können darüber hinaus auf drei verschiedenen Ebenen vorkommen: auf der individuellen, der strukturellen und der institutionellen Ebene. Auf individueller Ebene sind Diskriminierungen Handlungen, die einzelne Personen gegen andere setzen. Strukturen sind diskriminierend, wenn sie nach bestimmten Differenzkategorien benachteiligen oder benachteiligende Effekte für die Kategorisierungen ausgesetzten Personen bewirken. Auf institutioneller Ebene sind diskriminierende Handlungsvorgänge, die häufig ohne diskriminierende Absicht erfolgen, in Organisationen angesiedelt. Wenn eine Absicht dahinter steht, spricht man von institutionalisierter Diskriminierung (Makkonen 2002, 12). Diese Unterscheidung nach Ebenen ist gleichbehandlungsrechtlich allerdings nicht relevant.

Sowohl die EU-Richtlinien als auch das österreichische Gleichbehandlungsrecht kennen das Rechtsinstrument der „positiven Maßnahmen". Dabei handelt es sich um sachlich gerechtfertigte Ungleichbehandlungen zum Ausgleich historisch erlittener Benachteiligungen von Frauen oder von ethnischen Minderheiten.

---

6 Zentral: Bundesgesetz über die Gleichbehandlung (Gleichbehandlungsgesetz, GlBG), BGBl. I Nr. 66/2004, zuletzt geändert BGBl. I Nr. 107/2013. Die Richtlinien der EU wurden in insgesamt 14 Gesetzen auf Bundes- und Landesebene umgesetzt. Die Zersplitterung macht den Vollzug und die Rechtsdurchsetzung gerade bei mehrfachen Diskriminierungen außerordentlich komplex. Die Europäische Union hat bislang folgende Richtlinien zur Gleichbehandlung erlassen:
RL 2006/54/EG des Europäischen Parlaments und des Rates zur Verwirklichung des Grundsatzes der Chancengleichheit und Gleichbehandlung von Frauen und Männern in Arbeits- und Beschäftigungsfragen vom 5. Juli 2006;
RL 2004/113/EG des Rates zur Verwirklichung des Grundsatzes der Gleichbehandlung von Männern und Frauen beim Zugang zu und bei der Versorgung mit Gütern und Dienstleistungen vom 13. Dezember 2004 („Erweiterte Gleichbehandlungsrichtlinie");
RL 2002/73/EG des Europäischen Parlaments und des Rates vom 23. September 2002 zur Änderung der Richtlinie 76/207/EWG des Rates zur Verwirklichung des Grundsatzes der Gleichbehandlung von Männern und Frauen hinsichtlich des Zugangs zur Beschäftigung, zur Berufsbildung und zum beruflichen Aufstieg sowie in Bezug auf die Arbeitsbedingungen;
RL 2000/43/EG des Rates zur Anwendung des Gleichbehandlungsgrundsatzes ohne Unterschied der Rasse oder der ethnischen Herkunft vom 29. Juni 2000 („Antirassismusrichtlinie");
RL 2000/78/EG des Rates zur Festlegung eines allgemeinen Rahmens für die Verwirklichung der Gleichbehandlung in Beruf und Beschäftigung vom 27. November 2000 („Gleichbehandlungsrahmenrichtlinie").

3.3 Diskriminierungsarten

Im Recht bezeichnet Diskriminierung einen einmaligen Sachverhalt, der zu einem bestimmten Zeitpunkt verwirklicht wird und sich auf eine oder mehrere Kategorisierungen bezieht. In der rechtswissenschaftlichen Literatur finden sich unterschiedliche Definitionen und Beschreibungen für Diskriminierungsarten. Die für unser Vorhaben wichtigsten Überlegungen und Ansätze stammen von Crenshaw (1991), Makkonen (2002), Hannett (2003), Baer (2010) und Schiek (2011). Diese Konzepte werden jedoch weder einheitlich verwendet, noch sind sie in den Rechtstexten anerkannt. So existiert bislang keine Legaldefinition von Mehrfachdiskriminierung. Im menschenrechtlichen Kontext auf UN-Ebene wird ohne inhaltliche Abgrenzungen im jeweiligen Fall von Diskriminierung gesprochen, Zusatzbezeichnungen werden wenig systematisch und ohne Rückgriff auf rechtswissenschaftliche Definitionen verwendet (vgl. Vandenhole 2005, Apostolovski 2013).

Europäisches, deutsches und österreichisches Gleichbehandlungsrecht verwendet den Begriff Mehrfachdiskriminierung. Der Begriff bezieht sich auf die involvierten Kategorisierungen, bleibt sonst jedoch unspezifisch, insbesondere hinsichtlich des Zusammenwirkens der Kategorisierungen oder der damit einhergehenden Auswirkungen.

Makkonen (2002) hat als erster eine Typologie der Diskriminierungsarten aufgestellt. Seine Definitionsvorschläge hatten großen Einfluss auf die rechtswissenschaftliche Literatur zur Mehrfachdiskriminierung, setzten sich aber in Gesetzgebung und in der Rechtspraxis nicht durch. Unter Mehrfachdiskriminierung versteht Makkonen mehrere Diskriminierungen aufgrund unterschiedlicher Kategorisierungen zu unterschiedlichen Zeitpunkten. Er versteht Mehrfachdiskriminierung daher im eigentlichen Wortsinn als unterschiedliche Ereignisse. Diskriminierungsformen, die der von Makkonen vorgeschlagenen Definition von Mehrfachdiskriminierung (unter Berücksichtigung von mehreren Tatbeständen) entsprächen, würden im österreichischen Recht als voneinander getrennte Diskriminierungsfälle behandelt werden.

Bei einer intersektionellen Diskriminierung wird eine Person aufgrund verschiedener Kategorisierungen diskriminiert, die Überschneidung der Diskriminierungsgründe führt jedoch zu einer „neuen" oder spezifischen Form der Diskriminierung. Daher verlangt intersektionelle Diskriminierung im engeren Sinne eine „Interaktion der Diskriminierungsgründe" (Makkonen 2002, 10). Die Kategorisierungen sind interdependent und derart verwoben, dass sie nicht getrennt betrachtet werden können. Ein viel zitiertes Beispiel in diesem Zusammenhang ist die Diskriminierung von schwarzen Frauen am Arbeitsmarkt (Crenshaw 1991, Fredman 2005, Hannett 2003, Degele/Winker 2009).

Additive Diskriminierung liegt nach Makkonen vor, wenn zu einem bestimmten Zeitpunkt eine Diskriminierung aus voneinander unabhängigen Kategorisierungen erfolgt. Manchmal wird diese Form im Recht auch als kumulative oder überlappende Diskriminierung bezeichnet. Additive Diskriminierung wird auch im Zusammenhang mit einem größeren Unrechtsgehalt verwendet, da sich hier nicht nur die Motive, sondern auch die Auswirkungen auf das Opfer addieren.

Sequentielle Diskriminierung bezeichnet mehrere Diskriminierungserfahrungen im Zeitablauf. Es handelt sich hierbei um eine prozessorientierte Sicht auf Diskriminierung. Dabei spielt es keine Rolle, ob die Diskriminierung aufgrund nur einer oder mehrerer unterschiedlicher Kategorisierungen erlebt wurde. Ein Beispiel für sequentielle Diskriminierung ist Mobbing.

Nach Makkonen liegt eine verbundene Diskriminierung (compound discrimination) vor, wenn in einem Ereignis eine Person aus mehreren Motiven gleichzeitig diskriminiert wird.

Burri und Schiek (2009) schlagen vor, Mehrfachdiskriminierung als Überbegriff zu verwenden, weil er als solcher Eingang in überstaatliches Recht gefunden habe. Intersektionelle Diskriminierung liege vor, wenn einem Sachverhalt unterschiedliche Motive zugrunde liegen, die nicht voneinander getrennt werden können. Im Unterschied dazu könnten bei additiver oder verbundener Diskriminierung die Diskriminierungsgründe getrennt voneinander betrachtet werden. Nach ihrer Ansicht habe intersektionelle Diskriminierung einen größeren Unrechtsgehalt.

Carles und Jubany-Baucells (2010) unterscheiden zwischen intersektioneller Diskriminierung einerseits und verbundener oder additiver Diskriminierung andererseits. Letztere zeichne sich durch eine stärkere Benachteiligung für das Opfer aus.

Diese Definitionen unterschiedlicher Typen von Diskriminierungen sind nicht unumstritten und werden vor allem von Baer (2010) kritisiert. Ihrer Meinung nach impliziert beispielsweise das Attribut *mehrfach* eine Hierarchisierung von Ungleichheiten, wobei die Betroffenen als doppelte Opfer stigmatisiert werden können (Baer 2010, 27). Das der Mathematik angelehnte Attribut *additiv* impliziert ihrer Ansicht nach graduelle Unterschiede in der „Schwere" von Diskriminierungserfahrungen nach der Anzahl der „Gründe" oder Motive dahinter. Demzufolge müssten mehrfache Diskriminierungserfahrungen oder Diskriminierungen aufgrund mehrerer Motive schwerwiegendere Folgen für die Betroffenen nach sich ziehen. Daher argumentiert Baer für eine Analyse und Betrachtung von Diskriminierungen, die den Fokus auf die Folgen für die betroffenen Personen lenkt und sich weniger auf die Kategorisierungen stützt.

Baer unterscheidet eindimensionale und mehrdimensionale Diskriminierung. Dimensionen von Diskriminierungen sind bei Baer die sozialen Kategorisierungen (Baer 2010 unter Bezugnahme auf Klinger/Knapp 2007).

Eindimensionale Diskriminierung bedeutet demnach jede(n) direkte(n) oder indirekte(n) Ausschluss, Unterscheidung, Beschränkung, Benachteiligung oder Bevorzugung zu einem bestimmten Zeitpunkt, verwirklicht in einem bestimmten Tatbestand und aufgrund einer bestimmten Kategorisierung. Mehrdimensionale Diskriminierung bezeichnet alle Formen von Diskriminierung, bei denen einzelne Kategorisierungen mehrfach in beliebigen Kombinationen auftreten (Baer 2010, 27).

4 Kritische Würdigung und Arbeitsdefinition

Die Ausführungen zur rechtswissenschaftlichen Betrachtungsweise von Diskriminierung lassen – durch die Brille der Forschungsfragen – sowohl deren Stärken als auch deren Schwächen erkennen. Als Stärke ist die umfassende und detaillierte Definition von Diskriminierung, deren Elementen und Ausformungen für das Erkenntnisinteresse der Rechtswissenschaft und -praxis zu sehen. Im Vergleich dazu scheinen sozialwissenschaftliche Definitionen von Benachteiligungen oder sozialer Ungleichheit zugleich vage und komplex, während der ökonomische Zugang in aller Regel mit der Fokussierung auf Diskriminierungserfahrungen am Arbeitsmarkt als zu eng aufgefasst werden kann. Als Schwäche des rechtswissenschaftlichen Zuganges zum Phänomen der Diskriminierung ist vor dem Hintergrund des Forschungsinteresses dessen Unvollständigkeit zu nennen. Ungleichbehandlungen oder Diskriminierungen aus anderen als den im Gleichbehandlungsgesetz verpönten Kategorisierungen sind mit dem rechtswissenschaftlichen Zugang nicht fassbar.

Die sozialwissenschaftliche Ungleichheitsforschung weist auf den engen Zusammenhang von Zuschreibungen an Personen oder Personengruppen von außen mit gesellschaftlichen Herrschaftsverhältnissen hin. Kategorisierungen wie Geschlecht oder „Rasse" können folglich genauso wenig als natürlich und ahistorisch angesehen werden, wie beispielsweise die soziale Herkunft dem Einflussbereich der Individuen unterliegt. Die Bezeichnung der im Gleichbehandlungsrecht geschützten oder verpönten „Diskriminierungsgründe" als Merkmale, die nicht selbst verschuldet und nicht (oder nur schwer) veränderbar seien, ist unseres Erachtens nach aus unterschiedlichen Gründen nicht adäquat:

Erstens gilt die Charakterisierung „unverschuldet" nicht im gleichen Ausmaß für alle derzeitig im Recht erfassten Diskriminierungsgründe. Beispielsweise kann das Alter als weder selbst verschuldet noch als durch das Individuum veränderbar angesehen werden, Religion dagegen zumindest als veränderbar. Die Legitimierung des Schutzes vor Diskriminierung bei als unveränderbar angenommenen Kategorien impliziert ferner eine gesellschaftliche Norm, der sich alle Personen angleichen wollen würden, wenn sie nur könnten. Dies ist bei Kategorien wie Geschlecht oder Alter nicht sinnvoll. Die Haltungen und Meinungen, die einzelnen Kategorisierungen in Form von Stereotypen oder Stigmata entgegengebracht werden, unterscheiden sich beträchtlich zwischen Milieus, Gruppen, Einzelpersonen und im Zeitablauf. Als einzige Gemeinsamkeit lässt sich feststellen, dass es sich bei Zuschreibungen um Wertungen handelt, die von der Gesellschaft gegenüber Personen, die von der jeweils sozial erwünschten Norm abweichen, vorgenommen werden.

Zweitens werden durch die begrenzte Liste an derzeit verbotenen Kategorisierungen wichtige Kategorien ausgeschlossen, auf deren Basis aber ebenfalls benachteiligende Ungleichbehandlung erfolgt. Die leistungsorientierte Sicht auf den Bereich der sozialen Klasse (Bildung, Beruf, Netzwerke etc.) und die Einstufung des körperlichen Erscheinungsbildes als „machbar" (Attraktivität, Generativität etc.) können eine Erklärung dafür sein, dass Diskriminierungen aus diesen Gründen heraus nicht rechtlich verboten sind. Darüber hinaus ist nicht nachvollziehbar, warum in einer Gesellschaft, in der Selbstbestimmung, Freiheit und Privatheit hohe Werte darstellen, frei gewählte Identitäten nicht vor Diskriminierung geschützt werden sollten, ist doch das Rechtsgut der Freiheit letztlich ebenso als schützenswert anerkannt. Obwohl die sozialwissenschaftliche Forschung bereits gezeigt hat, dass auch Klassismen und Bodyismen (als Verinnerlichung von Körpernormen (wirtschaftlich) nützlicher Körper) Herrschaftsverhältnisse zwischen Menschen begründen, geht der gesellschaftliche Diskurs in eine andere Richtung. Mittlerweile hat er die Kategorisierungen Alter und Behinderung erfasst, die nun ebenfalls immer mehr als mach- und veränderbar gelten und damit in den Verantwortungsbereich der Individuen hineinfallen (Degele/Winker 2009, 40 bzw. 49). Wer sich nicht im Sinne der Normen verändert, gilt als verantwortlich für die gesellschaftliche Position, die er oder sie innehat. Um den Fokus von der Verantwortlichkeit der einzelnen Person hin zu gesellschaftlichen Strukturen zu bringen, die Herrschaftsverhältnisse zwischen Menschen begründen und aufrechterhalten, verwenden wir Baers Begriff der Kategorisierung (Baer 2010, Degele/Winker 2009, Klinger/Knapp 2007).

Die Ausführungen zu den Diskriminierungsarten zeigen die große Vielfalt von Begriffen rund um das Auftreten mehrfacher Diskriminierungen. Um Abgrenzungsschwierigkeiten zu vermeiden, wird hier in der Folge den Begriff *mehrfache Diskriminierung* verwendet. Unter diesem Begriff werden alle Diskriminierungen verstanden, bei denen ein oder mehrere Ereignisse aufgrund einer oder mehreren Kategorisierungen in einem oder mehreren Tatbeständen verwirklicht werden, wobei zumindest eine Dimension mehrfach vorkommt. Im Unterschied zu Baer, die nur die Kategorisierungen als Dimensionen bezeichnet, haben mehrfache Diskriminierungen nach unserer Definition mehrere Dimensionen: Die Zeitkomponente, die Tatbestände, die Kategorisierungen sowie das Ausmaß der Benachteiligung.

Die Zeitkomponente umfasst die Zeitpunkte, die Häufigkeit und die Dauer der Diskriminierungserfahrung(en). Die Tatbestände sind die im vorigen Abschnitt behandelten im Gleichbehandlungsrecht normierten Ungleichbehandlungen und Belästigungen. Die Kategorisierungen sind offen, d.h. jegliches unsachliche Unterscheidungskriterium fällt darunter. Das Ausmaß und die Art der Auswirkungen sind jene Dimensionen, die mit der vorliegenden Arbeit untersucht werden sollen.

Im Folgenden wird zudem zwischen *Intersektionen* und *intersektioneller Diskriminierung* unterschieden. Mit Intersektionen werden die Verwobenheit und Überschneidung von Ungleichheit generierenden Differenzkategorien auf struktureller, symbolischer und individueller Ebene bezeichnet (siehe Kapitel zum Forschungsdesign). Intersektionelle Diskriminierung bedeutet eine Diskriminierung, bei welcher verschiedene Kategorisierungen in einem konkreten Sachverhalt von Benachteiligung auf eine Weise zusammenwirken, dass die involvierte Kategorisierungen zu einer neuen Kategorisierung verschmelzen, wo dies beispielsweise bei der Zuschreibung, behinderte Frauen sollten keine Kinder bekommen, der Fall ist. Die besondere Problematik ist dabei, dass die rechtliche Beurteilung mit einer nach Kategorisierungen getrennten Analyse nicht möglich ist, weil entweder betreffend die einzelnen Kategorisierungen keine Benachteiligung aus rechtlicher Sicht gegeben ist oder die neue Kategorisierung, die sich aus der Verwobenheit der anderen ergibt, vom Gesetz nicht erfasst wird (vgl. Starl et al. 2012).

Für die Bearbeitung der Fragestellung nach dem Einfluss von mehrfachen Diskriminierungen auf die Berufsverläufe von Betroffenen schlagen wir folglich eine an die Rechtswissenschaften angelehnte, aber erweiterte Arbeitsdefinition vor:

Mehrfache Diskriminierung umfasst die relevanten Dimensionen
- soziale Kategorisierung bzw. Differenzkategorie (über die rechtlich verpönten Kategorisierungen hinaus alle unsachlichen Unterscheidungskriterien),
- Tatbestand im Sinne der Ausführungen in Abschnitt 2.3.2, sowie
- Zeitkomponente (Häufigkeit und Dauer der Diskriminierungserfahrungen, Zeitpunkte des Auftretens in der Berufsbiografie).

Stand der Forschung zu Benachteiligungen und Diskriminierungen im Bildungssystem und am Arbeitsmarkt

Erfahrungen von Benachteiligungen und Diskriminierungen, die Personen im Bildungssystem und am Arbeitsmarkt machen, können als zusammenhängende Einflüsse auf die Berufsbiografien der Betroffenen angesehen werden. In diesem Kapitel wird ein Überblick über für unsere empirische Studie relevante Daten, Fakten und Studienergebnisse zu sozialer Ungleichheit und Benachteiligungen in den Bereichen Bildungssystem und Arbeitsmarkt gegeben. Die Ausführungen beginnen mit Arbeiten, die die Entwicklungen am Arbeitsmarkt und deren Auswirkungen auf soziale Ungleichheiten analysieren. Relevant sind hier hegemoniale Diskurse, die eine weitgehend unbegrenzte Leistungsfähigkeit und Leistungsbereitschaft von Individuen voraussetzen. Im Anschluss daran werden zentrale Begrifflichkeiten im Zusammenhang mit Stereotypisierungen geklärt, um aufbauend darauf auf die Ergebnisse empirischer Studien zur Diskriminierung bestimmter Personengruppen im Bildungssystem und am Arbeitsmarkt einzugehen. Einen zentralen Stellenwert nimmt hierbei die Geschlechterforschung ein.

1 Arbeitsmarktspezifische Transformationen und hegemoniale Diskurse

Die sozialwissenschaftliche Forschung zur sozialen Ungleichheit am Erwerbsarbeitsmarkt bezog sich lange Zeit auf das Referenzmodell des „Normalarbeitsverhältnisses" und analysierte im Zusammenhang mit sozialer Ungleichheit vor allem die Stellung von Individuen *im Arbeitsmarkt*.

Bis in die 1970er Jahre hinein herrschte ein tayloristisches Modell der Arbeitsorganisation im sekundären Sektor vor, welches sich durch eine Totalstandardisierung und eine wissenschaftliche Rationalisierung der arbeitsteiligen Produktion auszeichnete. Dieses Modell nahm seinen Ursprung in der Automobil- und Konsumgüterindustrie und führte dort zu Produktivitätssteigerungen. Diese ermöglichten im Zusammenhang mit keynesianischer Wirtschaftspolitik, hohen Löhnen und wirtschaftlichem Wachstum einen wirtschaftlichen und sozialen Aufstieg der Arbeiterklasse. Die tayloristische Arbeitsweise war durch eine strikte Trennung von Person und Arbeitskraft gekennzeichnet, um subjektive Varianten der Arbeitsausführung so weit wie möglich auszuschalten. Diese Art der Arbeitsorganisation fand sich jedoch nicht nur im Binnengefüge der Nationalstaaten, sondern auch in deren Außenbeziehungen und ging einher mit dementsprechenden ethnie- und geschlechterbasierten Arrangements. Das ethniebasierte Arrangement war geprägt durch wirtschaftliche Zugriffe auf die nationalstaatlichen Arbeitsökonomien Nordafrikas, Lateinamerikas, Süd- und Südostasiens durch Rationalisierungs- und Industrialisierungsprozesse. Das Geschlechterarrangement war geprägt von einem männlichen Familienernährer und einer weiblichen Hausfrau und Mutter und diente gleichzeitig der Absicherung des tayloristischen Modells. Die formal unabhängigen Institutionen von Normalarbeitsverhältnis, Kleinfamilie und Wohlfahrtsstaat funktionierten aufeinander abgestimmt (exempl. Aulenbacher 2007, 44).

Kontinuierliche Erwerbsbiografien ohne (häufige) ArbeitgeberInnenwechsel sind ein Produkt des Wirtschaftsaufschwunges der Nachkriegszeit, Ausdruck einer tayloristischen und fordistischen Produktionsweise und damit ein spezifisches Phänomen der 2. Hälfte des 20. Jahrhunderts, also keineswegs historische Selbstverständlichkeit. Die Diskontinuität im Erwerbsleben ist hingegen vielmehr der Regelfall in der Geschichte der Arbeitswelt. Das männliche Normalarbeitsverhältnis der vergangenen Jahrzehnte wird gesellschaftlich trotzdem immer wieder als ahistorische Norm betrachtet (Klein/Reutter 2010, 341).

Neoliberale Tendenzen, die sich in etwa seit den 1980er Jahren zeigten, sind vor allem durch einen tendenziellen Rückzug des Staates aus Versorgungsleistungen und dessen Konzentration auf so genannte „Kernaufgaben" der Sicherheit und Exekutive gekennzeichnet. Damit ist die Ausdehnung des Marktprinzips auf immer mehr Lebensbereiche verbunden. Die globale Öffnung des Wirtschaftsraumes und die transnationale (Re-)Organisation des Wertschöpfungsprozesses werden eng mit dem Zusammenbruch der realsozialistischen Gesellschaftssysteme in Verbindung gebracht. Damit ist die ehemalige Systemkonkurrenz zwischen kapitalistischen und realsozialistischen Gesellschaften einer Konkurrenz unterschiedlicher kapitalistischer Modelle gewichen, deren Erfolg durch die Schaffung investitionsfreundlicher Rahmenbedingungen mitbestimmt wird. Konsequenzen dieser Entwicklungen sind eine verstärkte soziale Polarisierung, eine Zunahme der Unsicherheit von Individuen (wettbewerbsfähig zu sein/bleiben) und ein verstärkter betrieblicher Zugriff auf die Subjekte (Epping 2010, 206; Bremer 2010, 221; Aulenbacher 2007, 44ff; Bieling 2007, 105).

Durch die Transformationen von Erwerbsarbeit, die in etwa seit den 1980er Jahren im Zuge von Neoliberalismus und Globalisierung stattgefunden hat, wird das Referenzmodell des „Normalarbeitsverhältnisses" auch in der Ungleichheitsforschung zunehmend hinterfragt, um neue Konzepte von sozialer Ungleichheit zu entwickeln. Unternehmen und Organisationen sind zunehmend mit der Anforderung konfrontiert, Arbeitskräfte und andere Ressourcen flexibel einzusetzen, um wettbewerbsfähig zu bleiben. Das Konzept einer „schlanken Fabrik", ein mit möglichst wenig Zeit-, Personal-, und Materialpuffer agierendes Unternehmen, entstand zunächst im Bereich der Automobil- und Zulieferindustrie, breitete sich auf andere Industriezweige aus und wurde schließlich zum Leitbild betrieblicher Reorganisation im Allgemeinen. Beschäftigte werden zunehmend in die Optimierung von Organisationsabläufen und Arbeitsprozessen eingebunden und tragen diese mit. Prozesse der Dezentralisierung fördern den Abbau von Führungs- und Hierarchieebenen wie auch die Delegierung von Entscheidungs- und Verantwortungsspielräumen nach unten (Kels 2009, 31). Dies bedeutet einerseits mehr Mitbestimmung für ArbeitnehmerInnen, andererseits aber auch, dass sie zunehmend UnternehmerInnenrisiken tragen müssen. Dabei handelt es sich aber um die Übernahme von Verantwortung für Bereiche, die unbeeinflussbar sind. Als Konsequenz ergibt sich eine Zunahme von diskontinuierlichen Erwerbsbiografien. Ökonomische Unsicherheiten prägten auch die Lebenswirklichkeiten früherer Generationen, neu ist jedoch der Zusammenhang dieser Unsicherheiten mit Globalisierungsprozessen, die einen jähen Wechsel von sozialer Inklusion und Exklusion bedeuten können und auf die Dynamiken von sozialer Ungleichheit einwirken. Für aktuelle westliche Gesellschaften wird eine Gleichzeitigkeit von Kontinuität und Wandel in den Ausformungen sozialer Ungleichheit diagnostiziert. Konsens herrscht in der aktuellen Ungleichheitsforschung darüber, dass die traditionellen erwerbsarbeitszentrierten und hierarchisierenden sozialstrukturellen Perspektiven auf soziale Ungleichheit im Sinne eines „oben" oder „unten" innerhalb der Klassenstruktur nicht mehr aktuell sind. Neue Perspektiven fokussieren stärker auf die Stellung der Individuen *zum* (statt im) *Erwerbssystem* und analysieren die

Sozialintegration von Individuen entlang einer Logik von „drinnen" und „draußen", um den jeweiligen Kontext zu berücksichtigen, in dem Integrationsprozesse, aber auch Entstehung, Persistenz und Abbau von sozialer Ungleichheit stattfinden. Universale Konzepte von sozialer Ungleichheit haben demgegenüber an Bedeutung verloren. Die arbeitsmarktbezogene Ungleichheitsforschung erweitert ihre Untersuchungspopulation um den Kreis der Nichterwerbstätigen und berücksichtigt die Kategorien „gender" und „race" in einem höheren Ausmaß (exempl. Bradley/Healy 2008, 9; Falk 2005, 24ff.; Klinger/Knapp 2007, 24ff.; Hillmert 2010).

Konzeptuelle Voraussetzung für diesen Perspektivenwechsel in der Ungleichheitsforschung war nicht zuletzt die von der Geschlechterforschung angeregte Erkenntnis der sozialen Konstruiertheit und Wandelbarkeit von Kategorisierungen wie Geschlecht und ethnische Zugehörigkeit sowie die Analyse von deren Funktion als gesellschaftliche Strukturgeber (Klinger/Knapp 2007, 24ff; Schroer 2007, 257).

Durch das Zusammenwirken von neuen Ungleichheitslagen entsteht auch eine neue Rangfolge sozial benachteiligter Gruppen, die in besonderer Weise Deprivationsprozessen ausgesetzt sind. Neben den benachteiligten Gruppen der Frauen und Personen mit Migrationsgeschichte entstehen neue Gruppen, die überproportional vom Anstieg niedrig bezahlter, unsicherer, befristeter Tätigkeiten und/oder von Teilzeitarbeitsverhältnissen betroffen sind. Es sind dies AlleinerzieherInnen, ältere Menschen, Angehörige ethnischer Minderheiten und junge Menschen ohne abgeschlossene Ausbildung (Becker-Schmidt 2007a, 58). Am untersten Ende der sozialen Stufenleiter sind Gruppen lokalisiert, deren Existenzgrundlage durch die Kumulation von Benachteiligungen so prekär wird, dass ihre Sozialintegration erschwert ist. Diese Gruppen sind besonders häufig von Armut und Arbeitslosigkeit betroffen und bleiben von wesentlichen Partizipationsmöglichkeiten an der Gesellschaft ausgeschlossen (Schroer 2007; Genkova 2007, 229).

In der Ungleichheitsforschung wird der Neoliberalismus mit einem Managementdenken in nahezu allen Lebensbereichen in Zusammenhang gebracht, in dem das Maximierungspostulat dominiert. Hegemoniale Diskurse bestimmen Normen einer ständigen Verfügbarkeit und Leistungsfähigkeit von Arbeitskräften und übertragen die Verantwortung für die Lebenslagen, aber auch für die Gesundheit, die langfristige Einsatzfähigkeit des Körpers und die Arbeitsbereitschaft an die Individuen. Diskriminierungen und Ungleichheiten erfolgen mittlerweile immer weniger unter Verweis auf scheinbar natürliche Kategorien wie z.B. Geschlecht oder auf strukturelle Barrieren, sondern vielmehr auf die persönliche Leistung, die nicht im ausreichenden Maße vorhanden wäre.

2   Zur Rolle von Stereotypen, Vorurteilen und Stigmata

Stereotype sind Vereinfachungen von komplexen Eigenschaften oder Verhaltensweisen von Personengruppen mit der Funktion der Komplexitätsreduktion. Obwohl Stereotype selektiv und nicht immer wahrheitsgetreu sind, benötigen wir sie, um mit anderen Menschen und Gruppen interagieren zu können und uns in der Welt zu orientieren. Stereotypisierungsprozesse sind daher funktionale Vorgänge und an sich nicht „negativ" zu werten, solange man sich über die starke Reduzierung der Realität bewusst ist. Vorurteile dagegen haben einen stärker wertenden Charakter. Ein Vorurteil entsteht, wenn Eindrücke verallgemeinert werden und diese Verallgemeinerungen mit Emotionen (in der Regel negativer Art) besetzt werden oder wenn Meinungen wenig reflektiert übernommen werden. Vorurteile sind daher Vorab-Wertungen negativer Art. Stereotype sind nicht per se abwertend, sie können positiv oder negativ konnotiert oder auch neutrale Orientierungsmuster sein, während Vorurteile negativ affektiv besetzte Stereotype sind (Baer/Smykalla 2009).

Bei direkten wie auch bei strukturellen Diskriminierungen spielen Stereotype, Vorurteile und Stigmata insofern eine Rolle, als sie diesen vorgelagert sind. Stereotype, Vorurteile oder Stigmata können sich auf verschiedenen Ebenen unterschiedlich manifestieren und so zu diskriminierenden Auswirkungen – gezielt oder im Ergebnis – führen. Stereotype und Vorurteile blenden gruppeninterne Heterogenität weitgehend aus und sind dadurch sowohl in Prozesse der Konstruktion von sozialen Gruppen integriert als auch das Ergebnis des Gruppenkonstruktionsprozesses (ebd.).

Stereotype haben eine identitätsstiftende Funktion für Individuen, können aber auch Ungleichheitsverhältnisse perpetuieren. Beispielsweise übernehmen Personen tradierte Geschlechterrollen auch dann, wenn sie dadurch potenziell benachteiligt werden können und damit zur Reproduktion ebendieser Stereotype und mitunter auch Vorurteile beitragen. Die horizontale Geschlechtersegregation des Arbeitsmarktes, die einen Teil der Einkommensungleichheit von Frauen und Männern erklärt (exempl. Cohen/Huffman 2003), wird beispielsweise von Männern *und* Frauen aufrecht erhalten, da sowohl Männer als auch Frauen dazu neigen, „geschlechtskonforme" Berufe zu ergreifen, obwohl frauendominierte Berufe quer durch alle Qualifikationsstufen schlechter bewertet und entlohnt werden. In frauendominierten Berufen unterschiedlicher Branchen (im Handel, in der Erwachsenenbildung, in der Kulturvermittlung und in den Betätigungsfeldern von frauendominierten Studienrichtungen) finden sich zudem gehäuft prekäre Arbeitsverhältnisse, befristete Beschäftigungen, Scheinselbständigkeit und Teilzeitarbeit. Häufig sind dies Beschäftigungen, die mit keiner langfristigen ökonomischen und sozialen Absicherung einhergehen. Hierbei spielen allerdings nicht nur tradierte Rollenbilder eine Rolle, sondern auch Benachteiligungen in Zusammenhang mit der Bewertung von frauendominierter Arbeit (exempl. Krell/Winter 2011).

Als Stigma bezeichnet Iyola Solanke (2009) negativ konnotierte Zuschreibungen an soziale Differenzkategorien wie Geschlecht, Hautfarbe usw., die Abweichungen von der Norm definieren. Mit dem Begriff Stigma wird die soziale Praxis der Interaktion von Attribuierung und Stereotyp beschrieben (Solanke 2009; Baer/Smykalla 2009, 10). Stigmata herrschen zumeist in Bezug auf einen kulturell-geographischen Kontext, können aber auch eine globale Gültigkeit besitzen. Stigmata wirken sozial-strukturierend und kontrollierend, sie sind machtbasiert und können in extremen Fällen sogar Prozesse der Entmenschlichung der betroffenen Person(en) bewirken. In der Verbindung mit Diskriminierung liefert das Stigma die „Begründung", Menschen ungleich zu werten und zu behandeln (Solanke 2009, 121). Betroffene von Stigmata können sich zwar mit dem Zeichen, beispielsweise der Religionszugehörigkeit, identifizieren, jedoch nicht mit den Zuschreibungen, die die Mehrheitsgesellschaft damit verknüpft.

3 Ungleichheit und Benachteiligungen im Bildungssystem

Soziologisch gesehen erfüllt das Bildungssystem in Österreich (wie auch in anderen Ländern) vor allem die Funktionen der Qualifikation und Sozialisation, jedoch auch jene der sozialen Selektion und damit der Legitimation sozialer Ungleichheit (Epping 2010, 206). Insbesondere Schulen im deutschsprachigen Raum können mit sprachlichen, kulturellen und sozialstrukturellen Differenzen nur schwer umgehen. Von der Norm abweichende SchülerInnen werden tendenziell als Problem betrachtet und behandelt, was deren mangelnde Förderung zur Folge haben kann. Dies trägt dazu bei, dass auch ihre spätere Position am Erwerbsarbeitsmarkt zumindest potentiell geschwächt wird. Schwinn spricht in diesem Zusammenhang sozialisationstheoretisch von Bildungseinrichtungen als „Filterinstitutionen", die wesentliche Bedingungen für die Partizipation in allen weiteren Bereichen festlegen (Schwinn 2007, 274).

Betroffen von diesen (potentiellen) Benachteiligungen innerhalb des Schulsystems sind Kinder, die in irgendeiner Art und Weise von der Norm abweichen. Besonders betrifft das Kinder mit schlechten Deutschkenntnissen und Kinder, denen ein niedriger sozioökonomischer Status zugeschrieben wird. Zu beachten ist, dass es hierbei zu Überlagerungen dieser beiden Kategorisierungen kommen kann, denn gerade Familien mit Migrationsgeschichte weisen aufgrund struktureller und mittelbarer Benachteiligungen oft einen niedrigen sozioökonomischen Status im Zielland auf. Ergebnisse der Armutsforschung zeigen dementsprechend, dass von den bildungsbenachteiligten Kindern aus armutsgefährdeten Haushalten überdurchschnittlich viele eine Migrationsgeschichte aufweisen (Wroblewski/Herzog-Punzenberger 2010, 105ff.). Jugendliche mit Migrationsgeschichte haben zudem gegenüber inländischen SchülerInnen ein viermal höheres Drop-out-Risiko (exempl. Epping 2010, 206; Nell/Yeshurun 2008, 156; Krüger 2007, 183ff.).

Ein weiterer Faktor möglicher Benachteiligungen ist die große Selektivität des Schulsystems hinsichtlich weiterführender Schultypen. Forschungsergebnisse aus Deutschland zeigen, dass für Kinder aus ArbeiterInnenhaushalten und aus bildungsbenachteiligten Milieus die Wahrscheinlichkeit, auf die Hauptschule verwiesen zu werden, 2,5 mal höher ist als bei notengleichen Kindern aus der Mittelschicht (Nell/Yeshurun 2008, 156; Krüger 2007, 183ff.). Für Österreich kann von ähnlichen Zahlen ausgegangen werden, zumal die Entscheidung über den Schultyp vergleichsweise früh erfolgt, zumeist in der ersten Hälfte des vierten Schuljahres. Durch diese frühe Wahl des Schultyps können Kinder schwerer aus den vom Elternhaus vorgegebenen Spuren ausscheren, wodurch der sozioökonomische Status der Eltern zu einem Faktor von Benachteiligungen wird.

Im österreichischen Bildungssystem manifestieren sich strukturelle Ungleichheiten auch im Umgang mit der Sprache. Grundsätzlich können SchülerInnen, deren Deutschkenntnisse nicht ausreichen, um dem Unterricht zu folgen, für maximal zwei Jahre als außerordentliche SchülerInnen[7] aufgenommen werden. Am Ende des jeweiligen Schuljahres erhalten sie jedoch kein Zeugnis, sondern nur eine Schulbesuchsbestätigung. Die Konsequenz dieses Status ist eine Nichtbeurteilung und damit eine Nicht-Anerkennung ihrer Leistungen. Außerdem sind SchülerInnen ohne dauerhaften Aufenthaltstitel im österreichischen Bildungssystem strukturell benachteiligt, da sie nicht der Schulpflicht unterliegen (Starl 2008).

---

7 Nach §4(1) Schulunterrichtsgesetz.

Während im Pflicht- und weiterführenden Schulbereich die Kategorisierung Geschlecht kein Erklärungsfaktor für Diskriminierungen mehr ist, spielt diese durchaus eine Rolle, wenn es um die Segregation von Studienrichtungen, die unterschiedliche Bewertung der Leistungen von Frauen und Männern in unterschiedlichen Studienrichtungen und deren Verwertbarkeit am Arbeitsmarkt geht. In einer Studie zu den Berufsbiografien von AbsolventInnen der Ingenieurs- und Naturwissenschaften identifiziert Haffner (2007) Mechanismen, die die Leistung von Frauen systematisch unterbewerten. Studentinnen müssen mehr leisten als ihre Kollegen, ihre Beiträge werden in geringerem Maße anerkannt und sie erhalten weniger Unterstützung bei Promotionsvorhaben. Bei Männern wird eine kurze Studienzeit als besondere Leistung bzw. Leistungsbereitschaft betrachtet, was sich positiv auf deren Karrierechancen auswirkt, während dies bei Frauen nicht der Fall ist (Haffner 2007, 13ff.). Für Studentinnen ist es darüber hinaus schwieriger, ihre erworbenen Abschlüsse am Arbeitsmarkt zu verwerten. Gerade in männerdominierten hochqualifizierten Berufsfeldern existieren unmittelbare und mittelbare Diskriminierungsmechanismen, die den Einstieg und die dauerhafte Beschäftigung von Frauen erschweren. Zudem erfordern die Arbeitsverhältnisse in diesen Berufsfeldern nicht nur, dass die Arbeitskräfte frei von Haus- und Betreuungsarbeit (für andere) sind, sondern vielmehr, dass diese Tätigkeiten auch für sie selbst übernommen werden. Diesen Anforderungen kann oft nur durch eine Delegation begegnet werden, Ansprüche, denen Männer in der Praxis eher gerecht werden können als Frauen (Haffner 2007, 13ff.).

Nicht nur in männerdominierten Berufsfeldern, sondern in allen Beschäftigungsbereichen steigt der Beschäftigungserfolg mit dem Bildungsgrad der Personen. Insbesondere in den deutschsprachigen Ländern herrscht eine ausgeprägte Zertifikatsabhängigkeit der Erwerbskarriere und damit eine Verzahnung von Karrierewegen mit Berufsausbildungen. Diese Verzahnung kann dazu führen, dass sozialen Ungleichheiten, die bereits im allgemeinbildenden Schulsystem bestehen, im Erwerbsleben verfestigt werden. So werden soziale Ungleichheiten vererbt (Krüger 2007, 184).

Diese empirischen Befunde zur Segregation und zu Ungleichheiten im Bildungssystem stehen vor dem Hintergrund jahrzehntelanger politischer Maßnahmen zur Demokratisierung von höherer Bildung, etwa durch Stipendien- und Fördersysteme. Die Folgen der Demokratisierung der Bildung sind – trotz nach wie vor bestehender Benachteiligungen – ein Zuwachs an qualifizierten ArbeitskraftanbieterInnen. Dadurch kann aber auch eine relative Abwertung von Ausbildungsabschlüssen entstehen, denn die qualifizierten Arbeitsplätze nehmen in bestimmten Berufsfeldern – vor allem in frauendominierten Bereichen der Geisteswissenschaften – nicht im gleichen Maße zu wie die AbsolventInnen. Die Konsequenz dessen ist eine wachsende Konkurrenz Gleichqualifizierter um wenige einschlägige Jobs. Hierdurch kann es auch zur Ausnützung des Arbeitskräftereservoirs kommen, wenn für niedrigqualifizierte Jobs überqualifizierte BewerberInnen bevorzugt werden, die keine einschlägigen Jobs finden, ohne ihre Qualifikationen entsprechend zu entlohnen[8] (Reiners 2007, 51).

---

8   Mehr als die Hälfte der Beschäftigten in gering qualifizierten Tätigkeiten (Hilfs- und Anlerntätigkeiten) hat eine mittlere Ausbildung (Lehre oder berufsbildende mittlere Schule) und 5 bis 10 Prozent haben sogar eine höhere Bildung (ab Matura). Wenn mittel- oder hochqualifizierte Personen gering qualifizierte Tätigkeiten übernehmen, finden gering qualifizierte Personen nur schwer Arbeit (Gächter 2010).

4 Benachteiligungen und Diskriminierungen am Arbeitsmarkt

Es gibt viel Literatur (theoretischer und empirischer Art) zur Ungleichbehandlung am Erwerbsarbeitsmarkt, deren detaillierte Darstellung hier den Rahmen sprengen würde. Es wird daher ein Überblick über empirische Studien gegeben, die für unser Vorhaben relevant sein könnten. Dies sind insbesondere Studien, die Benachteiligungen von bestimmten Personengruppen am Arbeitsmarkt zum Thema haben.

Die gesellschaftliche Verteilung von Arbeit und Karrierechancen erfolgt nicht ausschließlich meritokratisch, sondern ist auch von Ungleichheit geprägt, die von vielen Faktoren beeinflusst wird. Daher haben insbesondere soziologische Analysen von Arbeitsmarktprozessen den Arbeitsmarkt als „Ungleichheitsmaschine" im Blick, wobei analysiert wird, wer bei der Verteilung von Arbeit und Karrierechancen wie benachteiligt wird (Hinz/Abraham 2008, 18).

Insbesondere die Geschlechterforschung hat sich seit ihrer Entstehung intensiv mit Benachteiligungen von Frauen innerhalb und außerhalb des Arbeitsmarktes auseinandergesetzt. Überblicke über diese Arbeiten und deren Ergebnisse finden sich in vielen Werken (vgl. exempl. Aulenbacher et al. 2010, Aulenbacher/Wetterer 2009, Gottschall 1995, Wetterer 2002). Zentrale arbeitsspezifische Themen waren anfänglich die ungleiche Verteilung von bezahlter und unbezahlter Arbeit zwischen Männern und Frauen (Beck-Gernsheim 1980; Ostner 1978; Becker-Schmidt 1980), die zu einer „doppelten Vergesellschaftung von Frauen" führt (Becker-Schmidt 1987) und auch die Berufswahl von Frauen prägt. Haushaltsnahe Berufe und Betreuungsberufe, die monetär schlecht bewertet sind, wenig Aufstiegschancen bieten und mit schlechten Arbeitsbedingungen verknüpft sind, sind frauendominierte Berufe (exempl. Krüger 1995, Notz 2008). Entwicklungen innerhalb der Geschlechterforschung, insbesondere die Hinwendung zur konstruktivistischen Perspektive, sowie gesellschaftliche Entwicklungen wie die gestiegene Frauenerwerbstätigkeit, die Transformationen am Arbeitsmarkt und nicht zuletzt die formalrechtliche Gleichstellung der Geschlechter führten dazu, dass diese Ansätze und deren Zugänge hinterfragt und als essentialistisch und differenztheoretisch ausgewiesen wurden (exempl. Wetterer 1992). Die Hinwendung zur konstruktivistischen Perspektive auf die Kategorisierung Geschlecht seit den 1990er Jahren in der Frauen- und Geschlechterforschung provozierte einen Anstieg mikrosoziologischer Studien zur Herstellung von Geschlecht durch Arbeit aus interaktionistischer Perspektive. Unter Anwendung des „doing gender"-Ansatzes wird aus interaktionstheoretischer Perspektive analysiert, wie sich Menschen als Frauen und Männer im Berufsleben darstellen und wahrnehmen (exempl. Heintz et al. 1997) oder wie Geschlecht in Interaktionen auch vergessen werden kann (Hirschauer 2001). West und Zimmermann beschrieben dies als „doing gender while doing work" und erweiterten diesen geschlechtsspezifischen Untersuchungsschwerpunkt unter dem Schlagwort „doing difference" um andere Kategorisierungen, insbesondere ethnische Zugehörigkeit (West/Zimmermann 1987, 2001). Aktuelle Ansätze der Geschlechterforschung greifen die Transformationen des Erwerbsarbeitsmarktes (vgl. 3.1), insbesondere die Erosion des „Normalarbeitsverhältnisses", auf und analysieren deren Auswirkungen auf die Geschlechterverhältnisse. Zentraler Befund vieler Studien in diesem Zusammenhang ist, dass es Widersprüche und Ambivalenzen im Bereich der (Un-)Gleichheit der Geschlechter gibt. Durch die Prekarisierung von Arbeit kommt es einerseits zur Erosion des „male-breadwinner-model" (exempl. Völker 2006, Klenner 2009, Scholz 2009) wie andererseits auch zu dessen Idealisierung und Reaktivierung (exempl. Dörre 2007). Ein weiterer zentraler Befund der Arbeiten der Geschlechterforschung ist jener, dass im Zusammenhang mit der Prekarisierung von Erwerbsarbeit bei gleichzeitiger Ökonomisierung und Vermarktlichung von Haus- und Betreuungsarbeit neue Ungleichheiten innerhalb der Gruppe der Frauen entstehen, wobei schlecht bezahlte und unqualifizierte Arbeit im Hinblick auf die Kategorisierung „Ethnie" zwischen Frauen neu verteilt wird. Haus- und Betreuungsarbeit wird dabei von Frauen als (niedrig) bezahlte Tätigkeit vorwiegend an Migrantinnen delegiert (exempl. Lutz 2007, 2010). Neuere Ergebnisse der Geschlechterforschung zeigen, wie die Rationalisierung und Reorganisation von Erwerbsarbeit und Reproduktionsarbeit zu neuen Ungleichheiten und neuen Arbeitsteilungen nach Geschlecht und Ethnie führt (Aulenbacher 2010). Dabei nehmen Studien der Geschlechterforschung auch intersektionelle Perspektiven ein (exempl. Lutz 2010).

Während die Kategorisierung Geschlecht als „Querschnittkategorie" für Analyse von Benachteiligungen am Arbeitsmarkt gilt, gibt es Studien, die sich mit der Lage von spezifischen Personengruppen am Arbeitsmarkt auseinandersetzen. Auf diese wird im Folgenden überblicksartig eingegangen.

Minderheiten werden in der Soziologie über Größe (Anzahl), Macht und Abweichungen von herrschenden Normen definiert (vgl. hierzu: Newman 1973, 20 zit. in: Mühling 2008, 242). Gesellschaftliche Minderheiten sind im besonderen Maße von Diskriminierungen am Arbeitsmarkt betroffen. Zu diesen gehören ältere Menschen, Personen mit Migrationsgeschichte, Menschen mit Behinderungen sowie Personen mit einem niedrigen sozioökonomischen Status. Zu beachten ist dabei allerdings, dass einige Minderheiten, wie gering Qualifizierte oder Schwerbehinderte, in vorherrschenden Arbeitsorganisationsstrukturen objektiv eine vergleichsweise niedrige Produktivität aufweisen und/oder bestimmte Arbeitsaufgaben gar nicht ausüben können, während dies anderen Minderheiten aufgrund von Vorurteilen lediglich zugeschrieben wird (Mühling 2008, 241ff.).

Das Alter ist eine spezifische Differenzkategorie, weil Älterwerden ein Prozess ist, den alle Menschen erleben, wenn sie nicht früher sterben. Daher sind potenziell alle Personen gleichermaßen vom Alter betroffen. Damit lässt sich wohl der Befund empirischer Untersuchungen zeigen, dass Vorurteile gegenüber älteren und alten Personen weniger zu einem radikal-diskriminierenden Verhalten führen, sondern eher zu einem passiven und defizitären Altersbild, das sich über Nachberuflichkeit definiert. Erst seit Beginn der 1990er Jahre sind mit Bestrebungen der Verlängerung der Erwerbsarbeitszeit Benachteiligungen und Diskriminierungen älterer Erwerbstätiger auf Arbeitsmärkten ein Thema der sozialwissenschaftlichen Forschung. Dabei werden vorherrschende Altersbilder als soziale Konstrukte, die soziale Beziehungen regulieren und soziale Erwartungen an das Handeln der Akteure regeln, in den Blick genommen. Die Erwartungen an das Alter sind von Stereotypen und Zuschreibungen durchzogen, wobei ArbeitgeberInnen bestimmte Alterskategorien konstruieren und Individuen ihren jeweiligen Platz zuordnen. Empirische Studien zur Lage von älteren Personen am Arbeitsmarkt zeigen, dass diese generell als unproduktiver, erkrankungsanfälliger, geringer oder überholt qualifiziert, weiterbildungsresistenter, konfliktscheuer, aber auch als erfahrener und verantwortungsbewusster gesehen werden als jüngere. Aufgrund dieser Zuschreibungen ist die Kategorie Alter eine potenzielle Basis für Diskriminierungen von Erwerbstätigen (Clemens 2010, 10; Kolland 2010, 62). Betrachtet man die Positionen älterer Personen am Erwerbsarbeitsmarkt, zeigt sich ein zweigeteiltes Bild: Einerseits sind die höchsten Positionen in den Bereichen Politik, Wissenschaft und Wirtschaft, die auch die höchsten Einkommen erzielen, von über 50-jährigen Personen dominiert. Andererseits sind ältere Personen, obgleich sie sich noch in einem erwerbsfähigen Alter befinden, in starkem Ausmaß von Langzeitarbeitslosigkeit oder Armut betroffen. Dies hängt nicht zuletzt mit den strukturellen Rahmenbedingungen (Tarifverträge, Pensions- und Arbeitszeitregelungen) zusammen, die dazu führen, dass DienstgeberInnen die Kosten und Nutzen der Beschäftigung älterer DienstnehmerInnen oftmals zu deren Ungunsten abwägen. Auf der anderen Seite sind Diskriminierungen von älteren Personen in subjektiven Einschätzungen von DienstgeberInnen begründet, Altersdiskriminierung zeigt verschiedene Formen und Ausprägungen (Kolland 2010, 70ff.). Bislang beziehen sich empirische Studien zur Altersdiskriminierung am Erwerbsarbeitsmarkt auf ältere Erwerbstätige im Allgemeinen und differenzieren innerhalb der Gruppe kaum, ein intersektionaler Zugang kann nicht ausgemacht werden.

MigrantInnen werden am Arbeitsmarkt vor allem dadurch diskriminiert, dass ihre Ausbildungen und Qualifikationen aus dem Herkunftsland nicht anerkannt werden. Gleichzeitig sind Diplome und Zeugnisse der Schlüssel zu den meisten Arbeitsverhältnissen. Daher können Barrieren beim Zugang zu Erwerbsarbeit nicht nur für Personen ohne formale Bildungsabschlüsse bestehen, sondern auch für Personen mit Migrationsgeschichte. Bezüglich der Anerkennung von im Ausland erworbenen Ausbildungen sind verschiedene Begriffe gebräuchlich. Von „Gleichhaltung" wird gesprochen, wenn es sich um die Anerkennung von Lehrabschlüssen handelt, „Nostrifikation" bedeutet die Anerkennung von bestimmten Schulabschlüssen, etwa einer Matura, und „Nostrifizierung" schließlich die Anerkennung akademischer Abschlüsse (Stadler/Wiederhofer-Galik 2009, 65).

Einschlägige Studien zeigen die systematische Entwertung von im Ausland erworbenen Qualifikationen und die lange Dauer von Anerkennungsverfahren, die für ArbeitnehmerInnen und ArbeitgeberInnen eine Belastung darstellen (exempl. Gächter 2001). Eine Wiener Studie hat nachgewiesen, dass nur 17 % der Personen mit ausländischem Bildungsabschluss diesen in Österreich anerkennen lassen. Weiters wurde herausgefunden, dass die Deutschkenntnisse für den Erfolg bei der Anerkennung dieser Ausbildungen eine zentrale Rolle spielen (Riesenfelder et al. 2011).

Personen nichteuropäischer Herkunft sind zudem mit höherer Wahrscheinlichkeit von Arbeitslosigkeit und Dequalifizierung betroffen als EuropäerInnen, selbst wenn sie über höhere Ausbildungsabschlüsse als InländerInnen verfügen (exempl. Nell/Yeshurun 2008, 73; Philipp/Starl 2014). Studien aus ganz Europa weisen auf die Schwierigkeiten für Personen mit Migrationsgeschichte, eine ihrer Ausbildung entsprechende Stelle zu finden, hin (exempl. Gächter 2010; Nell 2008; Nell/Yeshurun 2008). 26 Prozent der männlichen und fast 33 Prozent der weiblichen Befragten mit Migrationsgeschichte geben an, für ihre Arbeitsplätze überqualifiziert zu sein. Von Personen ohne Migrationsgeschichte geben dies 8 Prozent der Männer und 12 Prozent der Frauen an. Am stärksten davon betroffen sind Personen mit einem Abschluss, welcher der Matura entspricht: 28 Prozent sind im Hilfsarbeitsbereich beschäftigt. Von jenen mit Hochschulabschluss finden nur 57 Prozent eine entsprechende Position am österreichischen Arbeitsmarkt (Stadler/Wiedenhofer-Galik 2009, 58ff.). Besonders betroffen hiervon sind Personen aus EU-Drittstaaten. Für sie wird eine um 14,5 Prozentpunkte niedrigere Erwerbsquote verglichen mit im Inland geborenen Personen errechnet. Dabei sind Migrantinnen im Gegensatz zu Österreicherinnen noch einmal stärker benachteiligt als Migranten im Vergleich zu Österreichern (ebd., 35).

Generell stellen Personen mit einer Herkunft außerhalb der EU15- und EFTA-Staaten in Österreich nur 3 Prozent der Beschäftigten in höher qualifizierten Tätigkeiten, während sie 11 Prozent der höher Gebildeten ausmachen (Gächter 2010, 154). Arbeitsvermittlungsagenturen wie auch das Arbeitsmarktservice (AMS) zielen auf deren möglichst rasche Unterbringung in gering qualifizierten Tätigkeiten ab, weil die Personen dann versorgt sind, in diesem Bereich immer Nachfrage herrscht und die Hemmungen von DienstgeberInnen, Personen mit Migrationsgeschichte zu beschäftigen, in solchen Arbeitsmarktsegmenten geringer sind als in höher qualifizierten Berufsfeldern (Gächter 2010, 162). Derartige Forschungsergebnisse implizieren, dass Humankapital nicht im vollen Umfang transportierbar ist, weswegen der Wert einer Qualifikation auch vom gesellschaftlichen Kontext abhängt. Der Akt der Migration kann für die Betroffenen zur Abwertung ihrer Kompetenzen (auch Sprachkenntnisse) führen (Kalter 2008, 306). Generell kann der österreichische Arbeitsmarkt höhere Bildung aus dem Ausland nur zu einem geringen Teil adäquat verwerten (Gächter 2010, 152).

Als Erklärung für die Barrieren im Zugang zum Arbeitsmarkt bei MigrantInnen wird in der öffentlichen Diskussion immer wieder auf fehlende Deutschkenntnisse Bezug genommen. Solche Erklärungen unterstellen, dass für Bildungs- und Arbeitsmarkterfolg rein individuelle Kompetenzen verantwortlich wären und blenden strukturelle Diskriminierungen, rechtliche Rahmenbedingungen oder sonstige Faktoren, wie die soziale Herkunft, aus. Die Sprachwissenschaften betrachten dieses Verhältnis in umgekehrter Weise: Schlechte Deutschkenntnisse werden nicht als Grund, sondern als Effekt der Marginalisierung von MigrantInnen gesehen. Der Erwerb der Landessprache sei demnach nicht die Voraussetzung, sondern vielmehr das Ergebnis einer erfolgreichen Teilhabe am Bildungssystem und am Erwerbsarbeitsmarkt (Plutzar 2008, 127).

Von Benachteiligungen und Diskriminierungen am Arbeitsmarkt sind außerdem Personen mit Behinderungen sehr stark betroffen, wie empirische Studien zeigen. Hier muss zunächst auf einzelne sozial- und arbeitsmarktpolitische Regelungen eingegangen werden, da diese ihre Partizipation am Arbeitsmarkt in hohem Ausmaß beeinflussen. Für den Schutz der Personen mit Behinderungen vor Diskriminierungen gilt am Arbeitsmarkt das Behinderteneinstellungsgesetz (BEinstG), welches das Ziel verfolgt, begünstigt behinderte Personen[9] in die Arbeitswelt zu integrieren. Nach dem BEinstG hat jedes Unternehmen die Pflicht, ab 25 MitarbeiterInnen mindestens eine begünstigt behinderte Person zu beschäftigen. Wenn diese Pflicht verletzt wird, ist eine Ausgleichstaxe in den Ausgleichstaxenfonds zu bezahlen. Aus diesem werden Unterstützungsmaßnahmen zur Förderung des Einstieges von Personen mit Behinderungen in den Arbeitsmarkt finanziert. Beispiele für diese Maßnahmen sind die Abgeltung von Investitionen oder behinderungsbedingten Mehraufwendungen, sonstige monetäre Anreize wie Lohnsubventionen, fachbegleitende Dienste wie medizinische, soziale, administrative oder psychologische Betreuung, Integrationsämter sowie Maßnahmen zur Erhöhung der Konkurrenzfähigkeit von Integrativen Betrieben uvm. (Mühling 2008, 249).

Trotz dieser Unterstützungs- und Sanktionsmaßnahmen werden die Chancen für Arbeitssuchende mit Behinderungen konjunkturunabhängig als erheblich geringer im Vergleich zu Personen ohne Behinderungen eingeschätzt. Regulierungen und Fördermaßnahmen zugunsten einer speziellen Gruppe an ArbeitnehmerInnen können ArbeitgeberInnen signalisieren, dass die Betroffenen selbst nicht über ausreichende Fähigkeiten und Produktivität verfügen, um sich am Arbeitsmarkt positionieren zu können. Hinzu kommt der Kündigungsschutz, dem diese Dienstverhältnisse unterliegen, welcher ArbeitgeberInnen von

---

9 Vgl. hierzu: http://www.bundessozialamt.gv.at/basb/DienstnehmerInnen/Beguenstigte_Behinderte

der Beschäftigung begünstigt behinderter Personen abhalten kann, da sie bei einer möglicherweise später angestrebten Auflösung des Arbeitsverhältnisses Hindernisse befürchten. Auch sind die monetären Sanktionen bei Nicht-Erfüllung der Quote sehr gering. Hier zeigt sich, dass das ursprüngliche Schutzanliegen der Maßnahme zu konkreten Diskriminierungen bei der Begründung von Dienstverhältnissen führen kann, was in der Literatur als unerwünschter Definitionseffekt beschrieben wird. So steht im Zusammenhang mit Diskriminierungen von Personen mit Behinderungen am Arbeitsmarkt die These, dass neben Vorurteilen auch die rechtlichen Schutzbestimmungen Hürden bei der Arbeitsplatzsuche darstellen können (Mühling 2008, 247ff.).

Diese Problematik führte in Österreich zur Lockerung des Kündigungsschutzes durch das Behinderteneinstellungsgesetz seit dem 1.1.2011. Nun haben Unternehmen die Möglichkeit, begünstigt behinderte Personen in den ersten vier Jahren wie alle anderen ArbeitnehmerInnen zu kündigen, erst danach tritt der Kündigungsschutz in Kraft.

Vergleichsweise „einfach" stellt sich nach den bisherigen wissenschaftlichen Ergebnissen die Situation jener Personen dar, die bei Diensteintritt in ein Unternehmen nicht behindert waren und während des Arbeitsverhältnisses – ausgelöst durch einen Unfall oder eine Krankheit – behindert werden. Von Seiten der ArbeitgeberInnen wird diesen Betroffenen dabei ein Insider-Status im Unternehmen zuerkannt, wobei DienstgeberInnen dann versuchen, innerhalb des Unternehmens einen mit der neu aufgetretenen Behinderung kompatiblen Arbeitsplatz zu finden oder Maßnahmen zur Barrierefreiheit einzusetzen, um sich die betriebsspezifischen Kompetenzen der Betroffenen zu erhalten (Rendenbach 1990, 79).

Empirische Studien weisen auch darauf hin, dass die Situation von Frauen mit Behinderungen am Arbeitsmarkt mitunter noch schwieriger ist. Ist es für Personen mit Behinderungen generell schwer, sich am ersten Arbeitsmarkt zu behaupten, so können Frauen mit Behinderungen zusätzlich vor Barrieren stehen, die sich an Zuschreibungen mangelhafter Leistungsbereitschaft oder -fähigkeit aufgrund ihres Geschlechtes festmachen. Da die Gruppe der Personen mit Behinderungen in der Regel als geschlechtshomogene Gruppe wahrgenommen wird, finden Frauen mit Behinderungen nur schwer Gehör (Gruaz 2008, 119). Selbst sozial- und arbeitsmarktpolitische Maßnahmen zur Integration von Personen mit Behinderungen in den zweiten Arbeitsmarkt fokussieren auf männerdominierte Arbeitsfelder (Metall- und IT-Berufe, Tischlerei, Entrümpelungsdienste, Landschaftspflege, etc.). Hierdurch werden die gesellschaftlichen Ausschlussmechanismen von Frauen mit Behinderungen aus dem Arbeitsmarkt selten durchbrochen. Auch von ExpertInnenseite und in Unterstützungsmaßnahmen für Personen mit Behinderungen wird Frauen eher zu frauendominierten und schlecht dotierten Berufen geraten. Ferner mangelt es Frauen mit Behinderungen noch mehr an den notwendigen Versicherungszeiten, um Ausbildungsgeld und ähnliche daraus abgeleitete Leistungen beanspruchen zu können als Männern mit Behinderungen (Bergmann/Gindl 2004, 7).

Auch aufgrund von Kategorisierungen, die als Diskriminierungsgründe nicht durch das Gleichbehandlungsgesetz geschützt sind, kann es zu Diskriminierungen am Erwerbsarbeitsmarkt kommen. Insbesondere sind dies die Kategorisierungen soziale Herkunft und Aussehen/Körperbild (exempl. Degele/Winker 2009; O'Brien 2012). Die Rolle der sozialen Herkunft für Berufsbiografien hat der französische Soziologe Pierre Bourdieu (1982) analysiert. Nach Bourdieu erzeugen gesellschaftliche Strukturen ein Set von Handlungsdispositionen für Individuen. Diese unterscheiden sich nach der Ausstattung mit sozialem, ökonomischem und kulturellen Kapital, die von der sozialen Herkunft bestimmt ist. Während sich das ökonomische Kapital auf materielle Sicherheit bezieht, bezieht sich das kulturelle Kapital auf (Allgemein-)Bildung, die jenseits des Bildungssystems erworben wurde, aber auch Bildungstitel integriert. Mit dem sozialen Kapital meint Bourdieu das Verfügen über wichtige Kontakte und Netzwerke. Das Elternhaus prägt nicht nur die verschiedenen Kapitalausstattungen, sondern auch den Lebensstil, den Geschmack, das Freizeitverhalten, kulturelle sowie berufliche Interessen und Präferenzen (Bourdieu 1982). Hieraus entsteht der Habitus der jeweiligen Individuen, der mit jeweils unterschiedlichen Möglichkeiten oder auch Einschränkungen in deren Handlungsoptionen verbunden ist. Diese Möglichkeiten und Einschränkungen sind jedoch vorreflexiv und in die Handlungen inkorporiert – beim Habitus handelt es sich um inkorporiertes Wissen, die daraus motivierten Praxen bleiben unhinterfragt und gelten als „normal". Diese unterschiedlichen Handlungsoptionen können jedoch die Berufslaufbahnen bestimmen.

Sozialwissenschaftliche Studien zeigen, dass in Bewerbungsverfahren um Spitzenpositionen neben der Qualifikation subjektive Kriterien in die Beurteilungen der BewerberInnen mit einfließen. Diese subjektiven Kriterien werden dann eingesetzt, wenn Unsicherheiten in der Beurteilung von Personen bestehen. Manager reduzieren diese sozialen Unsicherheiten mitunter dadurch, dass sie ihresgleichen rekrutieren. Sie bevorzugen BewerberInnen, die aus ihrer eigenen vertrauten Welt kommen, die mutmaßlich ihre eigene Kultur und ihre Werte teilen. Diese Tendenz hat Kanter als „homosoziale Reproduktion" männlicher Führungseliten bezeichnet (Kanter 1977). Im Hinblick auf Führungspositionen sind dies nicht nur Kategorisierungen wie Geschlecht/Alter, sondern auch Dress- und Benimmcodes, Allgemeinbildung, das unternehmerische Denken und die persönliche Souveränität im Auftreten und Verhalten. Sind Personen seit ihrer Kindheit mit diesen Faktoren vertraut, so können sie ihre Karrierechancen erhöhen; die soziale Herkunft ist demnach ein Selektionskriterium (exempl. Mayrhofer et al. 2005).

Auch die modernisierungstheoretische Lebenslaufforschung weist auf die Prägung der Kulturinteressen durch das Elternhaus (exempl. Vester et al. 2001) und auf deren Auswirkungen auf die Berufsbiografien hin (Meyer/Iellatchitch 2005, 104f.). Diese zeigen sich bei hochqualifizierten Berufsfeldern vor allem im Fall von wenig formalisierten Besetzungspraxen, wie etwa in der Privatwirtschaft. Hier erweist sich eine Ähnlichkeit der BewerberInnen im Habitus mit jenen Personen, die bereits Spitzenpositionen bekleiden, als wettbewerbsfördernd. In Feldern mit vergleichsweise formalisierten Besetzungspraxen, wie beispielsweise in Justiz und Wissenschaft, steigen die Karriereaussichten für promovierte JuristInnen und WissenschaftlerInnen auch aus der ArbeiterInnenklasse (Hartmann 2003, 160ff.).

Von Benachteiligungen und Diskriminierungen aufgrund des Aussehens/Körperbildes können insbesondere übergewichtige Personen betroffen sein. Dicksein wird dabei nicht nur als Schönheitsmakel betrachtet, sondern auch mit einem persönlich verschuldeten Fehlverhalten der betroffenen Person in Zusammenhang gebracht. Als Ideal gilt der schlanke, sportliche Körper, der zum einen Gesundheit, zum anderen aber auch Leistungsfähigkeit und -bereitschaft symbolisieren soll. Weichen Personen in ihrem körperlichen Erscheinungsbild hiervon ab, können sie mit Benachteiligungen am Arbeitsmarkt konfrontiert sein (hierzu exempl. Singer 2008; O'Brien 2012).

Aber auch andere Personen, die in irgendeiner Weise vom bestehenden Körperideal abweichen, können Benachteiligungen erfahren. Diese Problematik wird unter dem Begriff Lookism thematisiert, was die Verbindung von wertenden Zuschreibungen mit dem Aussehen oder dem Körperbild einer Person meint. In Einzelfällen kann dies zu Diskriminierungen am Arbeitsmarkt, etwa aufgrund von sichtbaren Piercings oder Tätowierungen, führen. Auch kommt es vor, dass BewerberInnen nicht in Betracht gezogen werden, weil DienstgeberInnen sie subjektiv nicht als attraktiv empfinden. Untersuchungen und Studien zu diesem Bereich gibt es allerdings erst wenige (vgl. hierzu exempl. Müller/Kellmer 2011, 16).

Einschlägige Studien zur Arbeitsmarktintegration identifizieren zudem generell – d. h. unabhängig davon, ob eine soziale Gruppe anfällig ist für Diskriminierungen oder nicht – den Einfluss der Qualifikation und der Qualität der ersten Arbeitsstelle auf die späteren Berufs- und Karrierechancen. Wer beim Einstieg in den Arbeitsmarkt und in den ersten Jahren einen stabilen Erwerbsverlauf hat, hat im späteren Erwerbsleben größere Chancen, der Arbeitslosigkeit zu entgehen. ArbeitnehmerInnen, die schnell in den Genuss einer Beförderung kommen, haben zudem bessere Chancen, im weiteren Karriereverlauf schneller und höher aufzusteigen. Ein Überblick über entsprechende Untersuchungsergebnisse findet sich bei Dietrich/Abraham 2008, 69.

5   Benachteiligungen und Diskriminierungen im Weiterbildungsbereich

Besonders deutlich zeigen sich Benachteiligungen und Diskriminierungen auch im Weiterbildungsbereich. Viele Personen, die Diskriminierungen oder Benachteiligungen am Arbeitsmarkt erleben, versuchen diese durch berufliche oder auch außerberufliche Weiterbildung zu kompensieren. Im Bereich der zumeist subventionierten arbeitsmarktpolitischen Weiterbildung zeichnen sich Tendenzen der Funktionalisierung, Flexibilisierung und Ökonomisierung ab, was heißt, dass Bildung immer mehr auf kurzfristig messbare Erfolge (im Sinne einer Integrationsquote am Arbeitsmarkt) ausgerichtet ist. Sie soll möglichst eng an die künftige berufliche Verwendung angekoppelt werden und passgenau erfolgen. In einer von Kurzfristigkeit der Beschäftigungspolitiken geprägten Zeit scheint die Investition in traditionelle, auf Langfristigkeit und Kontinuität ausgelegte Ausbildungsformen obsolet (Reiners 2007, 51). Anders als Schulbildung ist Weiterbildung immer weniger „Lernen auf Vorrat", dessen Verwendung in Zukunft erfolgt, sondern bezeichnet eine stark anwendungszentrierte Art der Bildung (Roßnagel 2010, 188). Durch die Koppelung der öffentlichen Finanzierung von Weiterbildungsmaßnahmen an den Vermittlungserfolg von Arbeitslosen werden Weiterbildungseinrichtungen – auch gegen ihren Willen – in das Selektionsgeschehen einbezogen. Wenn Lehrgänge nur dann weiter finanziert werden, wenn eine bestimmte Vermittlungsquote erreicht wird, nehmen Weiterbildungseinrichtungen de facto eine Vorselektion der Auszubildenden vor und sind dazu gezwungen, die „aussichtsreicheren" Arbeitslosen auszuwählen und den ohnehin Chancenärmeren eine weitere Chance zu nehmen. Diese Aspekte der Legitimation gesellschaftlicher Ungleichheit bleiben jedoch in der Bildungspolitik und der Weiterbildungspraxis weitgehend ausgeblendet (Epping 2010, 203ff.). Darüber hinaus bringen bestehende Förder- und Weiterbildungsmaßnahmen zwar im Einzelfall einen Nutzen für die Betroffenen, bewirken jedoch schwerlich nachhaltige Veränderungen der Rahmenbedingungen (der Reproduktion) von sozialer Ungleichheit (Brüning/Kuwan 2002, 38).

Berufliche Weiterbildung wird zumeist im Rahmen bereits bestehender Dienstverhältnisse konsumiert. Dies kann beispielsweise die Teilnahme an karrierefördernden Weiterbildungsprogrammen zur Erlangung spezifischen Fachwissens oder an speziellen

Mentoringprogrammen sein. Solche Weiterbildungsmaßnahmen werden von DienstgeberInnen und Vorgesetzten allerdings oftmals nur bestimmten Personen gewährt. Haffner stellt in ihrer empirischen Studie fest, dass die Aufforderung zur Teilnahme an karrierefördernden Bildungsmaßnahmen durch Vorgesetzte eher an Männer ergeht als an Frauen, insbesondere in männerdominierten Bereichen. Als Erklärung für dieses Verhalten werden Rentabilitätsindikatoren von Seiten der Vorgesetzten angeführt. Als sicherste Indikatoren für die Leistungsbereitschaft der MitarbeiterInnen und damit die Verwertbarkeit von Investitionen in ihre Qualifikationen gelten überlange Arbeitszeiten (über 50 Stunden/Woche bei vertraglich festgelegten 35-40 Stunden) und eine uneingeschränkte Verfügbarkeit. Diese beiden Eigenschaften werden Männern eher zugeschrieben als Frauen (Haffner 2007, 58ff.).[10]

Auch ältere ArbeitnehmerInnen können im Weiterbildungsbereich benachteiligt werden, da in Betrieben Vorurteile gegenüber älteren Beschäftigten weit verbreitet sind. In einer Umfrage geben 45% der Führungskräfte von Klein- und Mittelunternehmen an, dass bei vielen älteren Beschäftigten die Weiterbildungsbereitschaft abnehmen würde (Roßnagel/Schulz 2007 zit. in: Roßnagel 2010, 193).

Derartige Einstellungen von ArbeitgeberInnen können sich im Sinne einer *self fulfilling prophecy* auf die reale Weiterbildungsbereitschaft älterer DienstnehmerInnen auswirken. Hinzu kommt, dass im Bereich Weiterbildung kaum auf Lernbedürfnisse älterer Personen eingegangen wird, was die Chance auf Erfolgserlebnisse und die Motivation zur Weiterbildung vermindert. Als Resultat können von Seiten älterer Menschen Vorbehalte gegenüber Weiterbildung entstehen, die sich mitunter zu Lernblockaden entwickeln. Die Forschungserkenntnisse und Beratungserfahrungen von Roßnagel zeigen, dass „Lernentwöhnte", also Personen, die seit längerer Zeit an keiner Weiterbildung teilgenommen haben, eine Lernverweigerung aufbauen können, die sich in der Überzeugung ausdrückt, dass Weiterbildung von geringem Nutzen sei. Zudem geht der verstärkte Einsatz moderner Kommunikationstechnologien im Weiterbildungsbereich mit Barrieren für ältere ArbeitnehmerInnen einher. Ängste davor, mit dieser Technik nicht umgehen zu können, werden von ArbeitgeberInnen und KollegInnen mitunter als Ablehnung und Rückständigkeit interpretiert. Computer- und internetbasiertes Lernen ermöglichen, aber erfordern auch ein hohes Maß an Selbststeuerung, was für Personen, die in diese Technologien nicht hineinsozialisiert wurden, zu Überforderung und Desorientierung führen kann. Daher wird von BildungsexpertInnen empfohlen, insbesondere Personen mit Ängsten vor neuen Kommunikationstechnologien behutsam an diese heranzuführen und den Umgang mit diesen nicht als selbstverständlich vorauszusetzen. Studien belegen, dass die Lernkompetenz nur gering vom Alter abhängt. Auch eine Verringerung der kognitiven Leistungsfähigkeit durch abnehmende Verarbeitungsgeschwindigkeit und nachlassende Kapazität des Kurzzeitgedächtnisses ist im Rahmen beruflicher Weiterbildung von geringerer Bedeutung als vielfach angenommen. Wichtiger für die Lernmotivation und Lernbereitschaft ist das Lern- und Arbeitsklima in einer Organisation. Ist dies im ausreichenden Maß vorhanden, kann die

---

10 Die Verfügbarkeitsanforderungen werden als „männlich geprägte Arbeitskultur" mit Totalitätsanspruch auf die MitarbeiterInnen ausgelegt. Innerhalb dieser Kultur wird vorausgesetzt, dass die Arbeitskräfte ihrem Berufsleben oberste Priorität einräumen. Dies ist in der Regel nur dann zu verwirklichen, wenn nicht erwerbstätige PartnerInnen vorhanden sind, die die Organisation des Privatlebens für die Arbeitskräfte übernehmen. Diese Voraussetzung können männliche Arbeitskräfte weitaus eher erfüllen als weibliche, was die Barrieren von Frauen in männerdominierten Berufsfeldern miterklärt (Haffner 2007, 92ff.).

Lernkompetenz bei Beschäftigten in der Altersgruppe über 50 höher sein als bei jüngeren Beschäftigten (Roßnagel 2010, 193ff.).

Die Teilnahme an Weiterbildungsmaßnahmen wird in den Diskursen zur Erwachsenenbildung stets mit einer Stärkung der (Markt-)Position der KlientInnen gleichgesetzt. Gleichzeitig wird ihnen die Verantwortung für die Angemessenheit der Weiterbildung jedoch selbst übertragen. Angesichts der schwachen Prognostizierbarkeit betrieblicher Nachfrage nach Qualifikationen und angesichts der nach wie vor bestehenden Intransparenz des Weiterbildungsmarktes erweist sich die Übertragung der Verantwortung auf die Individuen nicht als Positionsstärkung. Was diskursiv als Ausweitung der Autonomie gilt, entpuppt sich bei näherem Hinsehen als Übertragung von Risiken, deren Entstehen und Folgewirkungen von den Individuen kaum beeinflusst werden können (Bolder et al. 2010).

6 Resümee

Die Ausführungen in diesem Kapitel bilden neben jenen im Kapitel der Begriffsbestimmungen das Hintergrundwissen für die empirische Studie und kontextualisieren deren Ergebnisse. Als Resümee bleibt festzuhalten, dass es bereits viel empirisches wie auch theoretisches Material zur sozialen Ungleichheit am Arbeitsmarkt und im Bildungssystem gibt. Die gesellschaftlichen Rahmenbedingungen, aus denen heraus sich Ungleichheiten in den interessierenden Bereichen formieren, aber auch transformieren, wurden und werden in der wissenschaftlichen Literatur detailliert analysiert. Insbesondere die Geschlechterforschung, aber auch die Forschung zur sozialen Ungleichheit, haben deutlich gezeigt, dass die Art und Form von Benachteiligungen ebenso dem sozialen Wandel unterworfen ist wie die Arbeitswelt selbst. Hegemoniale Diskurse, die Normen einer uneingeschränkten Leistungsfähigkeit und Verfügbarkeit von Arbeitskräften festigen und Anforderungen an diese konstruieren, sind eingebettet in die Transformationen des Arbeitsmarktes und eng mit Vorurteilen und Stereotypen verknüpft, die die Erfüllung dieser Anforderungen bestimmten Personengruppen absprechen. Als Resultat werden Personengruppen wie Angehörige von Minderheiten (Personen mit Behinderungen, MigrantInnen und ältere Erwerbstätige), Personen mit niedrigem sozioökonomischem Status und Frauen am Erwerbsarbeitsmarkt und im Bildungssystem mehr oder weniger benachteiligt – darüber herrscht unter Berücksichtigung empirischer Studien und theoretischer Analysen gesichertes Wissen.

Was jedoch noch aussteht, sind umfassende Analysen zu mehrfachen Diskriminierungen und deren Auswirkungen. Es fehlen empirische Untersuchungen, die nicht auf eine bestimmte Personengruppe (wie ältere Frauen, Frauen mit Behinderungen oder Frauen mit schwarzer Hautfarbe) beschränkt sind. Hier setzt die vorliegende Studie an, deren Ziel es ist, mehrfache Diskriminierungen im Bildungsbereich und am Arbeitsmarkt und deren Auswirkungen zu erforschen und zwar ohne Vorabfestlegung einer bestimmten Untersuchungspopulation bzw. Zielgruppe. Anders als andere Studien zum Thema gehen wir nicht von vornherein davon aus, dass bestimmte Kategorisierungen für mehrfache Diskriminierungen anfälliger machen, etwa Frauen mit schwarzer Hautfarbe besonders davon betroffen sind und Männer mit weißer Hautfarbe gar nicht. Vielmehr möchten wir durch eine empirische Studie erst herausfinden, wer von mehrfacher Diskriminierung wie betroffen ist und welche Auswirkungen diese auf seine/ihre Berufsbiografie haben. Dieser sehr offene und voraussetzungsfreie Zugang erfordert eine schrittweise empirische Annäherung an den

Untersuchungsgegenstand „mehrfache Diskriminierung", was im Forschungsdesign reflektiert wurde. Dies ist Gegenstand des nächsten Kapitels.

Forschungsdesign

Ziel der Studie ist es, mehrfache Diskriminierungen in den Bereichen Bildung und Arbeitsmarkt anhand von Berufsbiografien empirisch zu untersuchen, um etwas über deren Auswirkungen erfahren zu können. Hierzu erfolgten Erhebungen unter drei Zielgruppen, nämlich ExpertInnen für mehrfache Diskriminierungen aus der Forschung und Praxis, Betroffene von Benachteiligungen und Diskriminierungen sowie ArbeitgeberInnen. Das Forschungsdesign weist einen zirkulären Charakter auf, indem aufbauend auf den Ergebnissen die Fragestellungen der folgenden Erhebungsschritte re-formuliert sowie die Methoden adaptiert wurden.

Die Schärfung der Begrifflichkeiten der Forschungsfragen erfolgte auch im Laufe der Durchführung der Studie. Dieser Prozess ist Gegenstand in diesem Kapitel.

Die Fragestellung der Studie lautet:

> Haben mehrfache Diskriminierungen Auswirkungen auf die Berufsbiografien der Betroffenen? Führt das Auftreten von mehrfachen Diskriminierungen zu anderen Formen von Auswirkungen als bei eindimensionalen Diskriminierungen?

Subfragestellungen dienen der Beantwortung der Forschungsfrage und wurden in den verschiedenen Stadien der Erhebung angepasst. Sie lauten:
– Welche Rolle spielen mehrfache Diskriminierungen in der Praxis aus der Sicht von ExpertInnen für Antidiskriminierung?
– Lassen sich „Muster" von mehrfachen Diskriminierungen identifizieren?
– Welche Strukturen liegen hinter mehrfachen Diskriminierungen am Arbeitsmarkt?
– Bestätigen Einstellungen, Erwartungen und stereotype Zuschreibungen von Leistungsfähigkeit auf ArbeitgeberInnenseite die Erfahrungen der Betroffenen?

Aufbauend auf der Literaturstudie (vgl. Kapitel der Begriffsbestimmungen) lassen sich folgende Dimensionen von mehrfacher Diskriminierung sowie folgende Indikatoren für Einflüsse von Benachteiligungen und Diskriminierungen in Berufsbiografien identifizieren.

Für diese Studie wurde eine Arbeitsdefinition von mehrfacher Diskriminierung entwickelt, die auf einem rechtswissenschaftlichen Verständnis aufbaut, im Vergleich dazu aber breit angelegt ist und folgende drei Dimensionen umfasst:
1. Kategorisierungen und darauf aufbauende Diskriminierungsmotive (die nicht auf die rechtlich geregelten „Diskriminierungsgründe" begrenzt sind),
2. den Tatbestand (unmittelbare, mittelbare Diskriminierung, Belästigung oder Anstiftung zu Belästigung und Diskriminierung) und die Diskriminierungsebene: individuelle, strukturelle und institutionelle Diskriminierung, sowie
3. die Zeitkomponente (langfristige, wiederholte oder punktuelle Diskriminierungen; im jeweiligen Stadium der Berufsbiografie).

1 Erhebungs- und Auswertungsmethoden

Die folgenden Ausführungen beschreiben die angewendeten Methoden sowie den Forschungsprozess und die im Zuge des Erkenntnisfortschrittes erfolgten Adaptionen der Fragestellungen und Methoden.

1.1 Explorative ExpertInnenbefragung

Eine Befragung unter ExpertInnen erfolgte als erster Schritt mit dem Ziel, Einschätzungen zur Verbreitung und (rechtspraktischen) Bedeutung von mehrfachen Diskriminierungen einzuholen sowie praktische Anregungen für die Betroffenenbefragung und Unterstützung beim Zugang zu InterviewpartnerInnen zu erhalten. Gerade weil der Gegenstand der mehrfachen Diskriminierung noch weitgehend unerforscht ist und es hier noch keine vollständigen qualitativen oder quantitativen Daten gibt, erhebt die ExpertInnenbefragung den Anspruch, Erfahrungswissen mit Einschätzungscharakter zu generieren. Ziel war die Gewinnung von ersten Schlüssen auf die Evidenz von mehrfachen Diskriminierungen und auf Muster, d. h. ob und wie die verschiedenen Dimensionen Tatbestand, Zeitkomponente und Differenzkategorie in unterschiedlichen Branchen zusammenwirken.

Die InterviewpartnerInnen sind nicht als Personen an sich interessant, sondern aufgrund ihrer Wissensgebiete, die sie sich zumeist (aber nicht ausschließlich) über ihre berufliche Funktion erschließen konnten. In Untersuchungen, die die Methode der ExpertInneninterviews anwenden, geht es weniger um die Erfassung von Deutungen und Sichtweisen auf interessierende soziale Prozesse oder Sachverhalte, sondern um deren Rekonstruktion oder Exploration durch die Nutzung von bestimmten Wissensarten (Gläser/Laudel 2009, 13).

Das ExpertInneninterview wird idealtypisch als besonders „unproblematische" Form der Befragung gedeutet, da die (auch sprachlichen) Asymmetrien zwischen InterviewerIn und InterviewpartnerIn vergleichsweise gering sind, wenn sich zwei akademisch sozialisierte GesprächspartnerInnen über einen Sachverhalt austauschen. Damit einhergehend wird die Bedeutung von typischen Herausforderungen in Interviewsituationen, wie die Überwindung von interpersonellen und sprachlichen Distanzen oder die Frage nach der Strukturierung der Befragungssituation, als eher gering eingeschätzt (exempl. Bogner et al. 2005, 9).

Außerdem war davon auszugehen, dass anerkannte ExpertInnen für ein soziales Problem wie die mehrfache Diskriminierung eher dazu bereit sind, offene und umfassende Informationen zu geben als etwa Personengruppen, die in dieses Problem irgendwie involviert sind wie PolitikerInnen, UnternehmerInnen oder Betroffene von Diskriminierungen.

Im Rahmen der Vorstudie wurden 23 Personen, die entweder in der einschlägigen Forschung oder in der Beratung von diskriminierten oder benachteiligten ArbeitnehmerInnen tätig sind, befragt. ForscherInnen, ExpertInnen aus der Rechtsberatung (RechtsanwältInnen, VertreterInnen der Gleichbehandlungsanwaltschaft und Mitglieder der Gleichbehandlungskommissionen) sowie ExpertInnen aus der Sozial- und Arbeitsmarktberatung. Die Grenzen zwischen diesen Bereichen (Forschung, Rechtsberatung und Arbeitsmarktberatung) gestalten sich im Arbeitsalltag der ExpertInnen teilweise fließend, weil beispielsweise auch in NGOs Forschung betrieben oder Rechtsberatung angeboten oder vermittelt wird. Nicht zuletzt zeigen sich die fließenden Grenzen im wechselseitigen Austausch von Wissen durch die Vernetzung und Zusammenarbeit der ExpertInnen in den verschiedenen Bereichen. Die ExpertInneninterviews erfolgten nicht-standardisiert, jedoch mit Leitfäden, die nach den jeweiligen Arbeitsbereichen (Forschung, Sozial- und Rechtsberatung) geringfügig verändert wurden.

Die Interviews fanden fast ausschließlich in der Arbeitsumgebung der ExpertInnen statt und waren von einer sprachlichen und thematischen Nähe zwischen InterviewerIn und InterviewpartnerIn geprägt, sie kamen dem in der Literatur erwähnten Idealtypus von Interviewsituationen, einer „unproblematischen" Form der Befragung, sehr nahe. Die Interviews dauerten durchschnittlich eine Stunde, wurden auf Tonband aufgenommen und zusammengefasst. Die Protokolle wurden von den Befragten autorisiert. Die Auswertung erfolgte mittels eines Kodierschemas, welches in Auseinandersetzung mit den Interviewprotokollen, sowie durch die Brille der Fragestellungen und Zielsetzungen der Studie entwickelt wurde (Gläser/Laudel 2009, 44ff.).

1.2 Betroffenenbefragung

Weil es um die Auswirkungen von mehrfachen Diskriminierungen geht, ist die Betroffenenbefragung der Hauptteil der Studie. Subjektive Deutungen diskriminierender oder benachteiligender Ereignisse und deren Auswirkungen wurden durch narrativ-problemzentrierte Interviews gewonnen. Die sich davon betroffen fühlenden Personen sollten ihre Erlebnisse im Interview nicht nur schildern, sondern wurden durch Nachfragen auch eingeladen, darüber zu reflektieren, wobei ihnen der mehrfache Charakter ihrer Benachteiligungserfahrungen auch erst dadurch bewusst werden konnte (exempl. Diekmann 2009, 449). Diese Schilderungen bildeten den Schwerpunkt des biografischen Interviews und für die Nachfragen wurde in Anlehnung an die im Kapitel der Begriffsbestimmungen thematisierte Arbeitsdefinition von mehrfacher Diskriminierung ein Leitfaden entwickelt. Der Leitfaden wurde als Kontrollinstrument erst in der Nachfragephase eingesetzt, um offen gebliebene Punkte zwar abzufragen, aber den Erzählfluss der Befragten nicht zu stören.

Zunächst stellte sich die Frage, wer als Betroffene/r von mehrfachen Diskriminierungen gesehen werden kann. Bestehende Definitionen von Diskriminierung (mehrfach und einfach) sind sowohl in den Rechts- als auch in den Sozialwissenschaften eng mit Differenzkategorien (als Diskriminierungsmotive) verbunden (vgl. Kapitel zu den Begriffsbestimmungen).

Differenzkategorien sind Teile der Identitäten von Individuen, Kategorien, die ein Verhältnis von Individuen zu sich selbst bestimmen. Sie spielen in unterschiedlichen Situationen eine unterschiedliche Rolle, sind wandelbar und mitunter nur von außen zugeschrieben, ohne dass sich die Betroffenen damit identifizieren (Degele/Winker 2009, 59). Sie spielen als Differenzkategorien (Identitäten werden immer auch in Abgrenzung entwickelt) im Zusammenhang mit sozialer Ungleichheit eine große Rolle und werden in Interaktionen (simultan) hergestellt und dekonstruiert. Diese Identifikations- und Zuschreibungsprozesse können den Zugang zum Erwerbsarbeitsmarkt und die Positionierung darin beeinflussen.

In der rechtswissenschaftlichen Literatur und in den österreichischen Gleichbehandlungsgesetzen sind jedoch nur bestimmte Differenzkategorien als „Diskriminierungsgründe" am Erwerbsarbeitsmarkt (Geschlecht, Alter, ethnische Zugehörigkeit, Behinderung, Religion/ Weltanschauung, sexuelle Orientierung) behandelt, andere hingegen nicht (soziale Herkunft, Körperbild, Sternzeichen[11], etc.). Wir gehen davon aus, dass insbesondere mehrfache Diskriminierungen über eine Eingrenzung auf bestimmte Differenzkategorien nicht adäquat zu erfassen sind, obwohl wir annehmen, dass mehrfache Diskriminierung eng mit der Zuschreibung von und der Identifikation mit Differenzkategorien verbunden ist. Wir entschlossen uns gegen die Auswahl von InterviewpartnerInnen nach empirisch relevanten (Kombinationen von) Differenzkategorien, auch wenn dies von den befragten ExpertInnen angeregt wurde. Wir wollten aber weder konzeptuell noch in der Anlage der Studie einen Zusammenhang zwischen Differenzkategorien und Diskriminierungserfahrungen vorab annehmen. Auch wollten wir weder die Bedeutung von bestimmten Kombinationen an Differenzkategorien (wie beispielsweise Alter und Geschlecht bei der Beendigung von Dienstverhältnissen) überbewerten noch den Blick für andere möglicherweise empirisch relevante Differenzkategorien verschleiern.

Im Zugang zu den Betroffenen stützten wir uns auf die befragten ExpertInnen im Bereich Antidiskriminierung, die uns InterviewpartnerInnen aus ihren KlientInnen vermitteln sollten. Außerdem stellten wir unser Projekt selbst in verschiedenen Veranstaltungen und an Orten, wo sich am Arbeitsmarkt und im Bildungsbereich benachteiligte Personen aufhalten, vor. Auch das Schneeballverfahren wurde zur Gewinnung von InterviewpartnerInnen angewendet: Personen, die sich für ein Interview zur Verfügung gestellt haben, wurden um Empfehlungen für weitere InterviewpartnerInnen aus ihrem Bekanntenkreis gebeten. Insgesamt wurden 42 Interviews geführt und 40 verwendet.[12]

Die Auswertung der Interviews mit den Betroffenen erfolgte unter Anwendung der Mehrebenenanalyse nach Degele und Winker (2009, 79ff.). Diese wurde für die empirische Erforschung von intersektionellen Benachteiligungen entwickelt und ist auch für die Erforschung von mehrfachen Diskriminierungen ein brauchbares Instrumentarium.

Intersektionen werden hier als Wechselwirkungen oder Verweisungszusammenhänge auf drei Ebenen verstanden. Auf der Makro- und Mesoebene (gesellschaftliche Sozialstrukturen inklusive Organisationen und Institutionen), der Mikroebene (Prozesse der Identitätsbildung und Subjektpositionierung v. a. durch Interaktionen) und auf der Ebene der symbolischen Repräsentationen (kulturelle Symbole, Normen und Ideologien). Am Beispiel der Differenzkategorie Geschlecht gestaltet sich die Analyse von Intersektionen zwischen den Ebenen unter folgenden Fragestellungen: Auf der Makroebene wird Geschlecht (neben „Rasse", Klasse und Körper) als Strukturkategorie und dementsprechend als eine Ursache von sozialer Ungleichheit begriffen. Dies zeigt sich beispielsweise darin, dass Frauen neben der Erwerbsarbeit mit einem Großteil der (unbezahlten) Reproduktionsarbeit beschäftigt sind. Auf der Mikroebene wird Geschlecht in Interaktionen dargestellt und zugeschrieben und dadurch erst erzeugt und reproduziert. Hier geht es um die Frage, *wie* die AkteurInnen Geschlechter herstellen. Auf der Ebene der symbolischen Repräsentation geht es um die Frage, wie die Prozesse der Herstellung von Geschlechtern und der Strukturierung der Gesellschaft über Geschlechter mit Normen und Ideologien verbunden und abgesichert wer-

---

11 Die Evidenz von Sternzeichen als Diskriminierungsmotiv wurde von ExpertInnen der Gleichbehandlungsanwaltschaft bestätigt.
12 Bei zwei der Interviews stellte sich heraus, dass die mehrfachen Benachteiligungen und Diskriminierungen nicht am Arbeitsmarkt oder im Bildungssystem erfahren wurden, sondern in Bereichen, die für die vorliegende Studie nicht relevant sind.

den. Damit sind Bilder, Vorstellungen oder Wissenselemente gemeint, die die Mitglieder einer Gesellschaft kollektiv teilen. Dazu gehört das Alltagswissen über Geschlecht genauso wie die Norm der Heterosexualität. Ungleichheiten auf diesen drei Ebenen sind verschieden miteinander verknüpft, sie können sich wechselseitig verstärken, abschwächen oder aufheben (ebd., 19ff.).

Die Mehrebenenanalyse wird in der Auswertung der Betroffeneninterviews angewendet, weil sich hierdurch Typen von Berufsbiografien definieren lassen, in denen sich mehrfache Diskriminierungen auf eine je spezifische Art und Weise zeigen, die jeweils andere Auswirkungen haben. Um diese näher analysieren zu können, wurde das Datenmaterial im Anschluss daran für jeden Typ separat im Hinblick auf die interessierenden drei Dimensionen von mehrfacher Diskriminierung sowie deren Auswirkungen codiert und einer Inhaltsanalyse (Meyring 2007) unterzogen.

In der Analyse des Datenmaterials wurde darauf geachtet, ob die Befragten in der Deutung ihrer Benachteiligungs- oder Diskriminierungserfahrungen (auch in Abgrenzung zu anderen) auf Differenzkategorien verweisen und welche Rolle sie ihnen jeweils einräumen. Berücksichtigt wurden alle Differenzkategorien, die die Betroffenen nennen, wichtig war jedoch, dass diese im geschilderten Sachverhalt zumindest in deren Deutung eine Rolle spielen. Diesbezüglich waren z.B. Verweise auf Vergleichspersonen, die nicht benachteiligt wurden oder zitierte stereotype Aussagen von Vorgesetzten bzw. ArbeitgeberInnen ein Hinweis.

Wir berücksichtigten geschilderte Diskriminierungen und Benachteiligungen in der Analyse, wenn sie von den Befragten (glaubhaft) als solche gedeutet wurden. Geschilderte Sachverhalte sollten den in der rechtswissenschaftlichen Literatur und den österreichischen Gleichbehandlungsgesetzen (vgl. Kapitel Begriffsbestimmungen) definierten Diskriminierungstatbeständen nahe kommen.

Unserer Ansicht nach lassen sich die Folgen von mehrfachen Diskriminierungen insbesondere anhand der Dimension der Zeitkomponente ablesen, welche zwei Aspekte umfasst. Einerseits geht es um die Frage, in welchem Stadium der Berufsbiografie (mehrfache) Diskriminierungen auftreten. Diskriminierungen am Beginn der Berufsbiografie (insbesondere auch im Bildungsbereich) haben möglicherweise andere Folgen als solche an deren Ende. Im Hinblick auf die Zeitkomponente von Diskriminierungen berücksichtigen wir mehrfache Diskriminierungen im Bildungsbereich, beim Eintritt in den Arbeitsmarkt, innerhalb des Erwerbslebens und am Ende des Erwerbslebens.

Andererseits verstehen wir unter der Zeitkomponente auch die Häufigkeit und Dauer auftretender Diskriminierungserfahrungen. Ständig wiederholte oder andauernde Diskriminierungserfahrungen haben möglicherweise andere Folgen auf die Berufsbiografie als eine einzelne Diskriminierungserfahrung – unabhängig davon, in welchem Stadium sie auftritt. Eine Einstellungsdiskriminierung aufgrund des Geschlechts und des Alters ist einfach hinsichtlich der Zeitkomponente und mehrfach hinsichtlich der Dimension der Differenzkategorie. Diese hat möglicherweise andere Auswirkungen für die Berufsbiografie als ständige Einstellungsdiskriminierungen „nur" aufgrund des Geschlechts, die mehrfach hinsichtlich der Zeit und einfach hinsichtlich Differenzkategorien sind. Andauernde Diskriminierungserfahrungen haben möglicherweise andere Auswirkungen auf die Berufsbiografien als kurze Episoden von Diskriminierungen, denen schnell aus dem Weg gegangen werden kann bzw. gegen die sich die Betroffenen leichter wehren können.

Mit der Zeitkomponente gehen daher folgende Fragen an das Datenmaterial einher: Wann treten mehrfache Diskriminierungen in Berufsbiografien auf? Wie häufig treten sie auf? Kommen Diskriminierungserfahrungen in bestimmten Stadien der Berufsbiografie besonders oft vor? Wenn ja, in Zusammenhang mit welchen Differenzkategorien und Tatbeständen?

1.3 ArbeitgeberInnenbefragungen

Eine weitere Erhebung erfolgte unter ArbeitgeberInnen. Ziel dieses Erhebungsblockes unter ArbeitgeberInnen war auch die Identifikation von Rollenbildern bzw. Zuschreibungen von Leistungsfähigkeit, die in verschiedenen Branchen vorhanden sind. Zudem sollte untersucht werden, ob die Befragten auf als unveränderbar oder schwer beeinflussbar angenommene Strukturen (Produktions-, oder Organisationsstrukturen sowie institutionelle Gegebenheiten) verweisen, die zu Barrieren im Zugang zum Arbeitsmarkt führen können und ob bzw. wie diese zur Legitimation der Benachteiligung bestimmter sozialer Gruppen herangezogen werden. Schließlich sollte ein Verständnis dafür gewonnen werden, welche Personen in spezifischer Weise diesen Zuschreibungen nach Branchen ausgesetzt sind und daher potenziell benachteiligt werden.

Den Sichtweisen der Betroffenen von mehrfachen Diskriminierungen sollten jene von ArbeitgeberInnen gegenübergestellt werden, um Gemeinsamkeiten und Unterschiede in deren Deutungen von mehrfachen Diskriminierungen identifizieren zu können.

Wie der Betroffenenbefragung war auch der ArbeitgeberInnenbefragung eine explorative ExpertInnenbefragung vorgelagert. Auch hier mit dem Ziel, erste Einblicke in Diskriminierungen am Arbeitsmarkt, methodische Hinweise und Unterstützung im Zugang zu InterviewpartnerInnen zu gewinnen. Als ExpertInnenbefragung wurde eine Fokusgruppendiskussion unter MitarbeiterInnen des Arbeitsmarktservice (AMS) im Bereich der Dienstleistungen für Unternehmen durchgeführt. Der Leitfaden dafür war an die Ebenen von sozialer Ungleichheit nach Degele/Winker (2009) angelehnt: Hinsichtlich der Struktur- bzw. Makroebene ging es um Fragen zur Identifikation von externen Faktoren, die Personalanforderungen bestimmen sowie die Autonomie von Betrieben in der Personalauswahl und die Beschäftigungsbedingungen beeinflussen. Im Bereich der symbolischen Repräsentationen ging es um Diskurse über verschiedene Leistungsniveaus im Zusammenhang mit sozialen Kategorisierungen. Im Bereich der Identitätsebene ging es schließlich um die Frage, welche Personengruppen von diesen Strukturen und Erwartungen in welchen Branchen betroffen sind.

Die an dieser Diskussion teilnehmenden, von der öffentlichen Hand finanzierten, PersonalvermittlerInnen deckten verschiedene Branchen ab und konnten daher sowohl über spezifische Strukturen und diskriminierende Einstellungen von ArbeitgeberInnen in den jeweiligen Branchen berichten als auch potenziell davon betroffene Personen identifizieren.

Neben inhaltlichen Einschätzungen wurden die Teilnehmenden der AMS-Fokusgruppendiskussion auch um Unterstützung bei der Vermittlung von ArbeitgeberInnen für unsere Befragungen gebeten.

Zunächst wurden qualitative Interviews mit ArbeitgeberInnen in verschiedenen Branchen geführt, die vom AMS vermittelt wurden. Thema des Interviews waren Personalanforderungen jenseits von Qualifikationen. Der Leitfaden dieser Befragung baut auf den Ergebnissen der Fokusgruppendiskussion auf.

Insgesamt wurden acht ArbeitgeberInnen in den Branchen Handel, Dienstleistungen, Hotel und Gastgewerbe, Gewerbe/Produktion sowie Personalberatung und -bereitstellung befragt. Die Interviews wurden inhaltlich protokolliert und mittels eines Kodierschemas ausgewertet.

In einem zweiten Schritt wurde eine standardisierte Online-Befragung durchgeführt. Der Fragebogen umfasst und enthält neben Fragen zu Betriebsgröße und Branche insbesondere Items mit Aussagen zu verschiedenen Personengruppen am Arbeitsmarkt, welche aufbauend auf den Ergebnissen der Fokusgruppe und der Betroffenenbefragung formuliert wurden. Darüber hinaus wurden verschiedene Legitimationen, die sich ebenfalls aus der ExpertInnenbefragung und der qualitativen Befragung von ArbeitgeberInnen ablesen ließen (z. B. die Teamzusammensetzung, schlechte Erfahrungen mit Angehörigen von bestimmten Personengruppen, KundInnenerwartungen), als Aussagen zur Zustimmung bzw. Ablehnung formuliert. Der Fragebogen wurde über die österreichische Wirtschaftskammer an deren Mitglieder versendet. 100 ArbeitgeberInnen beteiligten sich an der Befragung.

2 Sample

Während die Befragten der beiden ExpertInnenbefragungen rein nach ihren beruflichen Funktionen ausgewählt wurden, da nur deren professionelles Wissen relevant war, erfolgten die Betroffenen- und die ArbeitgeberInnenbefragung mit dem Ziel, Deutungen und persönliche Erfahrungen und Einstellungen zu erfahren. Gerade bei Themen im Zusammenhang mit sozialen Problemen oder bei Tabuthemen ist man besonders auf die Kooperationsbereitschaft von InterviewpartnerInnen angewiesen, daher ist deren Einfluss auf die Zusammensetzung der Stichprobe hoch. Auch die Strategien der Suche nach InterviewpartnerInnen prägen die Zusammensetzung der Stichprobe mit, wenn die InterviewpartnerInnen – wie in unserem Fall – nicht eng nach bestimmten Merkmalen oder soziodemografischen Kriterien definiert sind. Vor allem das Schneeballsystem und die persönliche Vorstellung unseres Projektes in arbeitsmarktpolitischen Maßnahmen prägte die Zusammensetzung der befragten Betroffenen von mehrfachen Diskriminierungen. Diese Einflüsse werden in diesem Kapitel thematisiert, um die Ergebnisse rahmen zu können.

Das Alter der befragten Betroffenen liegt zwischen 15 und 67 Jahren; 29 von 40 Befragten sind zwischen 31 und 60 Jahre alt (vgl. Abb. 1).

Abbildung 1: Alter der befragten Betroffenen

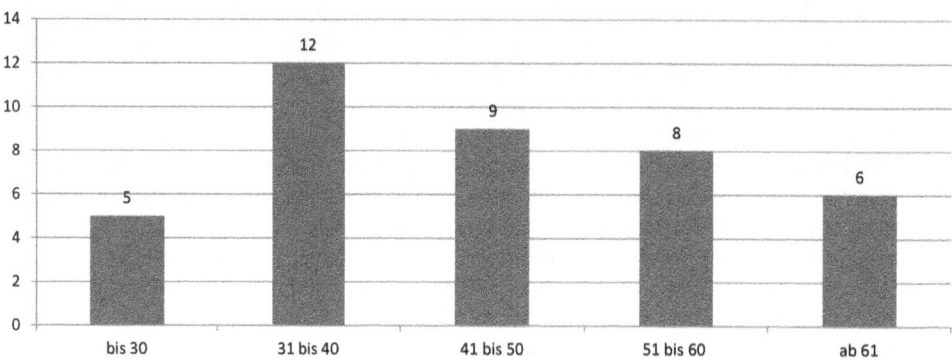

Die Stichprobe weist einen Frauenüberschuss auf: 33 von 40 Befragten sind weiblich. Innerhalb der Gruppe der Frauen sind wiederum zwei Gruppen dominant: Einerseits finden sich unter den 33 befragten Frauen 18 (hoch) Qualifizierte, zum Großteil Akademikerinnen, die in qualifizierten (überwiegend staatsnahen oder gemeinnützigen) Arbeitsmarktbereichen tätig sind. Andererseits finden sich darunter acht Migrantinnen der ersten Generation, die trotz teilweise hoher Qualifikationen aus dem Herkunftsland entweder am Hilfsarbeitsmarkt tätig sind oder dies lange Zeit waren und erst rund um den Zeitpunkt des Interviews eine qualifizierte Stelle am Erwerbsarbeitsmarkt angetreten haben. Letztere Gruppe ist überwiegend im Bereich der Betreuung und Beratung von MigrantInnen in einschlägigen Vereinen und unter oft prekären Arbeitsbedingungen (befristete Dienstverhältnisse, Teilzeit) tätig.

Die Dominanz im Bereich der hochqualifizierten Frauen kam durch das Schneeballverfahren zustande. Gerade hochqualifizierte Frauen, die in großen Organisationen tätig sind, vermittelten weitere InterviewpartnerInnen unter ihren Kolleginnen und Freundinnen, letztere wiederum aus einem ähnlichen sozialen Milieu stammend. Die Dominanz im Bereich der Migrantinnen, die am Hilfsarbeitsmarkt tätig sind, lag an unserer persönlichen Projektvorstellung in Kursmaßnahmen zur Arbeitsmarktintegration für Migrantinnen.

Übersicht 1 beschreibt die Positionen der InterviewpartnerInnen am Erwerbsarbeitsmarkt nach Geschlecht und Migrationsgeschichte.

Übersicht 1: Charakterisierung der Befragten

		Position auf dem Erwerbsarbeitsmarkt				
	Migration	angestellt	Hilfs-arbeit	2. AM/ arbeitslos	Pension	SchülerIn
	1. Generation	1	0	1	0	0
	2. Generation	0	0	0	0	0
	keine	0	0	1	3	0
Männer: 6	SUMME	1	0	2	3	0
	1. Generation	3	3	2	0	0
	2. Generation	0	0	0	0	3
	keine	18	0	1	3	0
Frauen: 33	SUMME	21	3	3	3	3
TG[13]: 1	keine	0	0	0	1	0

Vor dem Hintergrund dieser Zusammensetzung der Stichprobe müssen die Ergebnisse der Befragung auch gelesen werden: Sie geben vorwiegend anhand weiblicher Berufsbiografien Aufschlüsse über mehrfache Diskriminierungen in zwei sehr unterschiedlichen Arbeitsmarktsegmenten: Dem qualifizierten staatsnahen bzw. gemeinwohlorientierten Arbeitsmarktsegment einerseits und dem Hilfsarbeitsmarkt andererseits.

Auch die Zusammensetzung der Stichprobe der ArbeitgeberInnenbefragung ist verschiedenen Einflüssen unterworfen. Während bei der Befragung der AMS-MitarbeiterInnen sowie in der daran anknüpfenden qualitativen Erhebung unter ArbeitgeberInnen darauf geachtet wurde, alle Branchen abzubilden, ließ die Stichprobe der Online-Umfrage keine Einflüsse zu.

An der Fokusgruppendiskussion nahmen fünf Personen teil, welche für die Bereiche Handel und KFZ-Sektor, Bau- und Baunebengewerbe, Dienstleistungsbetriebe in unterschiedlichsten Bereichen sowie Personaldienstleistungsunternehmen zuständig sind. Von den acht Leitfadeninterviews mit ArbeitgeberInnen deckten drei den Bereich Dienstleistungen ab (zwei in Personalberatung[14]; eine in Heizung/Haustechnik), je zwei ArbeitgeberInnen die Branche Handel (Kaufhausketten im Bereich Textil bzw. Möbel) bzw. Gastronomie und eine Person ist im Gewerbe (Holzverarbeitung) tätig. An der standardisierten Online-Umfrage beteiligten sich 100 ArbeitgeberInnen, 90 Fragebögen konnten verwendet werden.

---

13 Transgender.
14 MitarbeiterInnen in privaten Unternehmen der Personalbereitstellung nehmen eine Zwischenstellung zwischen Arbeitskräften und ArbeitgeberInnen ein. Für die Studie waren sie deswegen interessant, weil sie Einstellungen und Haltungen von ArbeitgeberInnen gut kennen und auch auf diese reagieren müssen, denn anders als die AMS-MitarbeiterInnen arbeiten sie profitorientiert.

Die Stichprobe war von Befragten aus dem Industriebereich dominiert, deswegen konnten nur für diese Branche Ergebnisse erzielt werden.

„Je mehr Angriffsfläche für Personen mit Vorurteilen vorhanden ist, umso eher kann diskriminiert werden ..." Ergebnisse der ExpertInnenbefragung

Die Ergebnisse der ExpertInnenbefragung geben erste Einblicke in die empirische Evidenz, die Gestalt und die Auswirkungen von mehrfachen Diskriminierungen. Zunächst ist jedoch festzuhalten, dass sich die Definitionen von mehrfachen Diskriminierungen der ExpertInnen je nach deren beruflichem Hintergrund deutlich unterscheiden: ExpertInnen aus der Rechtsberatung halten sich diesbezüglich an die juristische Definition von Diskriminierung als eine sachlich nicht rechtfertigbare Ungleichbehandlung aufgrund von einem oder mehreren im Gleichbehandlungsgesetz festgelegten verpönten Diskriminierungsmotiven. Die ExpertInnen der Sozialberatung und die WissenschaftlerInnen operieren dagegen mit einer breiteren Definition von mehrfacher Diskriminierung, die auch Benachteiligungen mit einschließt, welche nicht rechtlich geregelt sind. Auch hinsichtlich der Evidenz von mehrfachen Diskriminierungen herrschen je nach beruflichem Tätigkeitsfeld unterschiedliche Erfahrungen und Einschätzungen.

Vor diesem Hintergrund der unterschiedlichen Sichtweisen auf mehrfache Diskriminierung unter den befragten ExpertInnen wurde in der Auswertung der Interviews versucht, begriffliche Abgrenzungen in Anlehnung an die der vorliegenden Arbeit zugrundeliegende Definition von (mehrfacher) Diskriminierung vorzunehmen. War dies nicht möglich, so wird stattdessen der Begriff „Benachteiligung" gewählt.

Bis dato gibt es weder fundierte Daten, noch umfassende empirische Studien zu mehrfachen Diskriminierungen. Auch die Angaben der ExpertInnen weisen primär den Charakter von Einschätzungen auf. Vor diesem Hintergrund sind die nachfolgenden Ausführungen zu betrachten.

Die Darstellung der Ergebnisse ist wie folgt gegliedert: Zunächst wird auf mehrfache Diskriminierungen in den beiden interessierenden Bereichen Bildungssystem und Arbeitsmarkt eingegangen. Aufbauend darauf wird die Rolle von Stereotypen und Vorurteilen bei mehrfachen Diskriminierungen thematisiert, um schließlich auf deren Folgen sowie die Bewältigungsstrategien der Betroffenen eingehen zu können.

1 Ungleichbehandlungen im Bildungssystem

Im Bildungssystem kommen Ungleichbehandlungen und Diskriminierungen sowohl auf struktureller und mittelbarer Ebene als auch auf einer direkten Ebene vor. Im ersteren Fall sind sie dem Bildungssystem inhärent und im letzteren Fall auf Verhaltensweisen einzelner AkteurInnen innerhalb des Systems zurückzuführen.

1.1 Strukturelle und mittelbare Ebene

Während die Kategorie Geschlecht als Faktor für Benachteiligungen im Bildungssystem mittlerweile als vernachlässigbar angesehen wird, wird die Bedeutung von Zuschreibungen an Migrationsgeschichte und sozioökonomischem Status von den Befragten betont. Wie in anderen deutschsprachigen EU-Ländern ist auch das österreichische Bildungssystem sozial selektiv. Auf struktureller Ebene werden vor allem Kinder aus bildungsfernen Familien mit schwachem sozioökonomischem Hintergrund relativ früh im Zugang zu Bildung beschränkt. Dies zeigt sich nach Angaben der Befragten oft bereits im Kindergarten, zieht sich durch die gesamte Schullaufbahn und kommt grundsätzlich unabhängig davon vor, ob die SchülerInnen Migrationsgeschichte haben oder nicht.

Insbesondere in Stätten höherer Bildung herrschen Sprachkultur und Habitus von bildungsnahen Schichten vor. Wenn SchülerInnen durch ihre familiäre Herkunft mit Sprache und Habitus der bildungsaffinen Schichten vertraut sind, steigt nach Angaben der Befragten die Wahrscheinlichkeit, bildungserfolgreich zu sein und gefördert zu werden. Zu den SchülerInnen, die dieses Sprachregister mit geringerer Wahrscheinlichkeit beherrschen, zählen Kinder aus Familien mit Migrationsgeschichte und Kinder aus bildungsfernen Familien. Persönliche Unterstützung oder Mentoring durch einzelne LehrerInnen oder Verwandte können Diskriminierungen vorbeugen oder sie (partiell) kompensieren.

Im Hochschulbildungsbereich wird von den Befragten die zunehmende Verschulung der Universitäten problematisiert, insbesondere vor dem Hintergrund, dass immer mehr Studierende neben dem Studium erwerbstätig sein müssen. Die daraus resultierende Vereinbarkeitsproblematik von Studium (mit immer mehr anwesenheitspflichtigen Zeiten) und Erwerbsarbeit benachteiligt zunehmend Studierende aus Familien mit niedrigem Einkommen.[15] Diese strukturellen Barrieren im Hochschulsystem können zum Abbruch des Studiums führen, was wiederum die Wettbewerbsfähigkeit der Betroffenen am Arbeitsmarkt einschränkt. Diese (primär finanziellen) Barrieren können sich für Studierende mit Migrationsgeschichte verschärfen.

Als weiteres Problem wird von den befragten ExpertInnen ein Trend zur „Inflation" von Bildungsabschlüssen insbesondere bei frauendominierten Studienrichtungen genannt. Folge kann sein, dass die AbsolventInnen der entsprechenden Richtungen ihre Abschlüsse am Arbeitsmarkt nicht adäquat verwerten können, wohingegen AbsolventInnen männerdominierter Studienfelder, wie Technik oder Naturwissenschaften, diese Schwierigkeiten nicht haben.

Ferner fällt den Befragten auf, dass im Hochschulbildungsbereich bestimmte Personengruppen fehlen bzw. in bestimmten Positionen kaum anzutreffen sind. Genannt wurden im Bereich der Studierenden ältere und alte Personen, Personen mit Migrationsgeschichte und Personen mit Behinderungen. Im Bereich der höheren Positionen an Universitäten verweisen die Befragten vor allem auf die Unterrepräsentation von Frauen.

1.2 Direkte Ebene

Direkte (mehrfache) Diskriminierungen etwa durch LehrerInnen oder Hochschulprofessorlnnen kommen nach Ansicht der befragten ExpertInnen auf allen Stufen des Bildungssystems vor. Besonders betroffen sind hiervon Personen mit Migrationsgeschichte, von diesen besonders Mädchen und Frauen mit muslimischem Kopftuch und dunkelhäutige Jungen und Männer. Mehrfache Diskriminierung gegenüber diesen Personen kann sich verdeckt

---

15 Auch die an einigen Universitäten eingerichteten Stipendiensysteme kompensieren diese Tendenz nur unzureichend.

bis offen rassistisch äußern. Die Befragten berichteten, dass diese Gruppen – unabhängig von ihren Talenten – häufig mit mangelnder Förderung und fehlender Aufmerksamkeit von LehrerInnen und ProfessorInnen konfrontiert sind. Beispielsweise wurde erwähnt, dass SchülerInnen mit Migrationsgeschichte bei gleichen Leistungen seltener zum Besuch einer weiterführenden Schule geraten wird als SchülerInnen ohne Migrationsgeschichte. Jugendliche mit Migrationsgeschichte haben zudem gegenüber inländischen SchülerInnen ein sehr viel höheres Drop-out-Risiko. Nach Angaben einer befragten Schulsozialarbeiterin in einer Pflichtschule können Auswirkungen von wiederholt erfahrener Abwertung durch LehrerInnen Hilflosigkeit und Aggressivität sein.

Direkte Diskriminierungen von SchülerInnen durch LehrerInnen machen sich auch an der Sprache fest. Nicht nur Dialekte, sondern auch Fremdsprachen – im Berufsleben als Kompetenzen bezeichnet – werden laut ExpertInnen im Schulalltag als unerwünscht angesehen. Kinder werden dazu aufgefordert, Schriftdeutsch zu sprechen und sich mit ihren KlassenkameradInnen nicht in ihren jeweiligen Erstsprachen zu unterhalten.

Im Hochschulbereich erwähnen ExpertInnen Benachteiligungen von weiblichen Studierenden. Für den Universitätsbereich wird eine tendenzielle Förderung und Bevorzugung von Männern in frauendominierten Ausbildungen bzw. Studienrichtungen bei gleichzeitiger Benachteiligung von Frauen in männerdominierten Studienrichtungen beobachtet.

Die folgende Tabelle gibt eine Übersicht über mehrfache Diskriminierungen im Bildungssystem.

Übersicht 2: Mehrfache Diskriminierungen im Bildungsbereich

Bildungsstufe	Zugangsbarrieren/Differenzkategorien
Pflichtschule	**Soziale Herkunft** Bevölkerungszusammensetzungen in einzelnen Bezirken nach sozioökonomischem Status spiegeln sich im Niveau der Grundschulen dieser Bezirke wider. Sprache und Habitus von höheren sozialen Schichten sind im Schulsystem vorherrschend, dies kann davon abweichende SchülerInnen benachteiligen. Der rechtliche Status hat einen Einfluss auf den Zugang zu Bildung und auf den Bildungserfolg.
Höhere Schule	**Migrationsgeschichte** Kinder mit Migrationsgeschichte werden seltener dazu ermuntert, eine höhere Schule zu absolvieren. **Soziale Herkunft** Wahl der Ausbildung erfolgt sehr früh und benachteiligt sozioökonomisch schwache Kinder – Vererbung der sozialen Herkunft von Eltern an Kinder.

Universität/FH	**Soziale Herkunft** Barrieren in der Vereinbarkeit von Studium und Erwerbstätigkeit für Studierende mit geringem Einkommen. Einzelne ProfessorInnen diskriminieren aufgrund der sozialen Herkunft der Studierenden und deren Geschlechts.

Quelle: eigene Zusammenstellung

2 Benachteiligungen und Diskriminierungen am Arbeitsmarkt

Die Ergebnisse der Befragung erlauben die Identifikation von Mustern und konkreten Ausformungen von mehrfachen Diskriminierungen am Arbeitsmarkt. Differenzkategorien und deren Kombinationen sind mit bestimmten Diskriminierungstatbeständen und Branchen verbunden.

2.1 Differenzkategorien und deren Kombinationen

Mehrfache Diskriminierungserfahrungen im Leben von Betroffenen können sich dadurch auszeichnen, dass mehr als eine Kategorisierung involviert ist. Ob es sich hierbei um eine verbundene (additive) Form oder eine intersektionelle Verknüpfung der Kategorisierungen handelt, kann nach Auskunft der ExpertInnen in der Praxis schwer angegeben werden.

Hinsichtlich der als relevant benannten Kombinationen von Differenzkategorien lassen sich zwei zentrale Ergebnisse festhalten: Erstens spielt in jenen Kombinationen von Differenzkategorien, die die Wahrscheinlichkeit für das Erfahren von mehrfachen Diskriminierungen erhöhen, zumeist die Kategorie Geschlecht (weiblich) eine Rolle. Zweitens wurden von den Befragten (Kombinationen von) Differenzkategorien als relevant für Diskriminierungen und Benachteiligungen identifiziert, die nicht gesetzlich geregelt sind, nämlich Aussehen/Körperbild und soziale Herkunft. Je nach Ausprägung können diese beiden Kategorisierungen Diskriminierungen und Benachteiligungen entweder verstärken oder abschwächen.

Als besonders bedeutsame Kombinationen von Differenzkategorien, die zu Diskriminierungen am Arbeitsmarkt führen, gelten einerseits die Kombination „Alter und Geschlecht" und andererseits die Kombination „Migrationshintergrund und Religionszugehörigkeit". Zuschreibungen basierend auf der Kategorie Geschlecht führen nach Einschätzung der Befragten vorwiegend zu Einstellungsdiskriminierungen, Entgeltdiskriminierungen sowie Aufstiegsdiskriminierungen. Insbesondere in Kombination mit Zuschreibungen aufbauend auf den Kategorisierungen Familienstand und Alter werden Frauen von DienstgeberInnen eher abgelehnt, erhalten weniger Entgelt und Zulagen als vergleichbare Männer. Auch im Weiterbildungsbereich können Frauen aufgrund von Zuschreibungen an ihr Geschlecht von Diskriminierungen betroffen sein. Gerade höher qualifizierte Frauen erhalten von Seiten ihrer DienstgeberInnen seltener finanzielle Unterstützung und Förderung als Männer. Diese mangelnde Bereitschaft, in das Humankapital von Dienstnehmerinnen zu investieren, wird von DienstgeberInnen je nach Alter und Lebensabschnitt der Frauen unterschiedlich legitimiert. Bei jüngeren Dienstnehmerinnen wird auf eine reale oder zugeschriebene Vereinbarkeitsproblematik verwiesen, bei älteren Dienstnehmerinnen auf deren baldige Pensionierung. Die Befragten beobachten derartige Tendenzen (noch) nicht für männliche Dienstnehmer.

Muster von Geschlechter- und Altersdiskriminierungen am Arbeitsmarkt können Frauen in jedem Alter potenziell betreffen und in allen Qualifikationsstufen gleichermaßen vorkommen. Ältere Frauen sind zwar nicht mehr vom Stereotyp einer Vereinbarkeitsproblematik mit Familienpflichten betroffen, laufen aber Gefahr, bei Beförderungen und hinsichtlich Weiterbildungsmöglichkeiten benachteiligt zu werden, weil ihnen eine baldige Pensionierung zugeschrieben wird. Die zum Zeitpunkt der Befragung noch unterschiedlich geregelten Pensionsantrittszeiten von Frauen und Männern[16] dienen DienstgeberInnen als Legitimationsgrundlage dafür, ältere Frauen entweder gar nicht einzustellen oder sie zu kündigen, sobald sie das gesetzliche Pensionsantrittsalter erreicht haben. Solche diskriminierenden Praxen sind mit Stereotypen von geschlechtsbezogener Leistungsfähigkeit verknüpft, nach denen Frauen im Erwerbsleben früher als „alt" gelten als Männer. Der Wert von älteren Männern im Erwerbsleben wird nach Einschätzungen der Befragten eher gesehen als jener von älteren Frauen. Nach deren Erfahrungen werden Männer oft noch über das gesetzliche Pensionsantrittsalter hinaus beschäftigt, während ein solches Angebot nur in den seltensten Fällen an Frauen geht. Ältere Frauen, die vor dem Erreichen des Pensionsantrittsalters gekündigt werden, sind aufgrund der gleichen Stereotypen auch mit Barrieren im Zugang zu neuen Stellen konfrontiert. Die Befragten beobachten gleichzeitig, dass sich Angehörige höherer Qualifikationsstufen eher gegen Diskriminierungen aufgrund von Alter und Geschlecht wehren, etwa indem sie sich an eine Beratungsstelle wenden. Daher setzt sich die Klientel der (Rechts-) Beratungseinrichtungen, die Diskriminierung aufgrund von Alter und Geschlecht geltend machen möchten, fast ausschließlich aus Akademikerinnen in höheren Positionen in der beruflichen Hierarchie zusammen.

ExpertInnen berichten auch von Diskriminierungen aufgrund des jungen Alters. Besonders junge Frauen mit Migrationsgeschichte oder muslimischer Religionszugehörigkeit sind hiervon betroffen. Zumeist zeigen sich diese Diskriminierungen als Einstellungsdiskriminierungen oder als (sexuelle) Belästigungen. Sie treten vor allem in niedrig qualifizierten Berufsfeldern auf, was daran liegt, dass Migrantinnen aufgrund von strukturellen Benachteiligungen keinen Zugang zum höher qualifizierten Erwerbsarbeitsmarkt haben.

Die Kombination der Differenzkategorien „Migrationsgeschichte", „Religionszugehörigkeit" und „Geschlecht" spielt in den Erfahrungen der Befragten eine besondere Rolle bei Diskriminierungen am Arbeitsmarkt. Am Beispiel von praktizierenden Musliminnen mit Kopftuch zeigt sich diese Kombination von Kategorisierungen als Intersektion, die zu Diskriminierungen insbesondere bei der Begründung von Arbeitsverhältnissen führen kann. Grundsätzlich ist das Bild der erwerbstätigen kopftuchtragenden Frau in Österreich nach Einschätzung der Befragten noch nicht sehr verbreitet. Hinzu kommt, dass diese Personen aufgrund ihrer ethnischen Zugehörigkeit eher von Diskriminierungen betroffen sind, beispielsweise weil die Diskriminierenden davon ausgehen, dass sie ihre Rechte nicht kennen. Diskriminierungen aufgrund der religiösen und der ethnischen Zugehörigkeit sind nach

---

16 Das gesetzliche Pensionsantrittsalter in Österreich beträgt derzeit 65 Jahre für Männer und 60 Jahre für Frauen. Beginnend mit dem 1. Jänner 2024 wird für weibliche Versicherte das Antrittsalter für die Alterspension jährlich bis zum Jahr 2033 mit Jahresbeginn um sechs Monate erhöht. 2033 haben Frauen und Männer dann das gleiche Pensionsantrittsalter: 65 Jahre. Über eine Vorziehung dieser Angleichung des unterschiedlichen gesetzlichen Pensionsalters der Geschlechter wird in Österreich immer wieder diskutiert.

Einschätzung der Befragten zwar branchen- und qualifikationsübergreifend vorhanden, treten aber in niedrig qualifizierten Berufsfeldern gehäuft auf. Dies ist einerseits auf den „raueren Ton" zurückzuführen, der in diesen Berufsfeldern vorherrscht, zum anderen auf strukturelle Benachteiligungen in der Anerkennung von Qualifikationen, die Barrieren im Zugang zu höher dotierten Berufen und Positionen bilden. Der Anerkennungsprozess von ausländischen Abschlüssen dauert in Österreich nicht nur sehr lange, sondern ist in seinem Ergebnis auch selten erfolgversprechend für die Betroffenen – diese Einschätzung teilen die befragten ExpertInnen aus Wissenschaft und Praxis. Diesbezüglich muss die Situation von MigrantInnen allerdings differenziert betrachtet werden. So sind junge, hochqualifizierte oder dringend benötigte Schlüsselarbeitskräfte mit Migrationsgeschichte weniger stark mit Barrieren in der Anerkennung ihrer Qualifikationen in Österreich konfrontiert und finden am hiesigen Arbeitsmarkt eher eine entsprechende Position. Die Qualifikationen von älteren MigrantInnen oder solchen, die nicht als Schlüsselarbeitskräfte angesehen werden, werden dagegen seltener anerkannt. Hinzu kommt, dass diese Gruppe auch öfter von Diskriminierungen bei der Begründung von Dienstverhältnissen betroffen ist als jüngere MigrantInnen. Insbesondere wenn ältere MigrantInnen in Österreich keine Berufserfahrung vorweisen können, kann dies trotz anerkannter Qualifikationen zu einem gänzlichen Ausschluss aus dem österreichischen Arbeitsmarkt führen. Auch in der Anerkennung von Qualifikationen aus dem Herkunftsland kann es zu Intersektionen kommen, die die Berufsbiografien der Betroffenen unterschiedlich beeinflussen. MigrantInnen, die keine Beschäftigung in einem ihrer Qualifikation entsprechenden Niveau finden, sind dazu gezwungen, andere, niedriger qualifizierte Dienstverhältnisse einzugehen, um den notwendigen Lebensunterhalt erwirtschaften zu können. Jedoch kann für diese qualifizierten Betroffenen selbst der Zugang zu Hilfsarbeiten erschwert sein, wenn DienstgeberInnen annehmen, dass BewerberInnen nicht lange in dieser für sie unqualifizierten Position bleiben. So kann eine vorhandene Qualifikation, ob anerkannt oder nicht, potenziell zur Falle für den Zugang selbst zum niedrig-qualifizierten österreichischen Arbeitsmarkt werden. Unabhängig von der Qualifikation sind nach Einschätzung der befragten ExpertInnen in Arbeitsvermittlungsagenturen Deutschkenntnisse auf hohem Niveau zentral, um sich am ersten Arbeitsmarkt positionieren zu können. Nach den Erfahrungen der Befragten werden selbst für den Hilfsarbeitsmarkt (z. B. Reinigungsbereich oder Lagerarbeiten) gute Deutschkenntnisse als essentiell bewertet. Die Betonung der Relevanz von Deutschkenntnissen für den Bildungs- und Arbeitsmarkterfolg suggeriert eine Alleinverantwortlichkeit von individuellen Kompetenzen und negiert strukturelle Diskriminierungen oder rechtliche Rahmenbedingungen. Außerdem werden mangelnde Deutschkenntnisse der Erfahrung von befragten ExpertInnen zufolge von DienstgeberInnen oft bereits aufgrund eines auf eine Migrationsgeschichte verweisenden Namens zugeschrieben. Fachliches Können wird durch einen Sprachfilter betrachtet, was in der Praxis einen begrenzten Handlungsspielraum für die Betroffenen nach sich zieht – so die Einschätzungen von befragten ExpertInnen.

Auch im Weiterbildungsbereich sind Personen mit Migrationsgeschichte mit Barrieren konfrontiert. Dies liegt zum einen an sprachlichen Hindernissen im Zugang zu Informationen über Weiterbildungsangebote bzw. deren Finanzierung. Zum anderen liegen diese Barrieren nach Angaben der Befragten aber auch daran, dass diese Personen aufgrund struktureller Diskriminierungen verstärkt in Sektoren und Branchen arbeiten, in denen von DienstgeberInnenseite wenig Wert auf Weiterbildung gelegt wird. Umgekehrt können sich aber auch ein unsicherer Aufenthaltsstatus oder mangelnde Kenntnisse der deutschen Sprache ungünstig auf die Bereitschaft zur Weiterbildung jener Personengruppe gerade auch außerhalb bestehender Dienstverhältnisse auswirken.

Der im Rahmen der Studie befragte Experte aus dem Behindertenbereich betont die schwierige Lage, in der sich Menschen mit Behinderungen am Arbeitsmarkt befinden. Von DienstgeberInnenseite wird eine Behinderung mit Zuschreibungen einer mangelhaften Leistungsfähigkeit verknüpft. Vor diesem Hintergrund beurteilt der Befragte auch gesetzliche Schutzbestimmungen für Personen mit Behinderungen (insbesondere deren Kündigungsschutz) ambivalent. Denn diese arbeits- und sozialrechtlichen Schutzbestimmungen machen Personen mit Behinderungen als Arbeitskräfte unattraktiver. Er gibt an, dass die meisten Betriebe eher eine Geldstrafe in Kauf nehmen, als eine Person mit Behinderungen einzustellen. Frauen mit Behinderungen sind seinen Erfahrungen zufolge potenziell mehrfach diskriminiert, denn bei ihnen kommen Zuschreibungen unzureichender Leistungsfähigkeit aufgrund einer potenziellen Vereinbarkeitsproblematik von Beruf und Familie hinzu. Aufgrund dieser Barrieren im Zugang zum Arbeitsmarkt sind Personen mit Behinderungen oft auf den zweiten Arbeitsmarkt beschränkt. Auch zur Beschäftigung von Behinderten in Werkstätten äußert sich der Befragte kritisch. Seiner Meinung nach hätten die Tätigkeiten, die dort von Menschen mit Behinderungen ausgeübt werden, durchaus Platz am ersten Arbeitsmarkt und sollten auch mit einem entsprechenden Entgelt sowie einer arbeitsrechtlichen Absicherung einhergehen. Die dort tätigen Personen erhalten jedoch für ihre Arbeit ein Taschengeld und keine arbeitsrechtliche Absicherung. Vergleichsweise einfach stellt sich nach Angaben des Experten allerdings die Situation jener Personen dar, die bei Diensteintritt in ein Unternehmen noch keine Behinderung hatten und erst während des Arbeitsverhältnisses – durch einen Unfall oder eine Krankheit – behindert werden. Hier werde seiner Erfahrung zufolge oft von Seiten des Unternehmens versucht, einen passenden Arbeitsplatz zu finden oder Maßnahmen zur Barrierefreiheit einzusetzen, um sich die betriebsspezifischen Kompetenzen der Betroffenen zu erhalten.

Nach Einschätzung der befragten ExpertInnen können soziale Herkunft und Körperbild als Kategorisierungen Diskriminierungen je nach Ausprägung verstärken oder abschwächen, sie wirken also intersektionell mit anderen Kategorisierungen. Die Bedeutung der Kategorisierung soziale Herkunft ist dabei vor allem im (Weiter-)Bildungssystem relevant. Vor allem (Langzeit-)Arbeitslose, SozialhilfeempfängerInnen, junge Erwachsene ohne Schul- bzw. Berufsabschluss kommen kaum je in den Genuss, Weiterbildungen konsumieren zu können. Außerhalb betrieblicher Weiterbildungsmöglichkeiten stellt sich die Unübersichtlichkeit des Weiterbildungsmarktes für jene Personen als Herausforderung dar. Nach den Erfahrungen der befragten ExpertInnen verfügen bildungsnahe Gruppen in der Regel nicht nur über das ökonomische, sondern auch über das kulturelle Kapital, sich im Bildungssystem zu orientieren. Bildungsferne Gruppen fallen hingegen sehr früh aus dem System heraus und erhalten in der Folge schwerer wieder Zugang. Das (Weiter-) Bildungssystem ist nach Ansicht der Befragten ein in sich geschlossenes System, das für bestimmte Personen fremd wirkt. Die Orientierung im breiten Angebot erfordert an sich bereits Kompetenzen, um sich für die passenden Bildungsangebote entscheiden zu können. Sind diese Kompetenzen bei bildungs- oder arbeitsmarktfernen Personen nicht im erforderlichen Ausmaß vorhanden, kann dies in dieser Gruppe zu Widerstand gegen (Weiter-)Bildung führen. Die Verwendung von neuen Technologien kann sich als zusätzliche Schwierigkeit für Personen mit einer längeren Bildungsabstinenz, die mit diesen Technologien nicht vertraut sind, erweisen.

Personen aus bildungsfernen Schichten können hinsichtlich Weiterbildungsmöglichkeiten auch von öffentlichen Arbeitsvermittlungsagenturen wie dem österreichischen Arbeitsmarktservice (AMS) benachteiligt werden. Das AMS vermittelt unter anderem kostenlose Weiterbildungsangebote an arbeitsuchende Menschen. Hängt das Weiterbestehen einer Fördermaßnahme von der Vermittlungsquote der TeilnehmerInnen ab, sind MitarbeiterInnen der Arbeitsvermittlungsagenturen dazu angehalten, die aussichtsreicheren KandidatInnen auszuwählen. Dies kann zu weiteren Benachteiligungen für ohnehin benachteiligte Personen führen, wenn sie beispielsweise von AMS-MitarbeiterInnen als schlecht vermittelbar eingeschätzt werden. Hinzu kommt, dass nur wenige Maßnahmen des AMS nach Ansicht der ExpertInnen an den Bedürfnissen von arbeitsmarkt- und bildungsfernen Personen ausgerichtet sind.

Die Kategorisierung Körperbild spielt nach Ansicht der Befragten vor allem in frauendominierten Berufen eine Rolle. Insbesondere im Dienstleistungsbereich und in der Schönheits- und Gesundheitsindustrie werden Menschen aufgrund des Körperbildes benachteiligt, wenn sie entweder übergewichtig sind oder ihnen Ungepflegtheit zugeschrieben wird. Diese Zuschreibungen führen insbesondere zu Diskriminierungen bei der Einstellung. Übergewichtige, hellhäutige, inländische Frauen haben beispielsweise ihren Erfahrungen aus der Beratungspraxis zufolge eine geringere Chance, einen Arbeitsplatz in diesen Branchen zu finden als etwa dunkelhäutige Frauen mit Migrationsgeschichte und guten Deutschkenntnissen, die dem Körperideal entsprechen. Umgekehrt verhält es sich ihrer Einschätzung nach in männerdominierten Berufen und/oder solchen mit hohen Qualifikationsanforderungen, hier kann ein dem Schönheitsideal zu sehr entsprechendes Aussehen bei Frauen deren Wettbewerbsfähigkeit einschränken, da ihnen auf diesem Körperbild aufbauend berufliche Kompetenzen und Qualifikationen abgesprochen werden.

Die Differenzkategorie Weltanschauung und politische Gesinnung spielt nach den Erfahrungen der Befragten insbesondere im öffentlichen Dienst und in staatsnahen Bereichen eine Rolle. Eine „falsche" Weltanschauung oder politische Gesinnung kann sich für Personen als Barriere erweisen, da sowohl bei der Einstellung als auch bei der Beförderung die entsprechende Parteizugehörigkeit immer noch als informelle Voraussetzung gelten dürfte. Diskriminierungen dieser Art zeigen sich allerdings in den seltensten Fällen offen, sie finden vielmehr verdeckt statt, da im öffentlichen Dienst und im staatsnahen Bereich eine vergleichsweise hohe Sensibilität hinsichtlich des Diskriminierungsverbotes herrscht. Daher sind sie nach den Erfahrungen der Befragten auch nur schwer nachzuweisen.

2.2 Tatbestände und Branchen

Unter Bezug auf ihre Berufspraxis gehen Befragte davon aus, dass Diskriminierungserfahrungen in Berufsbiografien Tatbestandskumulationen umfassen und sich in den seltensten Fällen als punktuelle Einzeldiskriminierungen zeigen. Diskriminierungserfahrungen ziehen sich oft wie ein roter Faden durch Dienstverhältnisse, sie zeigen sich als prozessuales Geschehen, das irgendwann zur Eskalation führen kann. Beispielsweise kann es vorkommen, dass eine Person bereits kurz nach der Einstellung bei der Entgeltbemessung diskriminiert wird, dann bei der Beförderung, dazwischen belästigt wird und alles schließlich in einer Beendigung des Dienstverhältnisses mündet. Trotz dieser von den Befragten identifizierten

Muster von mehrfachen Diskriminierungen sollte nicht vernachlässigt werden, dass es Fälle gibt, bei denen Betroffene aufgrund eines Tatbestandes (punktuell) diskriminiert werden.

Diskriminierungen bei der Begründung von Arbeitsverhältnissen (Einstellungsdiskriminierungen) sind eine von den Befragten häufig beobachtete Form der Diskriminierung am Arbeitsmarkt. Sie tritt vor allem dann auf, wenn Differenzkategorien „sichtbar" sind und am Körper festgemacht werden können, d.h. bei den Kategorisierungen ethnische Zugehörigkeit, Hautfarbe, Behinderung, muslimischer Glaube bei Frauen und Geschlecht generell. Insbesondere Frauen aus EU-Drittstaaten werden Angaben von ExpertInnen bei der Einstellung oft mehrfach diskriminiert. Ihrer Erfahrung nach reicht bei Bewerbungen oft schon ein auf eine Migrationsgeschichte hinweisender Name für eine Ignorierung auch bei entsprechender Qualifikation aus. In niedrigen Qualifikationssegmenten können Einstellungsdiskriminierungen auch offen rassistisch sein. Hiervon sind nicht nur MigrantInnen ohne bzw. mit niedrigen Bildungsabschlüssen betroffen, sondern auch solche mit hohen, da auch diese aufgrund struktureller oder direkter Diskriminierungen schwer eine Stelle in einem ihrer Qualifikation entsprechenden Bereich finden. Besonders aufgrund der Kombination der Kategorisierungen Migrationsgeschichte, muslimische Religionszugehörigkeit und weiblichem Geschlecht kommt es hier zu mehrfachen Diskriminierungen.

Nach Einschätzung der Befragten kommt auch der Tatbestand der sexuellen Belästigung in niedrig qualifizierten Berufssegmenten gehäuft vor. Diese kann von KollegInnen, Vorgesetzten sowie im Gastgewerbe oder im Reinigungsbereich auch von KundInnen ausgehen. Zumeist steht hier eine Verknüpfung der beiden Kategorisierungen junges Alter sowie Migrationsgeschichte im Hintergrund. Es können aber auch noch andere Kategorisierungen involviert sein.

Eine Expertin nennt ein Fallbeispiel aus ihrer wissenschaftlichen Arbeit, in welchem sexuelle Belästigung als Teil einer Tatbestands- und Diskriminierungsmotivkumulation auftrat: Eine Frau aus Südamerika wurde in einem staatsnahen Betrieb sexuell belästigt und diskriminiert (aufgrund ihres Geschlechtes und aufgrund ihrer ethnischen Zugehörigkeit). Die sexuelle Belästigung erfolgte von Kollegen unter Verweis auf ihre ethnische Zugehörigkeit im Zusammenhang mit rassistischen Aussagen. Im Zuge der Belästigung wurde sie nicht nur auf ihre soziale Position als Frau, sondern auch auf ihren Status als Migrantin in Österreich verwiesen, der sie davon abhalten sollte, sich gegen Belästigungen zu wehren. Sie war nicht nur die einzige Leiharbeiterin im Betrieb, sondern unter ihren KollegInnen auch die einzige Migrantin. Dieser Status machte sie potenziell verwundbar, denn sie hatte weder einen festen Arbeitsvertrag noch die vergleichbaren Arbeitsbedingungen wie die KollegInnen. Es war daher für diese „leichter", sie sexuell zu belästigen, als beispielsweise eine inländische Kollegin mit festem Arbeitsvertrag. An diesem Beispiel wird deutlich, dass sexuelle Belästigungen (wie andere Belästigungen auch) stets im Rahmen von hierarchischen Verhältnissen stattfinden und entweder durch Vorgesetzte oder durch KollegInnen erfolgen, die tatsächlich in der Hierarchie höher stehen oder die sich subjektiv in einer Machtposition gegenüber „dem Opfer" empfinden (Sprung 2011).

Von Belästigungen ohne sexuelle Konnotation können nach Auskunft der ExpertInnen alle Personen potenziell betroffen sein. Solche Belästigungen können auch systematisch erfolgen, etwa mit dem Ziel, bestimmte Arbeitskräfte loszuwerden, indem sie durch Belästigungen oder Mobbing dazu gebracht werden sollen, von sich aus zu kündigen. Diese Kündigungen werden von (nicht selbst belästigenden) ArbeitgeberInnen mitunter damit gerechtfertigt, dass die belästigte Person das Betriebsklima störe.

Im höher qualifizierten Arbeitsmarktbereich finden sich vorwiegend Entgelt- oder Aufstiegsdiskriminierungen, häufig in Verbindung mit den Differenzkategorien Geschlecht bzw. Familienstand und Alter. Von DienstgeberInnenseite werden unterschiedliche Begründungsstrategien für Diskriminierungen angewendet. Gerade im hochqualifizierten Arbeitsmarktbereich fällt befragten ExpertInnen auf, dass viele DienstgeberInnen sensibilisiert für das Gleichbehandlungsgesetz und das Diskriminierungsverbot sind, was auch aus deren Argumentation und Legitimation im Anzeigenfall deutlich wird. So rechtfertigen ArbeitgeberInnen diskriminierende Kündigungen etwa mit personenbedingten Gründen oder erwähnen angeblich mangelhafte Leistungen der von Diskriminierung betroffenen Personen. Oft spielt auch die Teamzusammensetzung oder das Betriebsklima in der Legitimation von Diskriminierungen durch ArbeitgeberInnen eine Rolle. Insbesondere mit der Einführung der Kategorie der „Passfähigkeit" werden oft Einstellungsdiskriminierungen (und damit Ausschlusskriterien wie Alter und Geschlecht) begründet, ohne diese zu thematisieren. Auch der Verweis auf KundInnenerwartungen findet sich nach den befragten ExpertInnen hier sehr häufig. Im Bereich der Diskriminierung bei der Beendigung von Dienstverhältnissen (beispielsweise aufgrund des Alters) werden insbesondere firmeninterne Gründe zur Legitimierung herangezogen, etwa Rationalisierungsprogramme, die zur Streichung des Arbeitsplatzes der diskriminierten Person führten. Die Befragten beobachten in der Konfrontation mit diskriminierenden ArbeitgeberInnen nur in den seltensten Fällen die Nennung von Differenzkategorien als Kündigungsmotive.

Als besonders für Diskriminierungen und Benachteiligungen anfällige Branchen werden der Finanz- und Versicherungsbereich, der Gesundheitsbereich (insbesondere Krankenhäuser) und der Hilfsarbeitsbereich sowie männerdominierte Bereiche genannt. Die Ergebnisse weisen darauf hin, dass Diskriminierungen in niedrig qualifizierten Sektoren offener und augenscheinlicher erfolgen, im höher qualifizierten Bereich subtiler. Jedoch erwähnten die befragten ExpertInnen auch, dass die Betroffenen in höher qualifizierten Berufen eine stärkere Sensibilität für Diskriminierungen aufweisen und sich eher dagegen zur Wehr setzen.

Übersicht 3: Mehrfache Diskriminierungen am Arbeitsmarkt

Tatbestand	Differenzkategorie	Branche
Diskriminierung bei der Begründung des DV	Ethnische Zugehörigkeit, Geschlecht und Religion	Niedrig qualifizierte Berufsfelder (auch aufgrund struktureller Diskriminierungen)
	Behinderung	Branchen- und qualifikationsunabhängig
	Geschlecht	Höher qualifizierte, und/oder männerdominierte Berufsfelder
	Familienstand	Höher qualifizierte, und/oder männerdominierte Berufsfel-

		der
Entgelt- und Aufstiegsdiskriminierungen	Geschlecht	Geschlechterspezifische Segregation der Berufe
	Familienstand	Höher qualifizierte und/oder männerdominierte Berufsfelder
Belästigung	Alle Personen können betroffen sein	Bei Kündigungsschutz branchenunabhängig, sonst eher in niedrig qualifizierten Feldern
Sexuelle Belästigung	Geschlecht; Geschlecht und ethnische Zugehörigkeit	Eher (nicht nur) im niedriger qualifizierten Bereich
Diskriminierung bei der Beendigung des DV	Alter und Geschlecht	Höher qualifizierte Berufsfelder, insbesondere der Finanz- und Versicherungsbereich
Fort- und Weiterbildungsmaßnahmen innerhalb von DV	Geschlecht (und Alter)	Höher qualifizierte und männerdominierte Berufsfelder
Weiterbildungsmaßnahmen außerhalb von Dienstverhältnissen	Soziale Herkunft	Personen mit frühen Bildungsabschlüssen und niedrigem sozioökonomischen Status haben einen eingeschränkten Zugang zu qualifizierten Weiterbildungsmaßnahmen
	Erwerbslosigkeit	Langzeitarbeitslose oder WiedereinsteigerInnen haben einen erschwerten Zugang zu qualifizierten Weiterbildungsmaßnahmen
	Geschlecht	Männer orientieren sich im Bereich Weiterbildung eher an deren ökonomischer Verwertbarkeit, Frauen an persönlicher Entfaltung u. wählen häufig schlecht dotierte Berufe
	Alter	Organisation von Weiterbildung über IT benachteiligt Ältere

Quelle: Eigene Zusammenstellung

3 Einflüsse von Rollenbildern, Stereotypen und Vorurteilen auf mehrfache Diskriminierungen

Obwohl nicht jede Diskriminierung auf Rollenbilder, Stereotypen und Vorurteile zurückzuführen ist, ist ein Großteil der in den letzten Abschnitten geschilderten Muster von mehrfachen Diskriminierungen am Arbeitsmarkt und im Bildungsbereich darin begründet. Befragte ExpertInnen gehen davon aus, dass die Anzahl an mit Differenzkategorien verknüpften Zuschreibungen, mit denen eine Person konfrontiert ist, die Wahrscheinlichkeit für diese Person erhöhen, von Diskriminierungen betroffen zu sein. Der Zugang von Befragten zu mehrfachen Diskriminierungen ist daher grundsätzlich additiv, wiewohl einige Befragte auch Intersektionen bei mehrfachen Diskriminierungen erwähnen, die auf diese Diskriminierungen sowohl verstärkend als auch abschwächend wirken können. Die Befragten machten diesbezüglich jedoch keine konkreten Aussagen, da hier noch wenig Wissen besteht.

Im Zuge der Auswertung erwiesen sich drei hegemoniale Diskurse als zentral: erstens die Evidenz von tradierten Geschlechterrollenbildern in der Legitimation der Benachteiligungen von Frauen, zweitens Stigmatisierungsprozesse des Islam mit Zuschreibungen von Terrorismus und Rückständigkeit und drittens hegemoniale Verknüpfungen von Rassismus und Sexismus.

Geschlechterdiskriminierung ist nach den Angaben der Befragten zwar nicht nur, aber oft auch eine Diskriminierung aufgrund des Familienstandes. Sie betrifft vorrangig Frauen und resultiert aus der (zugeschriebenen) Problematik der Vereinbarkeit von Familie und Beruf. Auch einsatzbereiten Mitarbeiterinnen wird laut den Erfahrungen befragter BeraterInnen ihre Leistungsfähigkeit nach Eintritt einer Schwangerschaft abgesprochen bzw. in Frage gestellt. Hinzu kommt, dass tradierte Geschlechterrollenbilder verheirateten Frauen oder Müttern einen Zuverdienerinnenstatus zuweisen, der nach Angaben der Befragten zu Entgeltdiskriminierungen am Erwerbsarbeitsmarkt führen kann. Diese Entgeltdiskriminierungen werden von ArbeitgeberInnen mitunter damit gerechtfertigt, dass der männliche Angestellte eine Familie ernähren muss. Aufstiegsdiskriminierungen zeigen sich für Frauen besonders nach einem Wiedereinstieg nach der Karenz. Oftmals wird (auch gemeinsam mit der Wiedereinsteigerin) nach Beschäftigungsmöglichkeiten mit weniger Verantwortung gesucht, die dennoch im Einklang mit dem bestehenden Arbeitsvertrag sind – so die Erfahrungen der ExpertInnen. Die Befragten betonen die oft paternalistische Rhetorik von Vorgesetzten in diesem Zusammenhang, wobei den betroffenen Frauen weniger verantwortungsvolle Tätigkeiten (die einen Abstieg auf der Karriereleiter bedeuten können) aus Rücksichtnahme auf den Familienstand empfohlen werden und der temporäre Charakter dieser Verringerung der Verantwortung und Aufgabenbereiche betont wird. Möchten die betroffenen Dienstnehmerinnen dann nach einer Weile wieder in ihre frühere Position zurück, ist diese bereits an jemanden anders vergeben worden. Dies betrifft vor allem Frauen in höheren Positionen sowie in männerdominierten Bereichen. Oftmals vertreten Frauen diese Einstellungen auch selbst und streben eine Teilzeitbeschäftigung an bzw. nehmen prekäre Arbeitsbedingungen in Kauf, um mehr Zeit für die Kinderbetreuung zu haben. Unter Kolleginnen können unterschiedliche Geschlechterrollenbilder zu mangelnder Unterstützung führen und mitunter auch Druck auf erwerbstätige Mütter ausüben. Ein von den ExpertInnen genanntes Beispiel dafür wäre, wenn eine Wiedereinsteigerin von ihrer Kollegin folgende Aussage hört: „Dieses rasche Wiedereinsteigen in den Beruf würde ich meinem Kind nie antun."

Nach Angaben der Befragten befürchten viele ArbeitgeberInnen bei Frauen im gebärfähigem Alter oder Müttern für den Betrieb Ausfälle durch Mutterschutz, Karenzzeiten oder Pflegezeiten für kranke Kinder. Dies kann dazu führen, dass sie Frauen in einem bestimmten Alter gar nicht einstellen oder ihnen keine verantwortungsvollen Aufgaben übertragen. DienstgeberInnen unterstellten Frauen im gebärfähigen Alter oder mit Betreuungspflichten oft eine geringere Leistungsfähigkeit und gehen folglich implizit davon aus, dass diese Frauen teurer sind und es somit ökonomisch unter den gegebenen Bedingungen nicht rational wäre, sie einzustellen. Geschlechterrollenbilder und die daraus resultierenden Vorurteile können somit zu diskriminierenden Verhaltensweisen von DienstgeberInnen (insbesondere bei der Einstellung, beim Entgelt und bei Beförderungen) führen.

Zur Lage von karenzierten Männern teilen sich die Einschätzungen der befragten ExpertInnen. Einerseits wird die – im Vergleich zu karenzierten Frauen – schwierigere Lage der Männer betont, da tradierte Rollenbilder eher mit einer Karenzierung der Frau vereinbar sind. Der „Pionierstatus" von karenzierten Vätern kann zu ähnlichen Benachteiligungen durch Vorgesetzte wie bei karenzierten Müttern führen. Andererseits wird von den Befragten beobachtet, dass es karenzierten Männern leichter fallen würde, wieder voll in den Beruf (und in die alte Position) zurückzukehren, da deren Karenzzeiten kürzer sind, sie früher dazu bereit seien, Kinder in eine ganztägige Fremdunterbringung zu geben oder die Mütter der Kinder deren Betreuung (wieder) übernehmen. Nach Einschätzung der Befragten ist die Inanspruchnahme von Karenz für Männer schwerer als für Frauen, jedoch ist die Rückkehr in den Arbeitsmarkt für sie leichter. Auch in diesem Zusammenhang wird von den Befragten die Bedeutung tradierter Mütterbilder erwähnt. Diese Zuschreibungen werden insbesondere in männerdominierten Bereichen sowie auch auf höheren Hierarchieebenen beobachtet und führen zu Einstellungs- und Aufstiegsdiskriminierungen.

Diese Problematiken verstärken sich, wenn Frauen eine Migrationsgeschichte haben oder ihnen über ihre ethnische Zugehörigkeit traditionelle Geschlechterrollenbilder zugeschrieben werden, nach denen sie gar nicht am Erwerbsarbeitsmarkt verortet werden. Hiervon sind innerhalb der Gruppe der Migrantinnen Frauen mit dunkler Hautfarbe und muslimischer Religionszugehörigkeit betroffen. Diese Zuschreibungen von DienstgeberInnen können zu Diskriminierungen insbesondere bei der Begründung von Arbeitsverhältnissen führen. In Zusammenhang mit der Religionszugehörigkeit zum Islam zeigen sich nach Auskunft der ExpertInnen Stigmatisierungsprozesse. Hierbei beobachten sie Einflüsse von aktuellen medialen und politischen Diskursen. Insbesondere das Kopftuch kann als sichtbares Zeichen der Religionszugehörigkeit zum Stigma für Musliminnen werden. Mediale Diskurse sind von Islamophobie und Xenophobie durchzogen, was Ängste und Unsicherheiten bis hin zu pauschalen Ablehnungen von MuslimInnen als DienstnehmerInnen bei ArbeitgeberInnen auslösen kann. Diese Einstellungen können auch dazu führen, dass Arbeitsverträge mit Musliminnen nur unter der Voraussetzung eingegangen werden, dass diese das Kopftuch während der Arbeit ablegen. Sicherheitsvorschriften und/oder der Verweis auf KundInnenwünsche dienen oft der Legitimation solcher diskriminierenden Praxen.

Der konstruierte Charakter derartiger Feindbilder zeigt sich nach Ansicht der Befragten in seiner Veränderlichkeit. Vor etwa 30 Jahren war in Österreich die Stigmatisierung Homosexueller vergleichsweise stark ausgeprägt, während heute (insbesondere männliche) Homosexuelle als liberal gelten und Veranstaltungen wie Regenbogenparade oder Life-Ball keine stigmatisierten Randgruppenphänomene mehr sind. Gleichzeitig wird eine Verstärkung der Stigmatisierung von MuslimInnen durch eine diskursive Verknüpfung dieser

Religionszugehörigkeit mit Terrorismus beobachtet. Möglicherweise lässt sich dieser von den befragten ExpertInnen für LGBT-Personen identifizierte Wandel vom Feindbild *Homosexualität* hin zum Feindbild *Islam* durch Säkularisierung erklären. Als Feindbild einer säkularen, liberalen Gesellschaft gilt der religiöse Fundamentalismus, welcher gegenwärtig dem Islam – verknüpft mit Terrorismus – zugeschrieben wird.

Mehrfache Diskriminierungen können auch eine Verknüpfung von rassistischen und sexistischen Ideologien beinhalten. So werden Frauen und Männer mit Migrationsgeschichte mit jeweils unterschiedlichen Stereotypen bezüglich ihrer Herkunft und ihres Geschlechtes konfrontiert. Diese Stereotypisierungen können dazu führen, dass männliche Personen mit Migrationsgeschichte im Vergleich zu weiblichen aus dem gleichen Herkunftsland eher aufgewertet werden. Genannte Beispiele hierfür wären etwa der tüchtige Lehrling aus der Türkei, der neben der Arbeit auch noch die Sprache lernen muss im Vergleich zum von ihrer Familie beeinflussten und abhängigen türkischen Lehrmädchen. Eine weitere von ExpertInnen beobachtete Verknüpfung von Sexismus und Rassismus besteht darin, dass Frauen mit dunkler Hautfarbe mit höherer Wahrscheinlichkeit als vergleichbare Männer über eine Exotisierung erotisiert werden, was oft im Zusammenhang mit sexueller Belästigung vorkommt.

Die Befragten identifizieren jedoch auch Verknüpfungen von Rassismus und Sexismus im Bereich struktureller und institutioneller Diskriminierungen. Aufenthaltsrechtliche Regelungen verwehren MigrantInnen aus Drittstaaten, die aufgrund der Familienzusammenführung nach Österreich ziehen, zunächst über einen Zeitraum von 5 Jahren einen eigenen Zugang zum Arbeitsmarkt. Da es zumeist Frauen aus Drittstaaten sind, die wegen einer Familienzusammenführung nach Österreich kommen, verorten die befragten ExpertInnen hier eine mittelbare Diskriminierung von Frauen mit Migrationsgeschichte. Sofern diese Frauen Betreuungspflichten gegenüber kleinen Kindern haben, kann ihnen sogar der Zugang zu einem Deutschkurs verwehrt sein, da die meisten Deutschkurse und sonstigen Ausbildungen keine parallele Kinderbetreuung anbieten und Plätze in städtischen Kinderbetreuungseinrichtungen für Kinder nicht berufstätiger Frauen nur schwer zu bekommen sind.

Rollenbilder, Stereotype, Stigmatisierungen und (mehrfache) Diskriminierungen hängen zusammen, darauf weisen die Ergebnisse hin. Während sich jedoch aufgrund von Rollenbildern benachteiligte Personen durchaus selbst mit diesen identifizieren können, identifizieren sich stigmatisierte Personen selten mit diesen Stigmata. Sie identifizieren sich zwar mit den Zeichen (beispielsweise der Religionszugehörigkeit), jedoch nicht mit den Zuschreibungen, die die Mehrheitsgesellschaft damit verknüpft. Die Befragung ergab, dass sowohl mediale Diskurse und die dadurch erzeugten Stigmata als auch tradierte Rollenbilder Vorurteile und Vorbehalte bei ArbeitgeberInnen auslösen und zu Diskriminierungen am Erwerbsarbeitsmarkt führen können.

Ein unmittelbarer Zusammenhang zwischen Stereotypen und auftretender Diskriminierung kann unter Berücksichtigung der Ergebnisse der Befragung zwar grundsätzlich angenommen werden, jedoch sollte er nicht in jedem Fall als gegeben hingenommen werden. Nicht alle Diskriminierungspraxen können mit Stereotypen, hegemonialen Diskursen oder Rollenbildern erklärt werden. Selbst wenn die Benachteiligungen einer Gruppe statistisch nachgewiesen werden können und selbst wenn die Existenz von Vorurteilen empirisch geprüft werden kann, so muss nicht jede/r Angehörige der entsprechenden Gruppen auch diskriminiert werden. Musliminnen können in Österreich, wenn auch noch selten, durchaus Karriere machen und diskriminierungsfrei leben. Hier spielen die familiäre, persönliche und berufliche Umgebung und Unterstützung der Person und deren psychische Konstitution eine wesentliche Rolle.

4 Folgen und Bewältigung von mehrfachen Diskriminierungen

Anhand der Befragung können Schlüsse über die Auswirkungen von mehrfachen Diskriminierungen gezogen werden. Diese lassen sich in psychische, berufsbiografische und ökonomische Auswirkungen unterteilen. Grundsätzlich kann bereits jede einzelne Diskriminierung auf die Erwerbsbiografie und das Selbstwertgefühl der Betroffenen wirken, deren Handlungsspielraum einschränken und finanzielle Nachteile nach sich ziehen. Wiederholte Erfahrungen von (mehrfachen) Diskriminierungen können diese Auswirkungen aber verstärken. Den Erfahrungen der Befragten zufolge haben insbesondere Betroffene von wiederholten Diskriminierungen Schwierigkeiten in der Darstellung der eigenen Fähigkeiten und Leistungen oder in der Durchsetzung ihrer Ansprüche. Diskriminierungserfahrungen wirken negativ auf den Selbstwert und können sich auf die (Selbst-)Positionierung bei Gehaltsverhandlungen auswirken, etwa wenn die Hoffnung besteht, durch niedrig angelegte Gehaltsvorstellungen die Chancen auf den Arbeitsplatz zu verbessern.

Insbesondere im Bildungsbereich sind die Folgen von Benachteiligungen langfristig, weil sie sich auf die späteren Chancen am Arbeitsmarkt und in weiterer Folge auch auf den Zugang zu Weiterbildung auswirken. Bildungsbenachteiligte Personen müssen zur Sicherung des Lebensunterhaltes niedrigst qualifizierte und schlecht bezahlte Arbeiten mit kurzer Beschäftigungsdauer annehmen (auch im informellen Sektor). Oft sind sie auch über PersonalbereitstellerInnen angestellt, wodurch sie ihre Beschäftigung leichter wieder verlieren können. Die daraus resultierenden unterschiedlichen und kurzfristigen Dienstverhältnisse suggerieren – so die Befragten – das Bild eines „Jobhoppers" und diese Lebensläufe begrenzen wiederum den Erfolg zukünftiger Bewerbungen. Bildungserfolgreiche Menschen aus benachteiligten Gruppen haben hingegen laut den Erfahrungen von befragten ExpertInnen oft MentorInnen wie LehrerInnen, JugendarbeiterInnen oder Verwandte, die sie bei ihren Bildungsambitionen unterstützen. Diese MentorInnen können diskriminierende Strukturen in Einzelfällen bis zu einem gewissen Grad kompensieren.

MigrantInnen sind insbesondere mit Barrieren in der Anerkennung ihrer aus dem Ausland mitgebrachten Qualifikationen und absolvierten Ausbildungen konfrontiert. Entweder werden diese Abschlüsse gar nicht anerkannt, oder nur durch das Nachholen bestimmter Kurse. Da die Betroffenen aber ihren Lebensunterhalt verdienen müssen und – bei fehlender Anerkennung ihrer Qualifikationen – keinen Zugang zum qualifizierten Arbeitsmarkt haben, sind sie auf Niedriglohnsektoren mit oft problematischen Arbeitsbedingungen beschränkt. Der geringe Verdienst und die daher nötige Mehrarbeit, um den Lebensunterhalt erwirtschaften zu können, erschwert das Nachholen von Kursen für die Anerkennung der Qualifikationen aus dem Herkunftsland.

Mehrfache Diskriminierungen ziehen auch außerhalb der Erwerbsbiografie Folgen nach sich, insbesondere für das Familienleben und die psychische Gesundheit der Betroffenen. Als persönliche Folgen von mehrfachen Diskriminierungen werden von ExpertInnen psychische Probleme wie Depressionen oder Burn-Out, Suchterkrankungen und/oder Isolation genannt. Diskriminierende Verhaltensweisen, die auf strukturelle Rahmenbedingungen und deren Ausgestaltung zurückzuführen sind (etwa bei der Anerkennung von Qualifikationen aus dem Herkunftsland) werden von Betroffenen oft individualisiert und auf sich selbst zurückgeführt und benachteiligende Regelungen werden als „normal" wahr- und hingenommen. Umgekehrt können wiederholte Diskriminierungserfahrungen jedoch auch dazu führen, dass die Betroffenen jegliches Verhalten von KollegInnen oder Vorgesetzten mit deren Diskriminierungsabsicht erklären. Jeder Misserfolg kann dann mit dem jeweils relevanten Diskriminierungsmotiv erklärt werden, wobei andere mögliche Kriterien für den Misserfolg (beispielsweise unzureichende Qualifikationen) nicht in Betracht gezogen werden. Nach Angaben von Befragten zeigen sich Betroffene von mehrfachen Diskriminierungen zu Beginn ihrer Betroffenheit oft flexibel, leistungsorientiert und anpassungsfähig – sie möchten Diskriminierungen durch besonderen Einsatz selbst kompensieren. Wiederholte und mehrfache Diskriminierungserfahrungen können jedoch Frustrationen auslösen, die sich auf die Berufsbiografien mitunter negativer auswirken können als die Diskriminierungen selbst, denn frustrierte Personen trauen sich am Arbeitsmarkt oft nichts mehr zu. Insbesondere jene, die am Arbeitsmarkt wenig Alternativen vorfinden, verbleiben in den Dienststellen, in denen sie Diskriminierungen erleben und nehmen erst dann Rechtsberatung in Anspruch, wenn ein einschneidendes Ereignis eintritt.

Die Ergebnisse der Befragung von ExpertInnen weisen zudem auf Barrieren für Betroffene von (mehrfachen) Diskriminierungen im Zugang zum Recht hin. Insbesondere in Fällen von offenen Diskriminierungen etwa bei der Einstellung raten RechtsberaterInnen zur rechtlichen Geltendmachung, da diese gut glaubhaft gemacht werden können. Ihren Angaben zufolge entscheiden sich Betroffene aber oft gegen den rechtlichen Weg, viele von ihnen haben andere, oft existenzielle Sorgen und kümmern sich prioritär um eine andere Stelle, als den Aufwand der Bekämpfung von Diskriminierungen auf sich nehmen. Andere fürchten sich wiederum vor den Konsequenzen einer Anzeige, etwa davor, dass sich diese unter Personalverantwortlichen herumspricht und sie in der Folge weitere Barrieren im Zugang zu Arbeit vorfinden. Insbesondere in ländlichen und kleinstädtischen Gebieten sind Personalverantwortliche größerer Unternehmen gut vernetzt und tauschen sich über BewerberInnen aus oder holen Erkundigungen über diese bei deren letzten ArbeitgeberInnen ein. In solchen Fällen kann eine eingebrachte Anzeige wegen Diskriminierung oder Belästigung zu Einstellungsdiskriminierungen führen, wobei die Diskriminierten viktimisiert werden. In solchen Fällen ist es für die Betroffenen vorteilhafter, das Dienstverhältnis mit diskriminierenden ArbeitgeberInnen zu lösen, ohne die Diskriminierung zu thematisieren, und eine neue Arbeit zu suchen. Besondere tatbestandsbezogene Hürden identifizieren Befragte bei der Anzeige von sexuellen Belästigungen. Nach den Erfahrungen von RechtsberaterInnen sind Betroffene von sexuellen Belästigungen oft eingeschüchtert und gehen daher nicht sofort dagegen vor, sondern verhalten sich passiv. Insbesondere bei diesem Tatbestand wirkt sich das zum Nachteil der Opfer aus, da ihre Glaubwürdigkeit vom Gericht angezweifelt werden kann, wenn sie nicht sofort etwas gegen sexuelle Belästigungen unternehmen. Auf der anderen Seite werden von den befragten ExpertInnen aber auch die Mühsamkeit und die Belastungen von Verfahren im Zusammenhang mit sexueller Belästigung betont. Der den Betroffenen im Erfolgsfall zugesprochene Schadenersatz kompensiert in ihrer Ansicht diese Mühsamkeit und die Belastungen des Verfahrens kaum.

Eine von Befragten genannte zentrale Folge von mehrfachen Diskriminierungen sind instabile Erwerbspositionen, die mit keiner längerfristigen Absicherung einhergehen und existenzielle Unsicherheiten erzeugen. Betroffene von mehrfachen Diskriminierungen können mit folgenden Auswirkungen konfrontiert sein:

Berufsbiografische Ebene:
- eingeschränkter Zugang zu (weiterführenden) Ausbildungen;
- die Ausbildungsabschlüsse liegen unter den Fähigkeiten der Betroffenen;
- eingeschränkter Zugang zum (ersten) Arbeitsmarkt;
- eingeschränkter Zugang zu Arbeitsplätzen, die der Qualifikation entsprechen (Dequalifizierungsspiralen);
- instabile Arbeitsmarktpositionen und verkürzte Erwerbsphasen;
- Karrierebrüche bei fehlenden Beförderungen aufgrund von Diskriminierungen;
- Karriereknicks als Folge von Diskriminierung bei der Beendigung von Dienstverhältnissen.

Ökonomische Ebene:
- mangelnde finanzielle Absicherung und Armut durch Arbeitslosigkeit oder prekäre Dienstverhältnisse;
- Entgelteinbußen aufgrund von Benachteiligungen bei Entgeltfestsetzung oder Beförderung;
- Geringere Bezüge aus Sozialleistungen wie Arbeitslosengeld oder Pension.

Persönliche/psychische Ebene:
- Viktimisierung und berufliche Rufschädigung bei der Geltendmachung von Ansprüchen aus Diskriminierungen/Belästigungen;
- Schädigung des Selbstwertes;
- Psychische Erkrankungen;
- Isolation.

Bei der Betrachtung dieser Auswirkungen ist es allerdings wichtig, die Betroffenen nicht nur als Opfer zu sehen. Sie sind auch als AkteurInnen in ihren kreativen Anpassungsstrategien an Herausforderungen im Zusammenhang mit Diskriminierungen, Benachteiligungen und Barrieren zu verstehen.

5 Resümee

Die Ergebnisse der Befragung spiegeln die Komplexität mehrfacher Diskriminierungen wider. Obwohl die Ergebnisse teils sehr vorsichtig geäußerte Einschätzungen von ExpertInnen sind, sind sie aufschlussreich und erlauben erste Rückschlüsse zur Frage nach der empirischen Evidenz von mehrfachen Diskriminierungen. Mehrfache Diskriminierungen sind empirisch evident, insbesondere dann, wenn sie mehrdimensional verstanden werden und die Elemente Tatbestand und Zeit in das Verständnis integriert werden. So sind die in Diskriminierungen involvierten Kategorisierungen miteinander verwoben und mit bestimmten Tatbeständen verknüpft. Diskriminierungserfahrungen gestalten sich in der Regel mehrfach und haben einen prozesshaften Charakter, einfache Diskriminierungserfahrungen sind dagegen eher selten. Die befragten ExpertInnen vermuteten, dass sich die Situation umso schwieriger gestaltet, je mehr benachteiligende Kategorisierungen einer Person zugeschrieben werden können. Diese Personen sind mit höherer Wahrscheinlichkeit von mehrfachen Diskriminierungen konfrontiert.

Die Ergebnisse der ExpertInnenbefragung weisen auf Zusammenhänge von Diskriminierungsmotiven und Tatbeständen sowie Branchen und Qualifikationsstufen hin, in denen bestimmte Muster von Diskriminierungen besonders häufig auftreten. Beispielsweise ist die Kombination der Diskriminierungsmotive Alter und Geschlecht mit den Tatbeständen der Beendigungs- und Einstellungsdiskriminierung verknüpft, spielt aber auch im Bereich Weiterbildung und Aufstieg eine Rolle. Altersdiskriminierung betrifft Frauen stärker als Männer, was sich nicht nur durch die (noch) unterschiedlichen Pensionsantrittszeiten, sondern auch durch Stereotype von DienstgeberInnen erklären lässt.

Bei Einstellungsdiskriminierungen spielen vor allem Zuschreibungen eine Rolle, die am Körper festgemacht werden und auf „sichtbaren" Differenzkategorien aufbauen. Insbesondere die Kategorisierungen ethnische Zugehörigkeit, Geschlecht, Religionszugehörigkeit oder Behinderung wurden hier genannt. Werden einer Person mehrere davon zugeschrieben, kann dies dazu führen, dass ihr der Zugang zum ersten Arbeitsmarkt versperrt ist. Bei Diskriminierungen im Bildungssystem ziehen sich die Differenzkategorien soziale Herkunft und Migrationsgeschichte wie ein roter Faden durch alle Bildungsstufen, und Benachteiligungen äußern sich vorwiegend als Zugangsbarrieren zu höherer Bildung bzw. der gewünschten Bildung. Hinsichtlich der nicht im Gleichbehandlungsgesetz geregelten Diskriminierungsmotive „soziale Herkunft" und „Körperbild" lässt sich mit den Ergebnissen der ExpertInnenbefragung feststellen, dass sie den Einfluss von Zuschreibungen aufbauend auf anderen Differenzkategorien je nach Ausprägung verstärken oder abschwächen können. Ein dem Körperideal ähnelndes körperliches Erscheinungsbild und/oder ein hoher sozioökonomischer Status können Benachteiligungen und Diskriminierungen als Zuschreibung an andere Differenzkategorien abschwächen. Umgekehrt kann ein niedriger sozioökonomischer Status und/oder ein dem Körperideal nicht entsprechendes Erscheinungsbild, wie etwa starkes Übergewicht, zu Diskriminierungen führen.

Die Ergebnisse der Befragung weisen klar auf den Einfluss von Vorurteilen und Rollenbildern bei Zuschreibungen an Differenzkategorien hin, die dann zu mehrfachen Diskriminierungen führen. Hegemoniale Diskurse spielen dabei eine zentrale Rolle, insbesondere wenn es zu Verknüpfungen von Rassismen und Sexismen kommt, wobei Frauen und Männern mit der gleichen ethnischen Zugehörigkeit mit jeweils unterschiedlichen – aber dennoch benachteiligenden – Geschlechterstereotypen konfrontiert werden. Besonders betroffen hiervon sind Musliminnen und dunkelhäutige Frauen, die nicht nur mit rassistischen Zuschreibungen, sondern auch mit sexistischen Belästigungen konfrontiert sein können. Weiterhin wurde die Evidenz von Bodyismen anhand der Befragung gezeigt, wobei die körperliche Erscheinung zur Grundlage der Bewertung von Gesundheit und Leistungsfähigkeit am Arbeitsmarkt gemacht wird. Betroffen hiervon sind alle Kategorisierungen, die im weitesten Sinne unter „Körper" fallen, und anhand der Befragung hat sich gezeigt, dass vorwiegend ältere Frauen sowie Personen mit Behinderungen davon betroffen sind.

Mehrfache Diskriminierungen wirken grundsätzlich nachhaltiger und stärker auf die Situation der Betroffenen ein als eindimensionale, punktuelle Diskriminierungen. Mit den befragten ExpertInnen ist allerdings festzustellen, dass sich Diskriminierungen in den seltensten Fällen eindimensional zeigen, sondern vielmehr davon auszugehen ist, dass mehrfache Diskriminierungen die Regel sind.

Mehrfache Diskriminierungen in Berufsbiografien
Ergebnisse der Betroffenenbefragung

1 Auswertung der Interviews

Wir gehen davon aus, dass die Erzählungen der InterviewpartnerInnen über ihre Berufsbiografien von strukturellen Bedingungen am Arbeitsmarkt wie auch von normativen Vorstellungen von Leistungsfähigkeit mitgeprägt sind. Unter Anwendung der intersektionellen Mehrebenenanalyse nach Degele und Winker (2009) – wie im Kapitel zum Forschungsdesign thematisiert – sollen diese Einflüsse identifiziert und analysiert werden. Es handelt sich dabei um eine Methode der Datenauswertung mit dem Ziel, Wechselwirkungen von Identitäten, Strukturen und symbolischen Repräsentationen unterschiedlicher Gestalt und Richtung zu untersuchen (ebd., 79ff.), der Zugang ist ein iterativer. Diese Methode wurde unserem Forschungsgegenstand bzw. Forschungsinteresse entsprechend adaptiert. In einer ersten Sichtung des Datenmaterials wurden vorhandene Hinweise auf Identitätskonstruktionen[17], auf symbolische Repräsentationen sowie auf soziale Strukturen aus den Angaben der InterviewpartnerInnen identifiziert und die Wechselwirkungen zwischen diesen Ebenen herausgearbeitet.

An die Herausarbeitung von sozialen Kategorisierungen in der Deutung von Benachteiligungserfahrungen gingen wir mit größtmöglicher Offenheit heran, wobei wir auch darauf achteten, welche Kategorisierungen von den Betroffenen nicht thematisiert werden (weil sie beispielsweise Abgrenzungskategorien darstellen oder auch weil sie „der Norm", sprich männlich, weiß und heterosexuell, entsprechen und daher im Zusammenhang mit Ungleichheitserfahrungen nicht thematisiert werden). Auch bei der Identifikation von Verweisen auf symbolische Repräsentationen herrschte größtmögliche Offenheit im Hinblick auf Differenzkategorien und Kategorisierungen. Das Datenmaterial wurde dahingehend untersucht, ob es Verweise auf Wertvorstellungen gibt (unabhängig davon, ob und wie diese von den Befragten beurteilt werden) oder ob InterviewpartnerInnen in einer Form verallgemeinernd sprechen, die Werte und Normen zum Ausdruck bringt. Auch in diesem Schritt wurden die Interviews miteinander verglichen und wiederkehrende Normen und Wertvorstellungen in die Analyse weiterer Interviews mit einbezogen. Hier wurden – ergänzend zu den personenbezogenen Erklärungsmustern – kulturelle Legitimationsmuster für Diskriminierungen bzw. Benachteiligungen identifiziert. Schließlich wurden Verweise der InterviewpartnerInnen auf strukturelle Gegebenheiten (Gesetze, Regelungen, Sozialleistungen und Bezugsvoraussetzungen, etc.) betrachtet, wiederum unabhängig davon, ob und wie diese bewertet werden und ob sie von den Befragten „richtig" oder verzerrt dargestellt werden. Diese Vorgehensweise diente der Erfassung jener Deutungen von gesellschaftli-

---

17 Diesen Begriff wählten Degele und Winker in der Beschreibung ihrer Forschungsmethode, wir verwenden ihn aus praktischen Gründen. Es geht dabei jedoch nicht um die Erforschung von Identitäten, sondern darum, herauszufinden, welche Kategorisierungen in Selbstbeschreibungen und in Abgrenzungen von InterviewpartnerInnen verwendet werden. Es ist dabei unerheblich, ob und inwiefern diese Kategorisierungen die Identität(en) der Erzählenden prägen, es sollen vielmehr personenbezogene Erklärungsmuster, die die InterviewpartnerInnen zur Deutung ihrer erfahrenen Benachteiligung bzw. Diskriminierung heranziehen, identifiziert werden. Wiederholt vorfindbare Kategorisierungen wurden in der Auswertung als Vergleichsfolie für die Analyse weiterer Interviews genutzt (vgl. Degele/Winker 2009, 83).

chen Strukturen, die einen Einfluss auf die alltäglichen Praxen von Individuen haben. Darüber hinaus geben diese Verweise Aufschluss über die soziale Lebenslage der InterviewpartnerInnen, die sich für die Typenbildung als relevant herausstellt.

Nach der Identifikation von Verweisen auf die drei Ebenen erfolgte die Benennung von Wechselwirkungen[18] zentraler Kategorien auf allen Ebenen. Es geht dabei um die Frage, ob sich Ungleichheiten auf der Strukturebene und der Ebene der symbolischen Repräsentationen im Datenmaterial wechselseitig verstärken, abschwächen oder widersprechen, und ob bzw. wie dies in Zusammenhang mit den Identitätskonstruktionen der InterviewpartnerInnen steht. Das gesamte Datenmaterial wurde in der Zusammenschau nach Ähnlichkeiten und Unterschieden im Hinblick auf die entlang des Forschungsinteresses herausgearbeiteten Vergleichskategorien analysiert. Aufbauend darauf wurden Ähnlichkeiten und Unterschiede zwischen den Berufsbiografien erfasst und in unterscheidbaren Typen charakterisiert. Diese Ähnlichkeiten und Unterschiede zwischen den Berufsbiografien wurden anhand der Wechselwirkungen von Ungleichheitsebenen identifiziert, dabei spielten die Verweise der Betroffenen auf strukturelle Gegebenheiten eine zentrale Rolle. Die für die Typenbildung herangezogenen Vergleichsdimensionen orientierten sich an der Positionierung der Betroffenen am/zum Arbeitsmarkt, die sich vorwiegend aus der Strukturebene in ihren Wechselwirkungen mit symbolischen Repräsentationen zeigt.

Eine Analyse des Forschungsgegenstandes anhand verschiedener Typen von Lebenslagen[19] ist fruchtbringender als eine Analyse des gesamten Datenmaterials. Heterogenität prägt die Berufsbiografien der Befragten und damit deren Erfahrungen von mehrfachen Diskriminierungen sowie deren Auswirkungen. Aus den Wechselwirkungen von Struktur- und Repräsentationsebene in Verbindung mit den jeweils relevanten Differenzkategorien ließen sich drei Typen von Lebenslagen beschreiben, welche separat im Hinblick auf das Vorkommen und die Auswirkungen von mehrfachen Diskriminierungen einer genaueren Analyse unterzogen wurden. Dies erfolgte durch die Kodierung des Datenmaterials nach einem aufbauend auf der Definition von mehrfacher Diskriminierung entwickelten Schemas, welches um am Material identifizierte Aspekte ergänzt wurde. Gemäß der Methode von Degele und Winker wurde erst nach dem Feststehen der Typen analysiert, inwieweit die unterschiedlichen Strukturkategorien sozialer Ungleichheit (Geschlecht, Körper, Klasse, ethnische Zugehörigkeit) eine Rolle spielen, d.h. ob sie bestimmte Berufsbiografien im besonderen Ausmaß prägen. Auch die weiteren uns interessierenden Dimensionen von mehrfacher Diskriminierung, nämlich Tatbestände und Zeitkomponenten, wurden erst im Anschluss an die Typenbildung anhand eines Kodierschemas herausgearbeitet. Dieses umfasst im Wesentlichen die oben beschriebenen und anhand des Datenmaterials ergänzten Dimensionen und Auswirkungen von mehrfachen Diskriminierungen. Die unterschiedlichen Lebenslagen, die die Berufsbiografien der Befragten prägen, werden in einem ersten Schritt beschrieben, um in der Folge detailliert auf die jeweils unterschiedlichen mehrfachen Diskriminierungen und deren Auswirkungen eingehen zu können.

Die erste Gruppe umfasst (hoch) qualifizierte Personen mit teilweise starker Karriereorientierung. Diese Personen sind vergleichsweise privilegiert, sie arbeiten am qualifizier-

---

18 Als Beispiele für solche Wechselwirkungen werden Persistenz, Rücknahme, Modifikation, Verstärkung, Abschwächung, fehlende Resonanz, Widerstand, Anpassung oder auch Revolution genannt (Degele/Winker 2009, 79ff.).
19 Kelle und Kluge (2010) sprechen diesbezüglich vorwiegend von Handlungstypen, wobei für unser Forschungsinteresse Typen von Lebenslagen interessanter sind, die die Berufsbiografien und damit letztlich auch die Handlungsoptionen prägen.

ten Arbeitsmarkt und in großen Organisationen mit Entwicklungschancen. Es bestehen jedoch Erfahrungen mit geschlechtsspezifischen Diskriminierungen, insbesondere mit der Segregation der Berufsfelder und der Verteilung von bezahlter und unbezahlter Arbeit zwischen Männern und Frauen. Letztere wird als strukturelle Benachteiligung von Frauen und als Diskriminierung aufgrund der Differenzkategorie Familienstand betrachtet. Dieser Typus ist von der Strukturkategorie Geschlecht geprägt und interagiert mit Diskriminierungen aufgrund von Kategorisierungen wie Alter, Religionszugehörigkeit, Weltanschauung oder sexuelle Orientierung. Mit Ausnahme der ungleichen Verteilung von bezahlter und unbezahlter Arbeit zwischen Frauen und Männern haben sich die Ungleichheiten in diesem Bereich von der Strukturebene tendenziell auf die Ebene der symbolischen Repräsentationen verlagert.

Als zweites ließ sich eine Gruppe von Personen identifizieren, die – unabhängig von ihren Qualifikationen – auf den Hilfsarbeitsmarkt beschränkt sind. Diese Gruppe ist besonders von Zugangsbarrieren zum Arbeitsmarkt und strukturellen Diskriminierungen betroffen. Strukturelle Diskriminierungen, insbesondere die fehlende Verwertbarkeit von im Herkunftsland erworbenen Qualifikationen auf dem österreichischen Arbeitsmarkt, und kulturelle Vorstellungen von HilfsarbeiterInnen verstärken sich wechselseitig und führen zu mehrfachen Benachteiligungen. Dies wirkt auf die Identitätskonstruktionen der Betroffenen insofern, dass sie ihre Berufsbiografien als fremdbestimmt deuten und sich in einer tendenziell ausgelieferten Position wiederfinden. Dieser Typus von Lebenslagen ist stark von der Strukturkategorie Ethnie/Drittstaatsangehörigkeit geprägt und interagiert mit Kategorisierungen wie Geschlecht, Alter und soziale Herkunft.

Die dritte Gruppe ist von Zugangsbarrieren zum Arbeitsmarkt sowie von Ausschlussmechanismen betroffen. Diese werden an Bodyismen festgemacht, wobei die körperliche Erscheinung zur Grundlage der Bewertung von Gesundheit und Leistungsfähigkeit am Arbeitsmarkt gemacht wird. Betroffen hiervon sind alle Kategorisierungen, die im weitesten Sinne unter „Körper" fallen: Alter, Erscheinungsbild, Figur, Gesundheit, Behinderung. Im Unterschied zu den beiden anderen Gruppen, bei denen vor allem die Kategorisierungen Geschlecht bzw. Migrationsgeschichte relevant sind, sind nicht alle Personen der dritten Gruppe schon mit Beginn ihrer Ausbildungs- oder Berufsbiografie bodyistischen Zuschreibungen unterworfen. Manche von ihnen werden erst im Lauf ihres Lebens mit einer Behinderung konfrontiert, erkranken körperlich oder psychisch oder verändern ihr Erscheinungsbild. Erst wenn die Abweichung von der Körpernorm sichtbar wird, sind diese Personen mit Zuschreibungen konfrontiert. Aufgrund der Heterogenität der Zuschreibungen an Körperkategorisierungen unterscheiden sich die Berufsbiografien, was Ausbildungsniveau, Position am Arbeitsmarkt bzw. auch Branche betrifft, in dieser Gruppe. Darüber hinaus kann sich die Integration am Arbeitsmarkt in einzelnen Berufsverläufen immer wieder verändern. Sie kann von vollständiger Integration am qualifizierten Arbeitsmarkt mit hoher Karriereorientierung bis zur Erwerbsunfähigkeit mit komplettem Ausschluss aus dem Arbeitsmarkt reichen. Gemeinsam sind den Betroffenen jedoch die Erfahrungen von Zuschreibungen, die sich an ihrem Körper festmachen und zu Benachteiligungen am Erwerbsarbeitsmarkt führen. Diese Kategorisierungen spielen auf der Ebene der symbolischen Repräsentationen eine zentrale Rolle: Aufgrund einer Abweichung von der Körpernorm wird ihnen eine geringe Leistungsfähigkeit und/oder -bereitschaft zugeschrieben.

2 Sackgassen und Gläserne Decken

Im Folgenden geht es um die Berufsbiografien von Personen, die hinsichtlich der Kategorisierung „sozialer Status" in einer vergleichsweise privilegierten Position sind. Sie sind hochqualifiziert, können ihre Ausbildungen am Erwerbsarbeitsmarkt verwerten und ihre Existenz ist grundsätzlich gesichert. In diesem Typ von Lebenslagen finden sich die Berufsbiografien von 20 Frauen mit hohen Qualifikationen, die mehrfach aufgrund ihres Geschlechts in Verbindung mit anderen Kategorisierungen in allen Stadien ihrer Berufsbiografien diskriminiert wurden. Die Auswirkungen dieser mehrfachen Diskriminierungen sind bereits dem Titel zu entnehmen; ihre Berufsbiografien enden in Sackgassen. Damit ist gemeint, dass sie trotz ihrer Qualifikationen, ihrer Erwerbsorientierung (unabhängig vom Familienstand) und ihrer Mobilität und Flexibilität im Berufsleben nicht weiter kommen bzw. nicht so weit kommen wie vergleichbare Kollegen. Ausformungen solcher Sackgassen sind eine geringere Gehaltsentwicklung und/oder eine niedrigere Position im Betrieb im Vergleich zu Kollegen mit ähnlicher Qualifikation, fehlende Aufstiegsmöglichkeiten und fehlende Entgeltanpassung im Falle des Aufstieges. Im Hinblick auf Barrieren von hochqualifizierten Frauen beim Zugang zu Führungspositionen ist dieses Phänomen unter der Bezeichnung „Gläserne Decke" bekannt. Die Befragung zeigte jedoch auch ein anderes Problem in diesem Zusammenhang. Frauen kommen in Führungspositionen oder es wird ihnen mehr Verantwortung übertragen, ihr Gehalt bleibt aber gleich. Bleiben Frauen auf unteren Stufen der Hierarchien, so ist das aber nicht immer auf Benachteiligungen zurückführen, sondern auch auf organisationsspezifische Gegebenheiten oder auf die mangelnde Verfügbarkeit von Führungspositionen in ihrem Arbeitsbereich.

Alle Befragten eigneten sich ihre Qualifikationen auf dem ersten Bildungsweg und/oder durch berufsbegleitende Bildungsmaßnahmen an. Beinahe alle arbeiten in großen staatlichen und/oder gemeinnützigen Organisationen mit hohem Formalisierungsgrad, d.h. mit hierarchischer Struktur, klaren und transparenten Regelungen hinsichtlich Entgelt sowie Gleichbehandlung im Organisationsleitbild. Eine Befragte in dieser Gruppe berichtete über ihre Erfahrungen aus der Privatwirtschaft, ihre Angaben werden, soweit dies eine Rolle spielt, separat behandelt. Mit Ausnahme einer Befragten[20] hat keine eine Migrationsgeschichte. Fast alle Berufsbiografien dieser Frauen sind kontinuierlich oder temporär durch Kinderbetreuung unterbrochen, was deren hohe Erwerbsorientierung zum Ausdruck bringt. Diskontinuität aufgrund von Barrieren im Zugang zum Arbeitsmarkt und/oder Langzeitarbeitslosigkeit kommen kaum vor.

Es handelt sich dabei um einen Typ von Lebenslagen, in dem die Betroffenen – zumindest so lange sie keine innerfamiliäre Betreuungsarbeit übernehmen – kaum strukturelle Benachteiligungen erfahren, die den Zugang zu Erwerbsarbeit oder (Weiter-) Bildung einschränken. Dennoch werden Diskriminierungen und Benachteiligungen in allen Stadien der Berufsbiografien geschildert. Die Kategorisierung Geschlecht prägt als Strukturkategorie die Berufsbiografien der Betroffenen mit. Soziale Herkunft spielt im Bildungsbereich eine Rolle und der Körper gewinnt über die Kategorie des Alters am Ende der Berufsbiografien an Bedeutung. Im Laufe der Berufsbiografie kann die Kategorisierung Geschlecht mit anderen, wie Religionszugehörigkeit, sexuelle Orientierung oder Weltanschauung, interagieren. Zentral an diesem Typ von Lebenslagen ist jedoch, dass die Auswirkungen der Be-

---

20 Bei den befragten MigrantInnen wird nur deren Situation in Österreich, nicht jene im Herkunftsland berücksichtigt.

nachteiligungen und Diskriminierungen die Positionierung der Individuen *innerhalb* des Erwerbsarbeitsmarktes betreffen, aber keine (langfristigen) Zugangsbarrieren zum Arbeitsmarkt herrschen. Zudem sind die Auswirkungen von Benachteiligungen in den meisten Fällen nicht existenzbedrohend. Diesbezüglich ist diese Gruppe im Vergleich zu den anderen beiden Gruppen hinsichtlich der Kategorisierung sozialer Status als privilegiert anzusehen.

Im Folgenden werden die mehrfachen Diskriminierungen und deren Auswirkungen auf die Berufsbiografien der Betroffenen analysiert. Die Darstellung der Ergebnisse erfolgt nach berufsbiografischen Stadien und deren Aussagekraft ist auf hochqualifizierte Frauen, die in Organisationen mit hohem Formalisierungsgrad arbeiten, beschränkt.

2.1 „Sie war immer der Meinung, dass ich das intellektuell nicht schaffen würde"
   Benachteiligungen im Bildungsbereich

Studien zur Evidenz der sozialen Herkunft bei Benachteiligungen im Bildungsbereich werden durch die Ergebnisse der Betroffenenbefragung bestätigt. Auch hier zeigt sich die Tendenz der Vererbung von Bildungschancen innerhalb von Familien. Gleichzeitig werden auch Möglichkeiten sichtbar, diese aufzubrechen. Die von den Befragten geschilderten Benachteiligungen im Bildungsbereich sind beinahe ausschließlich auf die soziale Herkunft zurückzuführen und zeigen sich zunächst eindimensional als Zugangsbarrieren zu höherer Bildung. Werden diese überwunden und schaffen sich die Betroffenen (unterstützt durch LehrerInnen) doch Zugang zu höherer Bildung, so sind sie dort oft mit Belästigungen durch MitschülerInnen und Lehrpersonal konfrontiert, die sich auf den Sonderstatus dieser Personen im Schultyp beziehen. Anhand der Ergebnisse der Befragung zeigt sich zudem die Rolle der Familien bei Zugangsbarrieren zu höherer Bildung.

Bildungsentscheidungen, in denen die soziale Herkunft eine große Rolle spielt, finden sich erstens am Ende der Volksschule bei der Entscheidung zwischen Gymnasium oder Hauptschule[21] und zweitens bei der Frage der Fortsetzung der Ausbildung nach Abschluss der Pflichtschule. Hier wird zwischen einer beruflichen Lehre und einer höheren allgemein- oder berufsbildenden Schule, die einen Hochschulzugang ermöglicht, entschieden. Die erste Entscheidung zwischen Hauptschule oder Gymnasium ist stark vom Bildungsgrad der Familie geprägt, und zwar in unterschiedliche Richtungen. Kinder aus bildungsfernen Familien besuchen unabhängig von ihren Leistungen eher die Hauptschule, und Kinder aus Familien mit hoher Bildung besuchen unabhängig von ihren Leistungen eher das Gymnasium. Selbst wenn letztere lieber die Hauptschule besucht hätten, werden sie von ihren Familien diesbezüglich nicht unterstützt. In einem Fall legten die Eltern einer Befragten, die beide an der Universität tätig sind, ihrer Tochter das Gymnasium nahe, trotz ihres Wunsches in die Hauptschule zu gehen. Sie besuchte das Gymnasium dann auch und ihre Bildungskarriere endete mit einem akademischen Abschluss. Bei einer anderen Befragten wies ein Test nach der Volksschule auf ihre mangelnde Eignung für das Gymnasium hin. Ihr eigener Wunsch, die Hauptschule zu besuchen, entsprach damit ihren Leistungen. Ihr Vater, als Leiter eines großen Betriebes in einer Kleinstadt stadtbekannt und statushoch, legte ihr – unterstützt durch ihren Lehrer – trotzdem das Gymnasium nahe. Dazu die Betroffene:

---

21 Das Modell der Neuen Mittelschule, welches u. a. als Antwort auf diese Problematik eingeführt wurde (ab 2008 als Schulversuch, ab 2012 als Regelschule), spielte in den Angaben der Befragten noch keine Rolle.

> Und bei dem Test war ich grottenschlecht und der Lehrer hat dann zu meiner Mutter gesagt, wenn er mich nicht kennen würde und die Familie, also dann würde ich irgendwie ganz unten eingestuft werden, aber so lasst er nicht ab davon: ich gehöre in das Gymnasium. [...] und ich wollte erst einmal schon nicht in das Gymnasium, weil alle meine Freunde in die Hauptschule gegangen sind, aber das ist gar nicht diskutiert worden. Also es war ganz klar, ich und meine Geschwister, wir gehen in das Gymnasium und wenn schon Gymnasium, dann wäre ich gerne in das [mit diesem Schwerpunkt] gegangen, aber das war eher [Partei] nahe und das war ganz klar, ich gehe eher in das [einer anderen Partei] zugeordnete Gymnasium. [B39]

Dieses Zitat weist auf die starke Prägung von Bildungsentscheidungen durch den sozialen Status der Familie unabhängig von den Fähigkeiten und Interessen der Kinder hin. Im zitierten Fall geht es aber nicht nur um die soziale Herkunft, sondern auch um die Parteizugehörigkeit des politisch aktiven Vaters. Aufgrund familiärer Einflüsse blieb dieser Betroffenen nicht nur die ihren (damaligen) Fähigkeiten und Wünschen entsprechende Hauptschule vorenthalten, sondern auch der von ihr gewünschte Zweig des Gymnasiums. Die Ergebnisse der Befragung zeigen sehr deutlich, dass die Bildungswahl der Kinder stärker am Lebensstil und der Bildungsnähe ihrer Familien orientiert ist als an deren Fähigkeiten und Wünschen.

Die zweite Bildungsentscheidung erfolgt nach Abschluss des achten Pflichtschuljahres. Hier stehen einerseits die dreijährige Lehre als Ausbildung im Berufsleben und andererseits der Besuch höherer Schulen zur Wahl. Letztere ermöglichen in der vierjährigen allgemeinbildenden oder fünfjährigen berufsbildenden Variante Zugang zur Universität.[22] Die Ergebnisse der Befragung weisen darauf hin, dass sich Benachteiligungen aufgrund der sozialen Herkunft insbesondere in dieser Entscheidung über den weiteren Bildungs- bzw. Berufsverlauf manifestieren. Sie äußern sich in der fehlenden Unterstützung der leistungsbereiten und -fähigen SchülerInnen im Zugang zu höheren Schulen durch bildungsferne Eltern. Die LehrerInnen spielten in solchen Fällen eher als UnterstützerInnen der SchülerInnen eine Rolle, weniger als UnterstützerInnen der Eltern. Bildungsferne Eltern begründen die fehlende Unterstützung ihrer Kinder im Zugang zu höherer Bildung mit Zweifeln an den intellektuellen Fähigkeiten ihrer Kinder. Sie stellen die Frage, ob deren Intellekt zum erfolgreichen Abschluss der höheren Schulen ausreichen würde. Damit zusammenhängend wird Bildung von diesen Eltern abgewertet, oft wird auch die Überhöhung des Wertes von Bildung in der Gesellschaft kritisiert. Gleichzeitig werden Lehrberufe aufgewertet, indem allein diesen der Wert einer „echten" und „ehrlichen" Arbeit zugeschrieben wird. Befragte reflektieren die mangelnde Unterstützung durch ihr Elternhaus in ihren Bildungswünschen selbst mit diesen Tendenzen, wie folgendes Beispiel zeigt:

> Na, sie [die Mutter] war immer der Meinung, dass ich das intellektuell nicht schaffen würde. Ja und die, ich habe in der Volksschule, ich glaube ich habe ein „Gut" gehabt im Zeugnis, sonst lauter „Sehr gut". Aber ich weiß nicht, also ich glaube meine Mutter ist ein bisschen bildungsfern und ist ja zu einer Zeit aufgewachsen, wo Formalausbildung noch nicht so einen wichtigen Wert gehabt hat und hat da auch, also mein Vater hat sich da immer sehr zurückgehalten in solchen Angelegenheiten. [B30]

---

22 Daneben gibt es noch dreijährige berufsbildende Fachschulen ohne Zugang zur Universität. Diese sind eher als Alternative zur Lehre anzusehen.

Bei Zugangsbarrieren zu höherer Bildung, die Kinder aus bildungsfernen Familien betreffen, können LehrerInnen ungleichheitskompensierend wirken. Dies erfolgt, indem sie ambitionierte und leistungsfähige SchülerInnen gegenüber ihren Eltern unterstützen und die Autorität ihrer Rolle als pädagogische ExpertInnen verwenden, um Eltern von den Fähigkeiten ihrer Kinder zu überzeugen. In solchen Fällen können Benachteiligungen aufgrund der sozialen Herkunft im Zugang zu höherer Bildung überwunden werden und haben keinen weiteren Einfluss auf die Berufsbiografien.

Es kann jedoch sein, dass diese SchülerInnen in höheren Schulen dann einen unfreiwilligen Sonderstatus einnehmen. Sie werden von MitschülerInnen und auch LehrerInnen auf ihre soziale Herkunft verwiesen, welche an ihrer Kleidung und an ihrem Auftreten festgemacht wird. Dies kann zu Belästigungen durch MitschülerInnen und zu Isolation im Klassenverband führen. Dieser AußenseiterInnenstatus wird insbesondere an der Sprache festgemacht, was im Falle eines fehlenden Dialektes „eingebildet" und im Falle eines vorhandenen Dialektes „dumm" bedeuten kann – je nachdem, wie sich die Mehrheit der SchülerInnen an der jeweiligen Schule zusammensetzt. Betroffene schilderten in diesem Zusammenhang sowohl verbale Belästigungen als auch körperliche Attacken. Wenn diese Benachteiligungen auch teils als psychisch belastend empfunden wurden, wirkten sie sich nicht auf die Ausbildungsabschlüsse oder Berufsbiografien aus. Es kam zu keinen Schulabbrüchen, Umorientierungen oder verzögerten Abschlüssen. Diese von Befragten beschriebenen Belästigungen durch MitschülerInnen wirken sich auch nicht auf deren Leistungen aus bzw. wenn dann positiv: Von der Klassengemeinschaft ausgeschlossene SchülerInnen konzentrierten sich verstärkt auf ihre Leistungen, da sie keine Ablenkungen durch ihre MitschülerInnen vorfanden.

Die Angaben einiger Befragter, die aufgrund der sozialen Herkunft Barrieren im Zugang zu höherer Bildung erfahren haben, verdeutlichen jedoch, dass insbesondere elterliche Vorbehalte bezüglich der intellektuellen Fähigkeiten ihrer Kinder negativ auf das Selbstbild wirken. Solche Personen stellen ihre intellektuellen Fähigkeiten oft längerfristig selbst in Frage, wie es einige Betroffene aus der Retrospektive deuteten. Beispielsweise berichteten Betroffene, dass sie nach Absolvierung einer berufsbildenden höheren Schule gleich ins Erwerbsleben einstiegen, weil sie sich ein Studium nicht zutrauten. Erst im Erwerbsleben stehend gingen sie ihren ursprünglichen Ambitionen nach und absolvierten berufsbegleitend ein Studium, dann jedoch unter den erschwerten Bedingungen der Vereinbarkeit von Beruf und Studium.

Strukturelle Benachteiligungen im Bildungsbereich spielten im Zusammenhang mit der Differenzkategorie Geschlecht eine Rolle. Eine Befragte, die nach der Pflichtschule die Militärakademie besuchen wollte, scheiterte – trotz körperlicher Eignung – an der fehlenden schulinternen Unterbringungsmöglichkeit für Mädchen. Die Folge war eine Umorientierung zu einer höheren technischen Schule, wobei sie einen stark männerdominierten Zweig besuchen wollte. Sie hatte aber aus ihrem Bekanntenkreis erfahren, dass Mädchen in diesem Zweig besonders belästigt würden und aus diesem Grund die Schule abgebrochen haben. Diese erzählten Benachteiligungen auch für sich selbst antizipierend, besuchte sie präventiv einen weniger männerdominierten Zweig, um Belästigungen zu entgehen. In diesem Fall hat eine antizipierte Benachteiligung die berufsbiografische Folge einer Umorientierung, *bevor* es überhaupt zu Benachteiligungen kommen konnte. Jedoch wurde die Befragte auch im weniger männerdominierten Ausbildungszweig von Lehrern und von Mitschülern belästigt. Der „Sonderstatus" der Mädchen wurde betont und sichtbar gemacht, wodurch sie zu Außenseiterinnen gemacht wurden. Die Befragte schildert ihre Erfahrungen wie folgt:

> Ja, eh zum Beispiel bei einer Drehmaschine und so weiter, ist er [der Lehrer] halt gestanden, hat zuerst eine Einschulung gemacht und dann hat er uns [Mädchen] immer noch einmal, oft dreimal nachgefragt, ob wir das jetzt wohl auch verstanden haben [...] da hat man gemerkt, der kann überhaupt nicht umgehen, jetzt mit dem und ja dann auch, was ein Schmieröl ist, das hat er uns hundertmal erklärt und hundertmal mehr [öfter] die Sicherheitsvorschriften (...). Weil ein Mädchen kann sich ja bitte nicht weh tun, bei Burschen war egal, wenn sie sich so auf die Art wehgetan haben, das gehört dazu [...] und dann hat er halt bei uns auch immer so gefragt: „Und soll ich das für euch machen?" Und wir haben dann halt immer gesagt: „Nein, wir machen das selber." Auch wenn es nicht so schön worden ist. Man hat einfach generell viel schneller zwar teilweise Hilfe bekommen, die wir aber oft gar nicht wollten und da hat man sich dann doppelt und dreifach angestrengt, dass man das genauso schafft. [B36]

Während sie selbst und ihre Mitschülerinnen die Bedeutung ihres Geschlechts immer wieder zu reduzieren suchten, wurde diese sowohl von Lehrern als auch Mitschülern überhöht. Dies erfolgte im Zusammenhang mit dem Hinweis auf die mangelnde Eignung von Mädchen für diese Schule. Als Interaktionsmittel wurde von Lehrern eine Hilfsbereitschaft eingesetzt, die als Reaktion auf die angenommene Hilfsbedürftigkeit von Mädchen in technischen Schulen gelten sollte. Für die Befragte selbst wirkte dieses Verhalten jedoch abwertend, da sie keine Hilfe brauchte. Sie berichtete auch davon, dass einzelne Lehrer sich weigerten, ihre Leistungen zu beurteilen.

Anders als die Barrieren im Zugang zur Militärakademie zeigten die Belästigungen in der technischen Schule für die Befragte keine berufsbiografischen Folgen. Sie schloss die Schule ohne zeitliche Verzögerungen ab und stieg unmittelbar danach über eine Leihfirma facheinschlägig in den Erwerbsarbeitsmarkt ein. In weiterer Folge wurde sie vom Betrieb übernommen, was nach ihren Angaben auch nicht länger dauerte als bei ehemaligen Mitschülern, die zum Großteil ebenfalls über Leihfirmen in den Arbeitsmarkt einstiegen.

Die Befragte, deren Orientierungen sowohl beruflich als auch in ihren Freizeitaktivitäten immer im männerdominierten Bereich angesiedelt waren, und die in diesen Bereichen wiederholt mit Belästigungen aufgrund des Geschlechts konfrontiert war, schilderte keine Auswirkungen dieser Benachteiligungen. Die Art, wie diese zum Zeitpunkt des Interviews 30-jährige Befragte ihre Erfahrungen deutet, lässt darauf schließen, dass sie sich an Belästigungen und einen zugeschriebenen Sonderstatus gewöhnt hat, was zu Souveränität im Umgang damit führte.

Zusammenfassend lässt sich für die befragten Frauen ohne Migrationshintergrund feststellen, dass bei Benachteiligungen im Bildungsbereich die Differenzkategorien Geschlecht und soziale Herkunft eine Rolle spielen und mit Zugangsbarrieren zu den gewünschten Bildungseinrichtungen einhergehen. Diese Zugangsbarrieren herrschen unabhängig von der Eignung der Betroffenen und betreffen nicht immer nur Barrieren im Zugang zu höherer Bildung, sondern auch zu bestimmten Bildungszweigen und niedrigerer Bildung. Können diese Barrieren nicht überwunden werden, haben sie Umorientierungen zur Folge, bei Überwindung kommt es mitunter zu Belästigungen und Isolation aufbauend auf einem zugeschriebenen AußenseiterInnenstatus.

Die Ergebnisse bisheriger Forschung zu den Auswirkungen von Benachteiligungen im Bildungsbereich auf die weiteren Berufsbiografien legen nahe, dass sie stark und weitreichend sind, denn Bildung legt die Positionierung im Erwerbsarbeitsmarkt fest (vgl. Kapitel

Stand der Forschung). Die Ergebnisse der Befragung für diese Gruppe weisen jedoch auf begrenzte oder keine Auswirkungen hin, zumal Barrieren im Zugang zu Bildung entweder sofort überwunden oder durch spätere berufsbegleitende Bildung kompensiert werden. Die von den Befragten geschilderten Benachteiligungen sind einfach, sie erfolgen aufgrund *einer* Kategorisierung (Geschlecht oder soziale Herkunft) und zeigen sich in *einem* Tatbestand (Zugangsbarriere oder Belästigung). Die geringen Auswirkungen dieser Benachteiligungen können an diesem eindimensionalen Charakter liegen. Vielmehr liegt aber der Schluss nahe, dass dies an den Möglichkeiten des Umgangs oder der Überwindung liegt, die die Betroffenen für sich gefunden haben.

Es muss aber erwähnt werden, dass die hier beschriebenen Benachteiligungen keine unüberwindbaren strukturellen Zugangsbarrieren sind. Sie zeigen sich vielmehr in Interaktionen mit LehrerInnen, MitschülerInnen und/oder in Auseinandersetzungen mit dem Elternhaus und sind in erster Linie mit kulturellen Vorstellungen verknüpft. Kulturelle Vorstellungen von Zusammenhängen zwischen Intellekt und sozialem Status oder Beruf und Geschlecht spiegeln sich aber auch in der Struktur des Bildungssystems. Das Bildungssystem ist entlang der Kategorisierungen soziale Herkunft und Geschlecht vertikal segregiert.

In den hier identifizierten Fällen gehen die Barrieren im Zugang zu höherer Bildung vorwiegend von primären und sekundären Bezugspersonen (Familie, LehrerInnen) aus. Werden diese überwunden, so können auch strukturelle Kompensationsmaßnahmen greifen, wie Stipendiensysteme oder sozial- und arbeitsmarktpolitische Bestrebungen, Mädchen in männerdominierte Berufsfelder zu integrieren. Die Überwindung dieser Barrieren kann zwar Belästigungen, die sich am Sonderstatus der Betroffenen im jeweiligen Schultyp festmachen, nach sich ziehen, doch diese wirkten im Fall der Befragten nicht benachteiligend auf die zukünftige Erwerbsbiografie.

Andere Befragte in dieser Gruppe schilderten keine Benachteiligungen im Bildungssystem. Sie wählten die Schultypen selbst und wurden dabei von ihren Bezugspersonen (Eltern und LehrerInnen) unterstützt oder zumindest nicht behindert. Die gewählten Bildungsrichtungen führten aber in vielen Fällen gerade bei den jüngeren Befragten zu Barrieren im Zugang zur Erwerbsarbeit. Diese Barrieren waren jedoch weniger Einstellungsdiskriminierungen, sondern lagen vielmehr an der mangelnden Nachfrage nach diesen Ausbildungen am Arbeitsmarkt. Betroffen davon sind vorwiegend frauendominierte Ausbildungs- und Studienzweige.

2.2 „Weil es zu jener Zeit sehr düster aussah mit den Jobaussichten"
 Der Einstieg in den Arbeitsmarkt

Die Ergebnisse der Befragung zeigen Generationenunterschiede beim Einstieg in den Arbeitsmarkt. Zum Zeitpunkt des Interviews im Ruhestand oder kurz davor stehende Befragte stiegen überwiegend direkt nach Abschluss der Ausbildung in eine Beschäftigung ein, die ihrer Qualifikation entsprach, zumeist im öffentlichen Dienst. Erfolgte der Einstieg in den Erwerbsarbeitsmarkt nicht unmittelbar nach der Ausbildung, so lag das an den Betroffenen selbst. Aus mangelndem Interesse an einem sofortigen Arbeitsmarkteinstieg wurden Gelegenheitsjobs angenommen oder Auslandsaufenthalte absolviert. Der Einstieg in den Arbeitsmarkt erfolgte in diesen Fällen in den 1960er bis 1970er Jahren, zu einer Zeit, in der die Situation am Arbeitsmarkt vergleichsweise günstig war. Die befragten Frauen gaben an, dass sie sich keine Sorgen um eine Festanstellung machten, da feste Arbeitsplätze ausreichend verfügbar waren. Einen durch Gelegenheitsjobs und Auslandsaufenthalte hinausgezögerten Arbeitsmarkteintritt konnten sie sich durchaus „leisten", denn dieser hatte keine Auswirkungen auf die spätere Positionierung am Erwerbsarbeitsmarkt.

Im Unterschied zeigen die Angaben der jüngeren Frauen, dass der Einstieg in den qualifizierten Arbeitsmarkt weitaus schwieriger erfolgte, nämlich überwiegend über befristete Dienstverhältnisse, Praktika, Tätigkeiten am zweiten Arbeitsmarkt oder unter Qualifikationsniveau. Facheinschlägige Arbeitsplätze waren in den 1990er Jahren seltener verfügbar und die daraus resultierenden Barrieren im Zugang zu (ausbildungsadäquater) Erwerbsarbeit waren mit finanziellen Einschränkungen verbunden. Um an die am Arbeitsmarkt geforderte Berufserfahrung zu gelangen, wurden insbesondere von hochqualifizierten Personen prekäre Dienstverhältnisse und problematische Arbeitsbedingungen sowie unbezahlte Arbeit angenommen. Diese Beschäftigungsverhältnisse boten keine Entwicklungsmöglichkeiten und gingen mitunter mit Belästigungen durch Vorgesetzte oder KollegInnen einher. Die Befragten deuteten diese Erfahrungen aus der Retrospektive jedoch auch positiv. Neben dem Sammeln der notwendigen Berufserfahrung boten sie auch die Möglichkeit, Kontakte zu knüpfen, um über diese einen adäquaten Arbeitsplatz zu finden. So berichtete eine Betroffene über ihren Berufseinstieg über den zweiten Arbeitsmarkt:

> Eigentlich habe ich ein Arbeitslosenentgelt bekommen [für meine Arbeit] und das war dann auch für einen Verein wie die [Betrieb] natürlich in dem Fall sehr praktisch, weil der Verein sich einen dritten Mitarbeiter zu jener Zeit auch nicht leisten konnte, aber dringend benötigte. Und ich bin dieses Arrangement deswegen eingegangen, weil es zu jener Zeit sehr düster aussah mit Jobaussichten in [Ort] und zu jener Zeit war ich bereits mit meinem jetzigen Ehemann liiert und dadurch dass sein Job eben in [Ort] verankert war, war für mich relativ klar, es muss, oder es sollte etwas in [Ort] sein. Und deswegen bin ich dann das Arrangement eingegangen und habe dann weitere knappe drei Jahre über die Stiftung bei [Betrieb] gearbeitet. [B19]

Diese Orientierung an der Berufsbiografie des Partners/Ehemannes[23] in der Planung der eigenen kam bei weiblichen Befragten unterschiedlicher Qualifikationen immer wieder vor. Sie schränkte die Flexibilität im Angebot der Arbeitskraft weiter ein und vergrößerte damit die Barrieren im Zugang zu Erwerbsarbeit.

Die Anstellung über eine Stiftung hatte im Fall der oben zitierten Befragten auch finanzielle Auswirkungen. Sie arbeitete für € 509 in Vollzeit und erhielt ihr Gehalt nicht vom Arbeitgeber, sondern vom Arbeitsmarktservice. Sie nutzte diese Stelle zum Einstieg in den Arbeitsmarkt und baute dort Kontakte auf, die ihr später zu einer Beschäftigung verhalfen, in der sie ihre Qualifikationen verwerten und weiterentwickeln konnte. Beim Einstieg in den Arbeitsmarkt werden zunächst unattraktive Stellen in Kauf genommen. Diese werden jedoch als Übergang auf dem Weg zu ausbildungsadäquaten langfristigen Stellen mit entsprechenden Verdienstmöglichkeiten gesehen. Die finanziellen Auswirkungen dieser „Investitionen" sind daher zeitlich begrenzt.

Befragte berichteten auch von Belästigungen in ihrer ersten Arbeitsstelle und führen sie auf ihr weibliches Geschlecht im Zusammenhang mit ihrem jungen Alter zurück. Insbe-

---

23 Unter den InterviewpartnerInnen war nur eine lesbische Frau, die ihre sexuelle Orientierung thematisiert hat. Bei dieser Person war eine derartige Orientierung an einer Partnerin nicht zu beobachten (zumal sie beim Eintritt in den Arbeitsmarkt keine feste Beziehung hatte). Alle anderen Befragten, die ihre Beziehungen/Ehen thematisierten (was alle gemacht haben), sind heterosexuell orientiert.

sondere ihr Status als Berufseinsteigerinnen, die in ein etabliertes Team einsteigen, führt zu Belästigungen aufgrund des Alters. Die Betroffenen sind beim Einstieg in den Arbeitsmarkt noch unsicher und können sich schwer gegen diese Belästigungen wehren. So etwa im folgenden Fall:

> Ich war dort mit Abstand die Jüngste und genau so haben sie mich auch behandelt. Ja, also ich weiß nicht, so wirklich jede Drecksarbeit, die sonst keiner machen wollte, ob das jetzt eine Büroarbeit war oder irgendeine andere, ist irgendwie für mich übrig geblieben und auch, also auch wie man oft mit mir geredet hat, war nicht das, was man sich unter Kollegen und Kolleginnen vorstellt [...] also wirklich herumgeschrien mit mir, ja, völlig grundlos. [...] Das glaube ich hat schon etwas mit dem Alter zu tun gehabt. Ich war damals auch noch ein bisschen schüchterner als jetzt und ich habe es mir halt auch gefallen lassen. [...] Es hat auch, ich habe auch nicht so einen richtigen Arbeitsplatz gehabt. Das hat mich am meisten gestört. Das war irgendwie so ein Beistelltisch, mit einem Telefon darauf. Mitten in einem Großraumbüro, also das habe ich viel mehr als unangenehm empfunden, als dass manchmal halt keiner mit mir geredet hat. [B30]

Diese erste Stelle, die diese Betroffene antrat, war nicht nur niedrig entlohnt und unter ihren Qualifikationen, sie erfuhr dort auch Belästigungen und Mobbing. In der Deutung dieser Erfahrungen aus der Retrospektive zeigt sich, dass das Fehlen eines eigenen Arbeitsplatzes (Schreibtisches) für sie besonders schwerwiegend wirkte. Zudem berichtete sie, dass ihr Vorgesetzter sie immer wieder abwertend ansprach, beispielsweise mit „die Kleine", wodurch sie sich aufgrund ihres Geschlechts belästigt und mit ihren Arbeitsleistungen nicht ernst genommen fühlte. Die Befragte berichtete über diese diskriminierenden Erfahrungen erst auf die durch Nachfragen ausgelöste Reflexion und gab an, sie verdrängt zu haben. Sie erklärte sie sich nicht nur mit ihrem jungen Alter, sondern verwies diesbezüglich auch auf ihre Schüchternheit als Berufseinsteigerin, aufgrund derer sie sich nicht gegen diese Behandlung wehren konnte.

Jene befragten Frauen, die in ihrer Berufsbiografie sexuelle Belästigungen erfuhren, waren damit immer in ihrer ersten oder einer ihrer ersten Arbeitsstellen konfrontiert. Sie waren zum Zeitpunkt der Belästigung jung und am Arbeitsmarkt noch nicht etabliert. Anders als in den Einschätzungen der befragten ExpertInnen (vgl. Kapitel zur ExpertInnenbefragung), wonach sexuelle Belästigungen vorwiegend im niedrigqualifizierten Bereich vorkommen, wurden diese auch von hochqualifizierten Frauen geschildert. Die Ergebnisse legen jedoch nahe, dass hochqualifizierte Frauen leichter gegen sexuelle Belästigungen auftreten können: alle Befragten mit Erfahrungen der sexuellen Belästigung gaben an, diese selbst rasch abstellen zu können. Als Reaktion auf sexuelle Belästigungen gaben die Befragten entweder das direkte Abwehren des Verhaltens der Belästiger und/oder das Wechseln des Arbeitsplatzes an.[24]

Insbesondere beim Tatbestand der sexuellen Belästigung kann ein Auftreten dagegen zu beruflichen Nachteilen (Viktimisierungen) führen. Auf diese Problematik haben auch die befragten ExpertInnen hingewiesen (vgl. Kapitel zur ExpertInnenbefragung). Oft führt ein aktives Auftreten gegen sexuelle Belästigungen zur Kündigung der Betroffenen oder zu

---

24 Ausnahmen in diesen Zusammenhang bilden zwei Frauen in Führungspositionen, die in männerdominierten Bereichen arbeiten. Diese berichteten von andauernden sexuellen Belästigungen verbaler Art durch KollegInnen und KundInnen. Jedoch hatten diese für die Berufsbiografien ihren Angaben zufolge keine Konsequenzen, da sie im Laufe der Jahre gelernt haben, sich dagegen zu wehren und dies unmittelbar nach dem Auftreten der Belästigungen auch taten.

einer schlechteren Beurteilung ihrer Arbeitsleistungen durch den (meist in der Hierarchie höher stehenden) Belästiger. Der folgende Fall ist ein Beispiel für Folgen von sexuellen Belästigungen: Eine Befragte wurde bei ihrem Berufseinstieg als Lehrling in einem Sekretariat von ihrem Vorgesetzten, der zugleich auch ihr Arbeitgeber war, sexuell belästigt und wehrte sich dagegen:

> Dann hat er mich in den Keller geschickt, in das Archiv: uralte Sachen holen. Ist er natürlich hinuntergekommen, nachgekommen in den Keller, wollte zudringlich werden. Ich habe ihm ganz einfach auf die Finger geklopft, aber ordentlich. Ja, er hat dann abgelassen. Nur ich bin von da an wirklich gemobbt worden. [...] Es war einfach, er hat mich Brieferln 50 Mal dann schreiben lassen. (...) Und, ja natürlich geschrien, also heute würde sich das kein Lehrmädchen mehr bieten lassen. Nur irgendwie, ich war so unbekümmert, zum Glück. Also ich war kein Sensibelchen. [...] Ich war die jüngste, die [Kolleginnen] waren alle so um die 30. Ich glaube, die haben mich alle nicht sehr ernst genommen. [...] Und mein Vater hat dann gesagt: „Und dann gehst du. Weil das brauchst du dir nicht gefallen zu lassen." Aber damit war es das auch schon. [...] Ich habe dann gekündigt, ja. Das war (...) die Arbeitsmarktsituation damals, binnen zwei Tagen hätte ich wieder einen Job gehabt, also das war überhaupt kein Problem das Ganze. [B4]

Auch hier findet sich wie im oben zitierten Beispiel ein Außenseiterstatus der Betroffenen als junge Mitarbeiterin (Lehrling) im etablierten und aus älteren Personen zusammengesetzten Team. Als Folge dieses Status gab auch diese Befragte an, nicht ernst genommen zu werden. Die Befreiung von den sexuellen Belästigungen und dem Mobbing durch Kündigung war in diesem Fall nur möglich, weil einerseits die Arbeitsmarktsituation in der damaligen Zeit (Mitte der 1970er Jahre) gut war, was der Befragten eine sofortige alternative Beschäftigung ermöglichte und andererseits, weil diese Betroffene Unterstützung von ihrer Familie hatte. In solchen Fällen sind die Auswirkungen sexueller Belästigungen mit anschließendem Mobbing kurzfristig und zeigen sich weder berufsbiografisch noch finanziell einschneidend.

Andere befragte Frauen berichteten von sexuellen Belästigungen durch wiederholte private Einladungen von Vorgesetzten oder Kunden. Lehnten sie diese Einladungen ab, waren sie mit beruflichen Nachteilen (z.B. schlechtere Beurteilungen, Übergehen bei der Vergabe von Führungspositionen oder von prestigereichen Tätigkeiten mit Zulagen) konfrontiert, die sich letztlich auch im Einkommen niederschlugen.

Zusammenfassend lässt sich feststellen, dass mehrfache Diskriminierungen beim Einstieg in den Arbeitsmarkt vorwiegend die Tatbestände (sexuelle) Belästigungen und Entgeltdiskriminierungen umfassen, die mitunter auch kombiniert auftreten können: Entgeltdiskriminierungen können etwa die Auswirkungen von sexuellen Belästigungen sein. Diskriminierungsmotiv ist beinahe immer die Kategorisierung Geschlecht (oft in Kombination mit dem jungen Alter, Unerfahrenheit sowie Schüchternheit). In einem Fall spielte auch die ethnische Zugehörigkeit als Motiv für Belästigungen beim Berufseinstieg eine Rolle. Gerade beim Tatbestand der sexuellen Belästigung zeigen sich die berufsbiografischen Auswirkungen besonders stark. Meistens sind dies weitere Diskriminierungen oder die Kündigung der Betroffenen. Auch wenn die Belastungen durch Mobbing und zugewiesene Außenseiterpositionen im Team groß sein können, erfordern Belästigungen in der Regel kein akutes Reagieren. Bei sexuellen Belästigungen ist aber die körperliche Integrität der Betroffenen bedroht, hier muss akut reagiert werden. Gerade dieses akute Reagieren im Sinne einer Zurückweisung des Vorgesetzten zieht oft berufliche Nachteile nach sich.

Entgeltdiskriminierungen beim Berufseinstieg werden von den Betroffen in Kauf genommen, da die ersten Arbeitsstellen die Möglichkeit bieten, Berufserfahrung zu sammeln und Kontakte zu knüpfen, was (temporäre) Einkommensnachteile kompensiert. Sobald sich eine Alternative am Arbeitsmarkt auftat, wurde diese jedoch sofort ergriffen, d.h. die Loyalität der Betroffenen zu den DienstgeberInnen war gering.

Entgeltdiskriminierungen beim Berufseinstieg sind oft Resultate des beschränkten Zuganges zum Arbeitsmarkt, der eingeschränkten Verfügbarkeit von ausbildungsadäquaten Arbeitsplätzen für AbsolventInnen frauendominierter Studienrichtungen (Pädagogik, Philosophie, Literaturwissenschaften, etc.). Die Geschlechtersegregation des Arbeitsmarktes und des Bildungsbereiches geht in allen Qualifikationsstufen mit schlechteren Arbeitsbedingungen in frauendominierten Berufen einher, dies sind strukturelle Benachteiligungen. Deren Auswirkungen können prekäre, unter- oder unbezahlte Tätigkeiten ohne Entwicklungsmöglichkeiten sein. Die Befragung von Personen unterschiedlicher Altersgruppen zeigt die Veränderungen am Arbeitsmarkt. Vor 20 Jahren war die Verfügbarkeit von Arbeitsplätzen weitaus größer und der Einstieg für junge qualifizierte Frauen daher leichter. Seit den 1990er Jahren ist dies nicht mehr der Fall, der Übergang von Ausbildung zu Erwerbsarbeit ist brüchiger, diskontinuierlicher, und alternative Stellen stehen auch nicht mehr im ausreichenden Ausmaß zur Verfügung. Die antizipierten Alternativen am Arbeitsmarkt spielen aber eine entscheidende Rolle für den Grad der Verwundbarkeit von Opfern (sexueller) Belästigungen, Diskriminierungen oder für den Ausstieg aus ungünstigen Arbeitsverhältnissen.

Die Folge von mehrfachen Diskriminierungen beim Eintritt in den Arbeitsmarkt ist in der Gruppe der Befragten beinahe immer die Kündigung oder Auflösung des Dienstverhältnisses: Die Betroffenen gehen. Grundsätzlich ist festzustellen, dass die Auswirkungen von Diskriminierungen in diesem Abschnitt der Berufsbiografie – unabhängig davon, ob sie mehrfach gestaltet sind oder einfach – zwar für die Betroffenen schwerwiegend sein können, jedoch zeitlich begrenzt sind. Arbeitsplatzwechsel sind einerseits Folge von Diskriminierungen, andererseits aber auch der Tatsache geschuldet, dass durch gesammelte Berufserfahrung und dabei aufgebaute Netzwerke vorteilhaftere Dienstverhältnisse zur Verfügung stehen.

Während die meisten betroffenen Frauen nach der Kündigung/Auflösung sofort in ein neues Dienstverhältnis eintraten, waren andere kurzzeitig (einige Monate) arbeitslos oder orientierten sich in Richtung Familie und Kinder. Da Familienorientierung bzw. Kinderbetreuung nicht alle Befragten in dieser Gruppe betrifft, die Berufsbiografien jedoch im zentralen Maße davon geprägt werden, wird nun zwischen Frauen mit Kindern und Erwerbspausen bzw. Teilzeitarbeit und solchen ohne Kinder oder mit raschem Wiedereinstieg nach der Geburt unterschieden. Beinahe alle befragten Frauen mit Betreuungsverpflichtungen Kindern gegenüber waren damit kurz nach ihrer Etablierung am facheinschlägigen Erwerbsarbeitsmarkt zum ersten Mal konfrontiert bzw. konfrontierten sich bewusst durch eine strategische Familienplanung damit.

2.3 „Meinem Mann mehr zuzumuten wäre unbillig"
Strukturelle Benachteiligungen aufgrund von Betreuungsverpflichtungen

Die Familiengründung erfolgte bei einigen Befragten bewusst, bei anderen ungeplant. Wiederum andere entwickelten eine Familienorientierung als Folge von Benachteiligungen am Arbeitsmarkt beim Berufseinstieg oder von Barrieren im Zugang zum Arbeitsmarkt. Unabhängig vom Motiv zeigte sich, dass ein Kind zu einem Ausstieg aus dem Arbeitsmarkt führte, der die vorgegebene Dauer des Mutterschutzes (in einigen Fällen bei weitem) überstieg und einen Bruch in der Berufsbiografie markierte. Frauen, die durch die Geburt ihres Kindes länger als die maximale Karenzzeit aus dem Erwerbsarbeitsmarkt ausstiegen, wechselten das Unternehmen beim Wiedereinstieg. Jene, die einen baldigen Wiedereinstieg (zumindest im Ausmaß von ein paar Stunden) bei der gleichen Organisation anstrebten, sahen ihre „Karriere" dort als beendet an bzw. gaben Einbußen sowohl im Entgelt als auch beim Aufstieg an.

Die Geburt eines oder mehrerer Kinder hatte für fast alle befragten Frauen sowohl berufsbiografische als auch finanzielle Auswirkungen. Die Ergebnisse der Befragung legen nahe, dass sowohl Qualifikationen als auch Erwerbsorientierung diese nicht (vollständig) kompensieren können. Das folgende Zitat beispielsweise zeigt die Situation einer Befragten mit hoher Erwerbs- und Karriereorientierung, die sich im Zuge der Geburt ihres ersten Kindes beim Entgelt benachteiligt fühlte:

> Und nachdem dann klar war, dass ich in Mutterschutz gehen werde, war die angekündigte Umstufung [Gehaltsaufstufung] plötzlich kein Thema mehr. Und ist mir dann eben zugesagt worden, wenn ich aus der Karenz zurückkomme, wird man die Umstufung nachholen. Das ist dann nicht passiert. Also ich war da zu jener Zeit extrem motiviert und habe mir gedacht, damit das funktioniert und weil mir ja meine Tätigkeit auch bis zum heutigen Tag extrem viel Spaß macht, habe ich gesagt: „Okay, dann bleibe ich dem Dienstgeber nicht allzu lange fern" und bin [nach dem Mutterschutz] ein Jahr zu Hause geblieben und dann zurückgekommen. Eben mit dieser Vision, jetzt gibt es eben dann sozusagen die Belohnung. Und zugegebenermaßen, also ich bin am Anfang nur mit einem Tag eingestiegen, auch weil es kinderbetreuungstechnisch [nicht möglich war]. Daraufhin habe ich den Dienstgeber angesprochen, wie das jetzt eigentlich ausschaut, weil mir da mündlich etwas versprochen worden ist. Daraufhin bin ich vertröstet worden. [B19]

Im Nachhinein deutet die Befragte, die Mutter von zwei Kindern ist, die Auswirkungen ihrer Familienarbeit auf ihre Karriere vorwiegend finanziell:

> Indem einfach dieses Zusammenzählen dieser Vollzeitjahre, die eben zu weiteren Bonifikationen oder Aufstiegschancen führen, zwangsläufig immer ein Minus für mich ergeben muss, weil es die Unterbrechungen gegeben hat. Und dadurch werde ich immer um drei Jahre später drankommen als jemand, der durchgehend Vollzeit war. [...] Also ich rechne, das ist eine Vermutung, aber wenn ich nie mehr in Vollzeit ginge, dann (...) dann ist meine Karriere damit in diesem Level beendet, glaube ich. [...] Also einfach weil man fairerweise zugeben müsste, ginge es jetzt beispielsweise um die Leitung der Abteilung, in der ich selbst arbeite (...) also du müsstest in dieser 75 Prozent Anwesenheit jedenfalls immer 150 Prozent geben und das ist die Frage, ob man das körperlich durchhält. Also, da könnte dann Anwesenheit doch ein Zusatzkriterium einfach sein. [B19]

Die Auswirkungen der Geburt des Kindes zeigten sich auch berufsbiografisch. Eine Karriere in der Organisation gilt bei Teilzeitarbeit als unmöglich. Vollzeitarbeit wäre aber nicht mit der Kinderbetreuung vereinbar. Die Tatsache, dass sie die (zeitliche) Verantwortung für ihre Kinder und damit die Vereinbarkeitslast alleine trug und ihr Mann sich diesbezüglich kaum einbrachte, d.h. die Kinder keine Auswirkungen auf seine Berufsbiografie hatten, ließ die Befragte trotz ihrer beruflichen Ambitionen unhinterfragt. Auf die Frage nach dem familiären Engagement des Ehemannes erwiderte die Betroffene:

> Weil um einen, also ich würde einmal sagen, um diesen Lebensstandard zu erhalten, den wir uns geschaffen haben, ist es aufgrund auch meiner Teilzeitbeschäftigung erforderlich, dass er halt, sozusagen noch mehr leistet, dass man keine Einbußen in dem Sinn wirklich hinnehmen braucht. [...] Ansonsten kann ich ihm da keine wirklichen weiteren Zusatzbelastungen mehr antun. [...] Also ich würde sagen, er ist eh so (...) brav, brav ist jetzt ein blödes Wort, aber so engagiert, indem er wirklich oft schon um fünf Uhr in der Früh sich hinter den PC setzt und zum Arbeiten beginnt, um eben am Abend sich Zeit für die Kinder freizuschaufeln. Aber ihm noch mehr zuzumuten wäre unbillig. Also da gibt es eben nur die Möglichkeit, den Lebensstandard zurückschrauben, oder (...) ich trage die Vereinbarkeitslast von Familie und Beruf alleine (...) überwiegend. [B19]

Die Möglichkeit einer Arbeitszeiteinschränkung ihres Ehemannes bei gleichzeitiger Arbeitszeitaufstockung ihrerseits wurde von der Befragten nicht angedacht. Für sie war es selbstverständlich, dass sie die Hauptverantwortung für die Kinderbetreuung übernimmt, um das Familieneinkommen über das berufliche Engagement ihres Partners zu erhalten. Dies zeigt sich auch in ihrer Deutung. Allfällige Arbeit für das Kind würde *sie* ihm als Zusatzbelastung zumuten, nicht etwa das Kind. Dieses Fallbeispiel der innerehelichen Aufteilung von Familienarbeit ist typisch für die strukturellen Benachteiligungen, mit denen Frauen am Arbeitsmarkt konfrontiert sind, wenn sie einen Großteil der unbezahlten Arbeit in Familien übernehmen.

Die Betroffenen sind jedoch nicht nur mit finanziellen und berufsbiografischen Auswirkungen im Sinne von Karriereeinbußen konfrontiert, sie können auch von einer Abwertung ihrer Leistungsfähigkeit durch Vorgesetzte im Zuge der Geburt von Kindern betroffen sein. Eine weitere Befragte berichtete von einer Versetzung in eine prestigearme Abteilung im Zuge der Geburt ihres ersten Kindes, die sie als stigmatisierend erlebte:

> Ich habe das von Anfang an wirklich mit einer Begeisterung gemacht, bin auch (...) in der Abteilung [...] habe ich angefangen. Der erste große Einschnitt war dann – was mich damals schon sehr belastet hat – also die Geburt meines ersten Kindes. Da habe ich dann wirklich schwerwiegende Diskriminierungserfahrungen gemacht. Ich war sehr gerne in der Abteilung und es hat immer alles gepasst und wie dann nach einem Jahr das Gespräch mit dem [Vorgesetzten] wegen Wiedereintritt war, da hat es dann geheißen: „Das geht nicht: In Teilzeit kann man in dieser Abteilung nicht arbeiten." Und dann habe ich die Abteilung wechseln müssen, was für mich damals sehr negativ war, [...] es war so eine Abteilung wo alle hingekommen sind, die quasi nicht entsprochen haben. Und da bin ich teilweise darauf angesprochen worden: „Jetzt kommst du zu den Hascherln." [...] Alle, die nicht [den Leistungsanforderungen der Organisation] entsprochen haben: Tschack, Bumm. [B21]

Dieser unfreiwillige Abteilungswechsel hatte für die Betroffene zwar keine finanziellen Auswirkungen, jedoch psychische. Sie fühlte sich als Mutter und Arbeitnehmerin vom

Dienstgeber abgewertet, was sie ihren Angaben zufolge über ein Jahr lang belastete. Mit ihrer ursprünglichen Abteilung konnte sie sich identifizieren und die Arbeit machte ihr Freude. Den unfreiwilligen Wechsel in eine Abteilung, die organisationsintern einen schlechten Ruf hatte, erlebte sie als stigmatisierend und ungerecht. Diese psychische Belastung zog in der Folge auch berufsbiografische Auswirkungen nach sich. Die Betroffene orientierte sich stärker in Richtung Familie und plante ein zweites Kind:

> Da habe ich Teilzeit gearbeitet. Dann habe ich mein zweites Kind gekriegt und ich denke, ich hätte wahrscheinlich, wenn ich [nach dem ersten Kind in die erste Abteilung] zurückgekommen wäre, hätte ich wahrscheinlich gar kein zweites Kind gekriegt. [B21]

Trotz der verstärkten Familienorientierung verblieb die Betroffene in der Organisation, stieg nach dem zweiten Kind wieder ein und in weiterer Folge auch auf. Zum Zeitpunkt des Interviews leitete sie eine kleine Abteilung innerhalb der Organisation.

Eine befragte Frau schied nach der Geburt ihrer Kinder völlig aus dem Erwerbsleben aus. Die Übernahme der Haus- und Betreuungsarbeit führte zu (ökonomischer) Abhängigkeit von ihrem Ehemann sowie zu fehlender sozialer Absicherung bei der Scheidung. Das folgende Zitat verdeutlicht mögliche Auswirkungen einer fehlenden Erwerbstätigkeit aufgrund von Vollzeit-Kinderbetreuung. Die Befragte:

> Ja, da habe ich auf Unterhalt verzichtet, das war in völliger Unwissenheit, was das eigentlich alles für Konsequenzen hat. Also das ist mir erst nachher bewusst geworden und aber es war so bei der Scheidung, er hat eine Rechtsanwältin gehabt, ich habe mir keine leisten können. [...] Und das heißt, dass ich dann auch angefangen habe, geringfügig zu arbeiten und das war dann schon Megastress. Also drei Kinder haben, die dann irgendwie schön langsam auch in die Pubertät reingekommen sind, zu studieren und noch schauen, dass irgendwo ein Geld für mich herkommt. Also das war, da habe ich echt, fünf Jahre habe ich keine Wochenenden gehabt und wir sind nie essen gegangen, weil das für Kinder, also für drei Kinder, für vier Personen irgendwie zu viel gewesen wäre. Ich habe aufgehört, Ski zu fahren. Es hat viel Energie gekostet. [...] Also da waren einfach Tage wo ich um sieben am Abend mir gedacht habe: „Bitte, lieber Gott, lass es einfach acht Uhr werden, dass ich schlafen gehen kann." Weil ich so fertig war. Also das, ja das war, das war schon hart, also das war wirklich hart. [B39]

In diesem Fall konnte die soziale Herkunft der Betroffenen (ihre Familie) die drohende Auswirkung Armut oder Armutsgefährdung kompensieren, dennoch stellte sich ihre Situation als herausfordernd dar. Der von ihr selbst gewählte Lebensentwurf, die Übernahme der Hausarbeit und Kinderbetreuung und das Ausscheiden aus dem Erwerbsarbeitsmarkt, „funktionierte", solange sie verheiratet war. Bei der Trennung von ihrem Ehemann zeigten sich dessen Auswirkungen. Der Studienabschluss verzögerte sich durch die Kinderbetreuungsverpflichtungen und die Notwendigkeit nebenbei erwerbstätig zu sein. Finanziell war es das Gefühl, immer an der Grenze zur Armut zu leben. Psychische Auswirkungen zeigten sich in einer Überanstrengung durch die fehlende Work-Life-Balance, im Zusammenhang mit der Dreifachbelastung von Studium, Kindern und Gelegenheitsarbeiten. Nach Abschluss des Studiums bekam sie zwar facheinschlägige Arbeit, wurde jedoch dort gemobbt, was sie unter Anderem mit ihren Kinderbetreuungsverpflichtungen und den daraus resultierenden Einschränkungen, sich im Team zu integrieren, erklärt. Besonders problematisch an ihrer Situation war jedoch, dass sie in diesem Dienstverhältnis verbleiben musste, weil ihr die Anwartschaften auf Sozialleistungen aufgrund der jahrelangen Vollzeitkinderbetreuung fehlten. Die Auswirkung dieser Arbeits- und Lebensbedingungen war schließlich ein Burnout:

> Ich habe keine Informationen mehr gekriegt. Ich habe überhaupt (...) ich habe nie einen Schreibtisch gekriegt. Ich habe die E-Mailadresse, die es für meinen Job gegeben hat, habe ich nie den Zugangscode gekriegt […] und zum Schluss habe ich Anwesenheitspflicht gehabt, ohne Arbeitsaufträge und ohne überhaupt irgendeine Information zu kriegen und da […] Es ist dann auch so gewesen, dass sie mir Post ins Gesicht geschmissen hat und solche Sachen. Nur ich hatte ja keinen Anspruch auf Arbeitslosengeld gehabt und daher habe gesagt: „Nein, ich halte das durch." Ein Jahr lang, bis ich in den Anspruch hineinkomme und ja, das habe ich zwar getan, aber das hat mir viel Substanz gekostet und ja, dann bin ich zusammengebrochen, dann bin ich eh dienstfrei gestellt gewesen, bis das Jahr fertig war. [B39]

Die Fälle der Diskriminierungen und Benachteiligungen von Frauen aufgrund von Kinderbetreuung zeigen die Auswirkungen der ungleichen Verteilung von bezahlter und unbezahlter Arbeit zwischen Männern und Frauen. Strukturelle Regelungen werden hier von Repräsentationen idealisierter Mütter- und Familienfiguren sowie damit einhergehenden Zuschreibungen einer mangelnden Verfügbarkeit der Arbeitskraft von Frauen verstärkt. Diese wiederum können die Identitätskonstruktionen der Betroffenen prägen. Als Mütter fühlen sie sich wie selbstverständlich hauptverantwortlich für die Erziehung der Kinder, eine Arbeit, die sie ihren (Ehe-)Männern nicht zumuten wollen, weil dies „ungebührlich" wäre, wie es eine zitierte Betroffene ausdrückte. Andere wiederum werten ihre Identität durch ihr Engagement für ihre Familie auf bzw. entwickeln Ambitionen, ihre Leistungsfähigkeit ausschließlich in der Familie unter Beweis zu stellen, weil sie am Arbeitsmarkt benachteiligt wurden.

Die Auswirkungen dieser strukturellen Diskriminierung zeigen sich auf mehreren Ebenen. Kinderbetreuungspflichten führen zu diskontinuierlichen Berufsbiografien und eingeschränkten Erwerbsarbeitszeiten, letztere führen zu verringerten Ansprüchen auf Sozialleistungen. Weitere Auswirkungen sind entgangenes Entgelt aufgrund von eingeschränkten Erwerbsarbeitszeiten, entgangenen Bonifikationen und Beförderungen oder Einkommens- und Aufstiegsdiskriminierungen. Die durch eingeschränkte Arbeitszeiten oder Erwerbslosigkeit fehlenden Ansprüche auf Sozialleistungen können, wie die Ergebnisse der Befragung zeigen, dazu führen, dass die Betroffenen ungünstige Arbeitsbedingungen in Kauf nehmen müssen, um überhaupt ein Einkommen erwirtschaften zu können. Denn sie sind nicht nur für ihren eigenen Unterhalt verantwortlich, sondern auch für den ihrer Kinder. Berufsbiografisch zeigen sich die Auswirkungen einer Übernahme von Kinderbetreuungsverpflichtungen fast immer durch Einschränkungen in den Karrieremöglichkeiten. Psychische Auswirkungen entstehen vorwiegend durch die nicht vorhandene Balance von Arbeit und Freizeit und das Gefühl, Ungerechtigkeit im Zusammenhang mit einer fehlenden Wertschätzung bzw. Wahrnehmung der privaten Leistungen durch Vorgesetzte zu erfahren.

2.4 „Es gibt auch Nicht-AkademikerInnen, die besser eingestuft sind als ich"
Entgeltdiskriminierungen

In diesem Typ von Lebenslagen sind einige hochqualifizierte kinderlose Frauen oder solche, deren Kinder von anderen Personen betreut werden. Diese Frauen konnten kontinuierlich in Vollzeit arbeiten und sind ähnlich flexibel wie kinderlose Männer bzw. wie jene Männer, die sich selbst nicht aktiv in die Betreuung ihrer Kinder einbringen. Dennoch schilderten auch diese Frauen Diskriminierungen am Arbeitsmarkt, insbesondere beim Entgelt. Betroffene Frauen berichteten zudem davon, dass Männern, die mit gleichen Qualifikationen ungefähr gleich lang in der gleichen Abteilung tätig sind, Tätigkeiten zugewiesen werden, die mit Bonifikationen einhergehen und einen rascheren Aufstieg innerhalb der Organisation ermöglichen.

Eine geschilderte Form der Einkommensdiskriminierung ist die fehlende Anerkennung von Qualifikationen. Dies zeigte sich beispielsweise darin, dass ein berufsbegleitend abgeschlossenes Studium zwar Auswirkungen auf die Zuständigkeiten und Verantwortlichkeiten hatte, aber nicht auf das Gehalt. Die Ergebnisse der Befragung zeigen, dass Entgeltdiskriminierungen nicht nur von langer Dauer sind, sondern auch langfristig benachteiligend wirken. So fühlte sich etwa eine Betroffene zehn Jahre lang aufgrund ihres Geschlechts und ihrer Parteizugehörigkeit beim Einkommen diskriminiert. Sie schildert den Sachverhalt wie folgt:

> Ich habe in einem B-Posten gearbeitet, trotz Studium, und zwar volle zehn Jahre lang. (…) und das war aber typisch, das war die Diskriminierung einer Frau in einer Männerhierarchie. Ein Abteilungsvorstand, ein strohtrockener Jurist, der einfach das nicht gefördert hat, der das fast abgelehnt hat. […] Und sein zuständiger Politiker, der eben verantwortlich war, hat sich natürlich von ihm das einflüstern lassen. Weil wenn er gesagt hätte: „Die ist so toll, die braucht sofort einen A-Posten." Dann hätte der [zuständige Politiker] das möglich gemacht. […] Und das war auch eine Diskriminierung als wertfreie, als politisch wertfreie Person, weil ich meine politische Haltung nie ausgespielt habe und mich um des Jobs willen nie einer Partei verkauft habe. Und zu der Zeit war die Stadt eindeutig von einer Farbe dominiert und das war nicht meine. […] Und dann war eine Kollegin im Amt, die auch neben dem Beruf studiert hat, die wurde nach mir fertig. Die hat aber sofort einen A-Posten bekommen. Die hat die richtige Farbe gehabt. […] Weil ich immer zum Personalreferenten bin, da hab ich gesagt: „Das kann es ja wohl nicht sein. Die bekommt einen A-Posten und ich habe ihn noch immer nicht." Und dann habe ich zur Antwort bekommen: „Ja, das ist eine Fraktion, „die", der Abteilungsvorstand und der Bürgermeister." Also das war alles eine Farbe. [B1]

In diesem Fall lassen sich die finanziellen Auswirkungen vergleichsweise einfach ermitteln. Zehn Jahre lang Einkommenseinbußen von monatlich ca. 500 Euro und entsprechend niedrigere Pensionsansprüche. Die Belastungen der Betroffenen durch die Ungerechtigkeiten, mit denen sie sich konfrontiert sah, und das Wissen, nichts dagegen tun zu können, zogen ihren Angaben zufolge auch psychische Auswirkungen nach sich. Berufsbiografisch hatten diese Diskriminierungen keine Auswirkungen, sie stieg in der Organisation auf (ohne entsprechend entlohnt zu werden) und wechselte den Arbeitgeber nicht (schaute sich auch nicht nach Alternativen um).

Eine andere ebenfalls kinderlose Betroffene war in einer ähnlichen Situation, auch sie fühlte sich in einer großen gemeinnützigen Organisation durch die fehlende Anerkennung ihres berufsbegleitend abgeschlossenen Studiums beim Entgelt diskriminiert. Nachdem diese Frau sechs Jahre lang in befristeten Dienstverträgen für die Organisation tätig war, bekam sie schließlich als Studienabsolventin einen unbefristeten Dienstvertrag und einen größeren Verantwortungsbereich, ihr Einkommen veränderte sich jedoch nicht entsprechend. Sie schilderte den Sachverhalt wie folgt:

> Bei Studium-Abschluss [3 Monate danach] habe ich dann einen unbefristeten Vollzeitvertrag für Gehaltsgruppe X [die zweithöchste Stufe] gekriegt. [...] Es gibt AkademikerInnen in der Organisation in meinem Bereich, die ähnliche Aufgaben machen wie ich, wo ein ähnliches Anforderungsprofil ist und die besser eingestuft sind. Ja, das gibt es und es gibt welche, die nicht AkademikerInnen sind und trotzdem besser eingestuft sind. [B30]

Weil das Konfrontieren des Vorgesetzten mit der Einkommensdiskriminierung keine Veränderung bewirkte, entschloss sie sich dazu, nebenbei nach alternativen ArbeitgeberInnen zu suchen, um den Diskriminierungen in dieser Organisation aus dem Weg zu gehen. Hier wird sie jedoch mit Einstellungsdiskriminierungen konfrontiert, weil sie trotz adäquater Qualifikationen nicht zu einem Vorstellungsgespräch eingeladen wird. Die Betroffene schilderte dies anhand einer männlichen Vergleichsperson aus ihrem Bekanntenkreis:

> Für mich ist es ja auch eine Frage, ob ich jetzt überhaupt im Unternehmen bleib, oder ob ich wechsle. Aber da tut sich für mich ja die nächste Schwierigkeit auf. Ich bin 33, verheiratet, habe keine Kinder. Ich schaffe es nicht einmal bis zum Vorstellungsgespräch. [...] Den Jusstudenten, der gleich alt ist wie ich, der viel weniger Berufserfahrung hat, der viel weniger Qualifikation hat und sich auf die gleichen Stellen bewirbt wie ich, er wird eingeladen und ich nicht. [...] Ich habe ja auch [...] eine umfangreiche Führungskräfteausbildung gemacht. [...] und er hat diese Ausbildung nicht und ich verstehe es einfach nicht, ja? Ich verstehe einfach nicht, warum ich nicht wenigstens zum Vorstellungsgespräch kommen kann, ja? [B30]

Derartige Diskriminierungsspiralen zuerst beim Einkommen im Vergleich zu Kollegen mit ähnlichen Qualifikationen und Zuständigkeiten, dann aufgrund des Geschlechts und zugeschriebener bzw. antizipierter Kinderbetreuung aufgrund des Familienstandes „verheiratet" und des Alters bei der Einstellung sind mögliche Erklärungsfaktoren für Sackgassen in den Erwerbsbiografien. Diese betreffen vorwiegend hochqualifizierte, karriereorientierte und kinderlose Frauen. Einkommensdiskriminierungen werden von Vorgesetzten entweder mit budgetären und/oder organisationsspezifischen Gründen (keine Planstellen vorgesehen) legitimiert. Auch kommt es zur Zuweisung von prestigeträchtigen Tätigkeiten, die mit Bonifikationen einhergehen, an Männer, was für diese mit einem höheren Verdienst einhergeht.

Die Berufsbiografie einer anderen Betroffenen war von Entgeltdiskriminierungen geprägt, obwohl sie durchgehend in Vollzeit beschäftigt war und sich nebenberuflich kontinuierlich weitergebildet hat. Da sie ihre Vorgesetzten immer auf diese Entgeltdiskriminierungen unter Heranziehung männlicher Vergleichspersonen angesprochen hat, ist sie in der Lage, verschiedene Legitimationen für Entgeltdiskriminierungen zu schildern. Ein besonders häufiges Muster ist der Verweis auf die besonderen Qualifikationen der männlichen Vergleichspersonen, die jedoch für die Stelle keine Rolle spielten. Dazu die Betroffene:

> Da wurde ich eingesetzt, um Computersysteme zu verkaufen. Dort habe ich aber männliche Kollegen gehabt, die aus dem technischen Bereich kommen und obwohl ich zwar eine gute Verkäuferin bin, mich technisch schnell einarbeiten kann und dann zwar nicht gleich viel repariert ha-

> be, also die ganzen EDV-Systeme, wie meine Kollegen, aber doch gut klar gekommen bin, mit
> telefonischer Anweisung, haben meine Kollegen trotzdem um 10.000 Schilling mehr verdient
> als ich. [...] Und dann hat es vor Ort einen Gesellschafterpartner gegeben, der sehr konservativ
> eingestellt war und Frauen gehören an den Herd und nicht zur Technik und dann ist mein Auf-
> gabengebiet ein Stück weit reduziert worden. [B29]

Diese Betroffene wurde in dieser Arbeitsstelle nicht nur beim Entgelt diskriminiert, sondern auch aufgrund ihres Geschlechts belästigt und gemobbt:

> Zum Beispiel, die Techniker hat er als Fachkraft gesehen und mit ihnen auch so kommuniziert
> und wenn es um die Frauen gegangen ist und es ist irgendwann ein Fehler passiert, dann hat er
> gesagt: „Na wenn Sie zu blöd sind, um das zu machen, dann gehen Sie da nach Hause und ko-
> chen Sie." [...] und wenn ich dann länger im Büro geblieben bin und das [Handbücher für die
> Bedienung von Geräten] so schreibe, habe ich die Anweisung gekriegt, ich muss trotzdem um
> 17 Uhr hinausgehen, um 17 Uhr ist Dienstschluss, aber Sie mussten trotzdem die Leistung brin-
> gen und das geht oft nicht so schnell. Die Männer haben schon Überstunden gemacht, nur die
> Frauen durften nicht. Nicht nur ich, die Frauen ja. Das ist zu teuer und das geht nicht. Weil die
> Männer sind im technischen Bereich und da muss man noch etwas Technisches vorbereiten und
> die Frauen machen ja eh die minderwertigere Arbeit [Handbücher schreiben], wir waren aber al-
> les Verkäufer, die Männer haben aber nicht die Handbücher geschrieben, da lassen sich Männer
> nicht herunter, das ist Frauenarbeit. [B29]

Die Auswirkungen dieser wiederholten Entgeltdiskriminierungen aufgrund des Geschlechts und als „Resultat" einer horizontalen Geschlechtersegregation sowie Belästigungen aufgrund des Geschlechts zeigten sich in diesem Fall darin, dass die Betroffene sich immer wieder neu orientierte und die ArbeitgeberInnen häufig wechselte, um Diskriminierungen zu entgehen. Das Entgelt bei den jeweils nachfolgenden ArbeitgeberInnen war zwar immer höher, d.h. jeder Arbeitsplatzwechsel erfolgte zu ihrem Vorteil, jedoch fand sie in ihren neuen Arbeitsstellen immer wieder Kollegen oder Vorgänger, die für die gleiche Leistung bei gleicher Qualifikation mehr verdienten als sie selbst. Im Interview hat diese Betroffene über ihre Einkommensentwicklung reflektiert. Über Jahrzehnte gerechnet dürfte sie in etwa ein Drittel weniger Einkommen erzielt haben als Kollegen mit vergleichbaren Kompetenzen und Qualifikationen. Die Suche nach nicht diskriminierenden ArbeitgeberInnen und die häufigen Jobwechsel reduzierten ihre psychischen Belastungen. Hierdurch hatte sie das Gefühl, sich gegen die Diskriminierungen zur Wehr zu setzen, wie sie im Interview angab.

Die Interviews weisen zudem darauf hin, dass Frauen in Gehaltsverhandlungen allein aufgrund ihres Geschlechts Wettbewerbsnachteile gegenüber Männern haben. Eine Befragte schilderte Gehaltsverhandlungen im Zuge der Übernahme der Geschäftsführung einer Tochtergesellschaft, die sie selbst gegründet hat:

> In diesem [vergleichbaren Tochterunternehmen einer Organisation] gibt es einen neuen Ge-
> schäftsführer. Ich weiß, was er verdient, das sind 6.500 Euro. [Diese Organisation] hat mich ge-
> fragt: „Ok, du hast jetzt [das andere Tochterunternehmen der gleichen Organisation] gegründet,
> wir hätten gern, dass du dort als Geschäftsführerin arbeitest und das weiter aufbaust." Und dann
> sag ich: „Ja, ok um die 6.500." Ich hab dann 5.000 angeboten gekriegt. Hab ich gesagt: „Ich ver-
> steh das nicht, wir sind beides gleich viel Mitarbeiterinnen und Mitarbeiter (...) bei ihm [beim
> von der Vergleichsperson geleiteten Tochterunternehmen]". [Sagt der Zuständige für Gehalts-
> verhandlungen]: „Ja, aber damals, da hab ich einen schlechteren Tag gehabt beim Verhandeln.

> Da hab ich dem Mann mehr zugesagt und bei dir bin ich jetzt klarer im Kopf und du kriegst weniger." [B25]

Im Zuge der Gehaltsverhandlung betonte der Vorgesetzte die Ersetzbarkeit der Betroffenen, bot ihr jedoch im Gegenzug für das geringere Gehalt im Vergleich zum Kollegen ein berufliches Sicherheitsnetz an. Die Stelle als Angestellte, die sie vor der Übernahme der Geschäftsführung in der Organisation hatte, wurde ihr freigehalten, damit sie im Falle eines Scheiterns bei der Geschäftsführung dorthin zurückkehren könnte. Die Betroffene übernahm die Geschäftsführung trotz des geringeren Entgelts und akzeptierte das angebotene Sicherheitsnetz als Kompensation für das geringere Einkommen. Im Interview betonte sie dieses Angebot als vorteilhaft für sie. Hier deckte sich die Zuschreibung des Vorgesetzten an die Leistungsfähigkeit der Mitarbeiterin in einer Führungsposition mit ihrem Selbstbild. Auch sie selbst war sich nicht ganz sicher bezüglich ihrer Fähigkeiten als Geschäftsführerin, sonst hätte sie das Freihalten ihrer alten Stelle nicht als Kompensation für die Benachteiligung beim Entgelt akzeptiert. Zudem erwähnt die Befragte, dass ihre „Vergleichsperson", der Geschäftsführer des anderen Tochterunternehmens der Organisation, in seinen Kompetenzen angezweifelt wird. Sie berichtet, dass KollegInnen und LeiterInnen anderer Abteilungen – wenn sie die Wahl haben – lieber mit ihr zusammenarbeiten als mit diesem Geschäftsführer, weil die Zusammenarbeit mit ihm aufgrund seiner mangelnden Kompetenz schwieriger wäre. Im Interview stellt die Befragte die mangelnde Belohnung ihrer eigenen Leistungen (durch ein Dienstauto oder eine Gehaltserhöhung) der aus ihrer Sicht unangemessenen Würdigung ihres Kollegen – des Geschäftsführers – gegenüber:

> Und dann denk ich mir: „Ja, Wahnsinn: Die zahlen dem wahnsinnig viel Geld, der hat ein Riesendienstauto und dann halten sie von ihm nicht so viel und sagen, naja, der ist zwar der Geschäftsführer, aber ja." Und bei mir sagen sie: „Na, du verdien dir das Auto einmal." Und sie sagen schon manchmal, wenn ich ein bisschen beschreib, den Verlauf unseres Unternehmens – wir sind ja noch ein sehr junges Unternehmen, erst eineinhalb Jahre alt (...) und in dieser Größe und wenn ich sag, was uns schon alles gelungen ist und auf welchem Weg wir sind (...), dann heißt es: „Ja, na super, was dir da gelungen ist, wirklich super, super." Gut, aber das war es dann. (Lachen) Also (...) da gibt es keinen Zuschlag finanzieller Natur oder so, gar nichts. [B25]

Die Befragte gab in der Deutung ihrer Gehaltsverhandlung zudem an, dass das von ihr geführte Tochterunternehmen inhaltlich im Gleichstellungsbereich angesiedelt ist. Der Gleichstellungsbereich geht in der Organisation mit wenig Prestige einher, zumal er staatlichen Organisationen oft von außen „aufoktroyiert" wird. Dass gleichstellungsorientierte Arbeitsinhalte innerhalb einer großen Organisation zu Diskriminierungen führen können, zeigt auch der Fall einer anderen Befragten. Sie stieg in einer anderen staatlichen Organisation von der Referentin zur Referatsleiterin bei gleichbleibendem Gehalt auf. Die Betroffene über ihren Aufstieg innerhalb der Organisation ohne Gehaltsanpassung:

> Und dann habe ich eben [als Referentin] Auskünfte gegeben und dadurch, dass mir halt nur bestimmte [X-]Themen immer zugeteilt wurden, habe ich mich da auch relativ rasch spezialisiert. Und dann ist immer wieder der Ruf nach einem eigenen [Gleichstellungs-] Referat laut geworden. Wobei man immer gesagt hat: „Das brauchen wir nicht und das ist überhaupt völlig für nichts." Und irgendwann, dann ist der Druck von außen eben so groß geworden, dass man dann ein Gleichstellungsreferat gemacht hat, wobei man mir das wieder nicht geben wollte: „Ja, das ist ja fad und das kann Sie doch gar nicht interessieren und da nehmen wir doch gescheiter wen

anderen." Hat man gesagt und ich habe es dann doch bekommen, allerdings natürlich ohne Gehaltserhöhung. [...] Wobei meine Kollegen vorher für diverseste Pimperlaufgaben immer eine Zulage bekommen haben. Ich habe ja nicht einmal eine Zulage, ich habe ja gar nichts gekriegt. [B14]

Die Angaben von mehreren Frauen in Führungspositionen weisen darauf hin, dass Lob die einzige Konsequenz einer besonderen Leistung für sie ist. Sowohl am Beispiel von weiblichen Betroffenen, die ihre Arbeitsplätze häufig wechseln, als auch am Beispiel von solchen, die jahrelang für die gleiche Organisation arbeiten, zeigen sich Diskriminierungen beim Entgelt. Männer mit vergleichbaren Qualifikationen und vergleichbaren Anforderungen beim gleichen Arbeitgeber erhalten mehr Entgelt. Weisen die Frauen die Verantwortlichen darauf hin, so wird mit Budgetengpässen argumentiert oder mit den zusätzlichen Qualifikationen der bevorzugten Männer, die jedoch für die Stelle nicht relevant sind. Vorstellungen, wonach die Arbeit von Männern mehr wert sei als jene von Frauen, spiegeln sich nicht nur in der monetären Höherbewertung von männerdominierten Arbeitsmarktsegmenten (Technik) und in der ideellen Höherbewertung von frauendominierten Arbeitsmarktsegmenten (Sozialbereich) wider, sondern auch in geschlechterintegrierten Berufen.

Die Ergebnisse der Befragung weisen zudem darauf hin, dass jene MitarbeiterInnen (vorwiegend Frauen), die mit der Umsetzung von Gleichstellungsmaßnahmen in Organisationen beauftragt werden, Nachteile bei Gehaltsverhandlungen sowie bei der allgemeinen Anerkennung ihrer Leistungen haben. Gleichstellungsmaßnahmen werden immer noch als Widerspruch zur Organisationskultur wahrgenommen, was sich auch in den Schwierigkeiten in der Implementierung von Maßnahmen des Gender Mainstreaming widerspiegelt. Selbst geregelte Gehaltsschemata in Organisationen mit hohem Formalitätsgrad lassen Spielräume für Diskriminierungen (bzw. Bevorzugungen), dies zeigen die Ergebnisse der Befragung deutlich. Im Falle der Benachteiligung von Frauen beim Entgelt können strukturelle Maßnahmen zur Gleichstellung nicht (immer) erfolgreich wirkmächtige Repräsentationen kompensieren.

Die hier dargestellten Fälle von Einkommensdiskriminierungen sind solche, die den Betroffenen bekannt waren und von ihnen auch Vorgesetzten gegenüber thematisiert wurden. Ein Großteil der Einkommensdiskriminierungen bleibt jedoch oft lange Zeit unentdeckt, die Betroffenen sind in der Regel mit ihrem Einkommen zufrieden und beurteilen es auch als adäquat für ihre Leistungen. Dass Diskriminierungen vorliegen könnten, bemerken sie erst, wenn sie vom Einkommen (männlicher) Vergleichspersonen erfahren – also erst in der Relation. Da das Reden über das eigene Einkommen in Österreich immer tabuisiert ist und MitarbeiterInnen sehr selten Zugang zu Informationen über den Verdienst ihrer KollegInnen haben, können wir davon ausgehen, dass es weit mehr Einkommensdiskriminierungen gibt als wahrgenommen wird.

2.5 *„Ich bin wohl so gut in meinem Job, dass ich keinen besseren machen darf"* *Aufstiegsdiskriminierungen*

Entgeltdiskriminierungen und Aufstiegsdiskriminierungen können zusammenhängen, insbesondere weil erstere häufig das Resultat von letzteren sind. Aufstiegsdiskriminierungen äußern sich in den Angaben der Befragten oft darin, dass eine höhere Position in der Hierarchie einer Organisation frei wurde und sich die Betroffenen dafür qualifiziert fühlten. Oft wurden sie auch im Rahmen von informellen Gesprächen mit Vorgesetzten darauf angesprochen und zur Bewerbung eingeladen. Letztlich wurden die Stellen jedoch nicht mit den angesprochenen Frauen besetzt, sondern mit anderen, teilweise geringer qualifizierten Personen. In einigen Fällen wurde die Ablehnung für die Führungspositionen trotz Eignung und Qualifikation auch diskriminierend begründet. So etwa im Fall einer Betroffenen, die aufgrund ihrer Religionszugehörigkeit in einer kirchennahen gemeinnützigen Organisation beim Aufstieg diskriminiert wurde. Zunächst wurde ihr die Leitungsposition in Aussicht gestellt, bei der Besetzung wurde sie aber dennoch umgangen, was mit ihrem Religionsbekenntnis begründet wurde. Die Betroffene dazu:

> Dann habe ich mir gedacht, das verstehe ich jetzt nicht, also in den anderen Positionen geht es, dass man Menschen aus allen Religions- und Kulturkreisen nimmt, aber wenn es um die Leitung [der Organisation] geht, eben nicht. Und dann bin ich nach Hause gegangen, habe ich mir gedacht, das kann doch nicht sein. […] und ich konnte mich nicht mehr identifizieren mit dem Haus. […] Dann habe ich gesagt: „Es tut mir leid, aber ich kann damit nicht mehr leben", habe ich gesagt und ich kann nicht mehr da arbeiten. [B18]

Insbesondere die Werte, die diese Organisation nach außen vertritt, standen für die Befragte im Widerspruch mit der Diskriminierung, die sie erfuhr. Die religiöse Vielfalt, für welche die Einrichtung einsteht, war organisationsintern nur in den unteren Hierarchiestufen erwünscht, für Führungspositionen war das christliche Religionsbekenntnis in der Deutung der Befragten wichtiger als die Leistungen und Qualifikationen der Beschäftigten. Aufgrund dieses Widerspruches konnte sich die Befragte eine weitere Mitarbeit in dieser Organisation nicht mehr vorstellen und stieg aus. Sie hätte diese Diskriminierung rechtlich geltend machen können, da sie explizit als solche kommuniziert wurde. Aus Angst davor, in der gleichen Stadt keine andere Stelle in ihrem Fachbereich zu finden, verzichtete sie jedoch auf diese Möglichkeit. Sie antizipierte berufliche Nachteile als Auswirkung einer rechtlichen Geltendmachung der Diskriminierung.

Die berufsbiografische Auswirkung dieser Aufstiegsdiskriminierung aufgrund der Religionszugehörigkeit war in diesem Fall die Kündigung der Betroffenen. In weiterer Folge war sie mit Barrieren im Zugang zum Arbeitsmarkt konfrontiert, eine feste Stelle, wie sie sie in dieser Organisation hatte, bekam sie bis zum Zeitpunkt des Interviews nicht mehr. Vielmehr arbeitete sie in prekären Beschäftigungsverhältnissen (befristete Dienstverhältnisse, Projektarbeit und mehrere geringfügige Tätigkeiten gleichzeitig).

Eine andere Befragte, die ebenfalls im gemeinnützigen Bereich tätig war, berichtet von Aufstiegsdiskriminierungen und führte diese auf ihr Geschlecht und die fehlende Anerkennung ihrer Leistungen durch Vorgesetzte zurück. Wie mehrere befragte Frauen betonte auch sie die Tendenz von Vorgesetzten, ihre Leistungen zwar durch Lob zu „honorieren", sie jedoch – anders als bei Kollegen – nicht mit Aufstieg oder sonstigen Bonifikationen zu vergelten. Gleichzeitig gaben Frauen an, von sich aus lieber im Hintergrund zu arbeiten. Sie trugen durch dieses „sich nicht in den Vordergrund drängen wollen" selbst zur Unsichtbarkeit ihrer Leistungen im Unternehmen bei. In diesem Zusammenhang berichteten mehrere Befragte von Kollegen in vergleichbaren Positionen, die zwar weniger Leistungen erbrachten und/oder über weniger Qualifikationen verfügten, ihre Arbeit jedoch vor Vorgesetzten offensiver sichtbar machten. Die Konsequenz dieses Verhaltens war, dass diese Kollegen gefördert, während die Frauen beim Aufstieg übergangen wurden. Dazu eine Betroffene, die in einer gemeinnützigen Organisation tätig war:

> Also ich habe den Eindruck gehabt, dass meine Leistungen auf der einen Seite sehr geschätzt wurden, weil ich sehr fleißig war und sehr engagiert war. Aber dass ich dann, wenn es darum ging, den nächsten Karriereschritt zu machen, durchaus diskriminiert war, weil mir ein Mann vorgezogen wurde. Aber er wurde mir nicht nur als Mann vorgezogen, sondern auch gehaltsmäßig vorgezogen. Und ich wurde dann immer mit so freundlichen Worten: „Ach Sie sind so toll und Sie machen das so wunderbar und Geld ist ja nicht so wichtig." Also ich wurde sozusagen sehr verdeckt diskriminiert. Aber mir war klar, dass mein Geschäftsführer, der qualitativ weitaus schlechtere Qualifikationen gehabt hat, also bestimmt um, damals [in der gleichen Position wie die Interviewpartnerin] um ein Viertel mehr verdient hat als ich und auch vorgezogen wurde, bei vielen Möglichkeiten, ja. [B20]

Hier kam es zu einer Kombination von Entgelt- und Aufstiegsdiskriminierungen beim gleichen Arbeitgeber. Die Angaben mehrerer Befragter legen nahe, dass ein Widerspruch zwischen einem gemeinwohlorientierten Organisationsleitbild einerseits und Diskriminierungen andererseits die Belastungen für die Betroffenen vergrößern. Diese Belastungen nehmen in der Deutung von Diskriminierungserfahrungen eine große Rolle ein und führten mitunter auch zur Kündigung der Betroffenen nach Aufstiegsdiskriminierungen bzw. wurden als Grund für die Kündigung genannt. So war die berufsbiografische Auswirkung der Aufstiegs- und Entgeltdiskriminierungen auch für diese Betroffene ein Ausstieg aus der Organisation. Sie stieg in eine andere staatliche Einrichtung mit Gemeinwohlzweck ein und sah sich hier erneut beim Aufstieg diskriminiert, was sie diesmal auf ihre sexuelle Orientierung zurückführte. Da Diskriminierungen aufgrund der sexuellen Orientierung ihren Angaben zufolge sehr subtil erfolgen, war sie sich diesbezüglich nicht ganz sicher. Sie schildert den Sachverhalt wie folgt:

> Ich weiß nicht, ob es etwas damit zu tun hatte, aber ich bin eine lesbische Frau und ich habe das auch nie verleugnet und mir war damals nicht ganz klar, ob das nicht auch ein Grund war. Ich wurde nie diskriminiert deshalb, offen: Es hat nie jemand gesagt: „Das geht nicht." Aber dass manche Dinge doch nicht möglich waren, weil ich es ja sehr offen gelebt habe. [...] Also zum Beispiel, wie es darum ging, eine gewisse Position nach zu besetzen, war einmal klar, die krieg ich nicht, obwohl die Qualifikation gepasst hätte. Ja, weil mein [Vorgesetzter] das [lesbisch sein] genau wusste und das hat er sich nicht getraut [diese Position mit einer lesbischen Frau zu besetzen]. Da habe ich gemerkt, man darf nur nicht darüber reden. Man kann es sein, aber man darf nicht darüber reden. [B20]

Zeitlich gesehen erfolgte diese Diskriminierung gegen Ende ihrer Berufsbiografie, also kurz vor der Pensionierung, sie zog daher in erster Linie finanzielle und weniger berufsbiografische Auswirkungen nach sich. Diese Betroffene war im Laufe ihrer Berufsbiografie immer wieder mit mehrfachen Diskriminierungen (Entgelt- und Aufstiegsdiskriminierungen aufgrund ihres Geschlechts und ihrer sexuellen Orientierung) konfrontiert. Sie fühlte sich wiederholt besser qualifiziert für Führungspositionen als jene Kollegen, die ihr vorgezogen wurden. Zu Beginn ihrer Erwerbsbiografie erlebte sie zudem Einstellungsdiskriminierungen aufgrund ihres (jungen) Alters und einer psychischen Erkrankung, am Ende wiederum Altersdiskriminierungen. Berufsbiografische Auswirkungen dieser Diskriminierungen waren häufige Jobwechsel. Zu Beginn ihrer Berufsbiografie berichtete die Befragte bei Diskriminierungserfahrungen über ein diffuses, aber unangenehmes Gefühl, dass ihr Ungerechtigkeit wiederfährt und sie sich nicht dagegen wehren kann. Mit den Jahren an Diskriminirungserfahrungen erfolgte bei ihr eine Politisierung, die sich im Pensionsalter durch ehrenamtliches politisches Engagement ausdrückte. Sie unterstützt seither andere diskriminierte Frauen dabei, sich zu wehren, auch weil sie sich selbst nicht immer dazu in der Lage gefühlt hatte. Das Wissen, dass die Diskriminierungen nichts mit ihren Leistungen und ihren Fähigkeiten zu tun hatten, sondern mit (zugeschriebenen) „Merkmalen", machte diese Erfahrungen für die Betroffene leichter erträglich.

Die Angaben einer Rechtsanwältin zeigen für die Privatwirtschaft ähnliche Diskriminierungsmuster wie in staatlichen, gemeinwohlorientierten Organisationen. Als selbstständige Dienstleisterin kann sie zwar nicht beim Aufstieg diskriminiert werden, wohl aber in der Zuteilung von Aufträgen. Sie ist als Partnerin einer erfolgreichen Anwaltskanzlei tätig und berichtete davon, dass die prestigeträchtigen und großen Fälle in der Kanzlei selten ihr übertragen wurden, sondern ihren Kollegen. Sie erklärte sich dies mit ihrem Geschlecht und vermutete, dass man Frauen größere Causen nicht zutrauen würde. Die Betroffene schilderte subtile Ausschlussmechanismen von Frauen auf hohen Hierarchiestufen:

> Vielleicht ein bisschen weniger gehörst du dazu, gell, zum engen Kreis, gell? Du wirst zwar schon quasi gleichwertig gesehen, aber das musst du dir dann auch länger erkämpfen und du bist schon immer ein bisschen so ein kleiner Alien in einer Runde. [...] Es ist schon ein bisschen so ein gläserner Plafond. Ja, also du musst schon sehr selbst Druck machen und dich wehren. Weil viele wollen nicht, dass du dann auf ein gleiches Niveau plötzlich kommst und dass du dann wirklich ernst genommen werden musst. Also da gibt es schon Vorfälle, wo man versucht ein bisschen abzudämpfen, die Karriere [einer Frau]. Also das wird subtil natürlich gemacht, dass gewisse Großmandate dann doch selbst gemacht werden und du dann nur allenfalls Helfer sein darfst. [...] Also da fördert man eher einen jungen Mann als eine junge Frau, weil – weiß ich nicht – das [die Leistungsfähigkeit] wahrscheinlich kontinuierlicher ist und „das ist ja einer von uns" und ich glaube, dass das gar nicht so Kalkül ist, sondern einfach subjektives Handeln ist. [B37]

Neben diesen subtilen Ausschlussmechanismen, die benachteiligend auf ihre Karriere als Anwältin wirkten, berichtete diese Befragte von wiederholten sexuellen Belästigungen, sowohl durch Klienten als auch durch Kollegen. Insbesondere bei Klienten fiel ihr, ihren Angaben zufolge, der Umgang damit schwer, weil sie einerseits als Anwältin von diesen Aufträgen lebte und andererseits den Kontakt auf einer sachlichen Ebene halten musste. Dies identifizierte sie als zentrale Herausforderung ihrer Geschlechtszugehörigkeit in ihrem Beruf. Über Kollegen berichtete sie, dass diese in Sitzungen oder informellen Zusammenkünften, etwa beim Mittagessen, immer wieder auf ihr Geschlecht bzw. ihren Körper verwiesen, was mitunter auch mit einer Abwertung ihrer Leistungen und Kompetenzen einherging. Die Befragte gab an, von diesen Belästigungen wenig belastet zu sein, weil sie sich als sehr belastbare Person einschätzt. Auf geschlechtsbezogene Belästigungen durch Kollegen konterte sie immer selbstbewusst, was die Belästigungen in Einzelfällen auch reduzierte. Sie gab an, im Laufe ihres Berufslebens, aufgrund immer größer werdender Erfahrung und Selbstsicherheit, adäquat auf Belästigungen reagieren zu können. Sie räumte jedoch ein, dass dies jungen (oder schüchternen) Anwältinnen oder Anwaltsanwärterinnen schwerer fallen würde. Die berufsbiografischen Konsequenzen dieser benachteiligenden Praxen sind für sie selbst ein eingeschränktes Renommee, weniger Präsenz in den Fachkreisen und Netzwerken und damit letztlich auch weniger Einkommen:

> Aber man vergönnt eher was dem Mann als der Frau, also wenn es sehr stark männlich dominiert ist, gell? Da gibt es Abteilungen, die halt besetzt werden und die, so die mühsamste und schwierigste Abteilung, da kommen dann die Frauen rein. Also wirklich eine Problemabteilung, da darf die sich profilieren und manchen Männern wird dann halt eher das Nettere gegeben. Und da hast du als Frau aber schon am Start viel mehr Schwierigkeiten, dich zu profilieren. Auch wenn man halt so sagt: „Na ja, die ist fleißig und die wird das schon mit Mühe und mit Sorgfalt machen, die wird das nicht hinschmeißen und sagen, das tue ich mir gar nicht an." Und dieses „Fleißige-Bienen-Denken" ist noch real und wird aber auch ausgenutzt. [B 37]

Auch in diesem Zitat drückt sich eine Tendenz aus, die bereits beschrieben wurde. Frauen müssen viel mehr Leistungen im Hintergrund erbringen und tun dies auch, um die gleiche Anerkennung zu erhalten wie vergleichbare Kollegen, die ihre Leistungen offensiver sichtbar machen. Diese Tendenzen führen zu Einkommens- und Aufstiegsdiskriminierungen. Die Ergebnisse der Befragung zeigen, dass insbesondere in der Mitte der Berufsbiografie, in einer Phase, in der es um Aufstieg auf der Karriereleiter geht, Männer aufgrund von tradierten Geschlechterrollenbildern Wettbewerbsvorteile gegenüber Frauen (unabhängig vom Familienstand) haben. Frauen werden für ihre Arbeit geschätzt und bringen sich ihren eigenen Angaben zufolge auch engagiert im Betrieb ein. Wenn es jedoch um Aufstieg, Sichtbarkeit, Verdienst oder sonstige Bonifikationen geht, so sind sowohl die Frauen selbst als auch ihre Vorgesetzten zurückhaltend, sich/sie in die vordere Reihe zu stellen. Über Vorgesetzte wird berichtet, dass sie unabhängig von den Fähigkeiten und der Motivation der Mitarbeiterinnen eher dazu neigen, Mitarbeiter zu fördern und zu befördern als Frauen. Oft auch, obwohl sie mit den Leistungen ihrer Mitarbeiterinnen zufrieden sind und dies auch durch Lob ausdrücken. Mehrere befragte Frauen gaben jedoch auch an, selbst gerne im Hintergrund zu arbeiten, und dass es ihnen peinlich wäre, offensiv auf ihre Leistungen bei Vorgesetzten hinzuweisen. Jene Frauen, die ihre Vorgesetzten auf ihre Leistungen hinwiesen, betonten im Interview ihr Durchhaltevermögen und ihre Hartnäckigkeit im Umgang mit Benachteiligungen.

Auswirkungen der beschriebenen Aufstiegsdiskriminierungen sind Entgelteinbußen, die jedoch nicht existenzbedrohend sind, häufige Jobwechsel, das Gefühl mit Ungerechtigkeit konfrontiert zu sein und sich nicht dagegen wehren zu können bzw. mehr Arbeitseinsatz zeigen zu müssen als ein Kollege, um die gleichen Chancen im Betrieb zu erhalten.

2.6 „Stellen wir sie irgendwo in ein Eck und warten, bis sie alt genug ist" Altersdiskriminierungen

Zum Ende der Berufsbiografie berichteten pensionierte Befragte auch über mehrfache Diskriminierungen. Diese Erfahrungen umfassten vorwiegend Beendigungsdiskriminierungen und Belästigungen aufgrund des Alters und waren weitgehend homogen. Die mehrfachen Diskriminierungen hatten einen prozessualen Charakter und erfolgten in verschiedenen Stadien, wobei mehrere Tatbestände (teils gleichzeitig) eine Rolle spielten. Am Anfang standen Belästigungen durch Vorgesetzte, häufig im Zusammenhang mit einer Einschränkung der Aufgaben und Kompetenzen, was bei den Betroffenen oft das Gefühl von Unterforderung oder eines „nicht-mehr-gebraucht-Werdens" erzeugte. Verweise auf das Alter im Zusammenhang mit derartigen Belästigungen erfolgten nicht oder nur sehr subtil, auch weil für Altersdiskriminierungen eine relativ starke Sensibilität herrschte, was auch den Angaben der befragten ExpertInnen (vgl. Kapitel zur ExpertInnenbefragung) entspricht. Aus diesem Grund scheuten sich ArbeitgeberInnen bzw. Vorgesetzte möglicherweise davor, das Alter als Begründung für benachteiligendes Verhalten anzuführen. Um sich nicht angreifbar zu machen, wendeten ArbeitgeberInnen verschiedene Strategien an, entweder systematische Belästigungen, um die Betroffenen zu einer Kündigung oder Pensionierung zu bewegen, oder aber Begründungen für Kündigungen, um das Alter als „eigentliche Ursache" nicht sichtbar zu werden zu lassen. Eine Befragte berichtete aus ihren Erfahrungen:

> Man nennt das so die weißen Elefanten. Rausschmeißen geht nicht, na dann stellen wir sie halt irgendwo in ein Eck und warten, bis sie alt genug sind. Das ist sicher auch für Männer vielleicht ein Thema, aber nicht so oft. Im letzten Jahr [vor der Pensionierung] habe ich schon so etwas gespürt. Aber da war, also das war nie ausgesprochen, aber gespürt habe ich schon, dass da jetzt etwas entsteht. [...] Ich war damals sehr, sehr viel unterwegs [...] Dann hatte ich das Gefühl, ganz eigenartig. Da war eine jüngere Frau, die um 20 Jahre jünger war und sie hat dann begonnen, ich glaube nicht einmal bewusst, mich einzuschränken. Hat gesagt: „Nein und das geht nicht, dass du so viel herumfährst und das und das machst, du musst da im Büro bleiben." Und damit waren aber meine guten Kontakte [zu den KlientInnen] weg. Nein, und da habe ich mir gedacht: „Komisch, da ist irgendetwas. Da läuft etwas, etwas das ich nicht benennen kann." [...] Und ich habe dieses Weiße-Elefanten-Syndrom so erlebt. Ich habe dann eigentlich das Gefühl gehabt: „Was mache ich da im Betrieb noch? Ich sitze da herum und eigentlich kann ich nichts anfangen." [B20]

Die Betroffene fand sich in einer Situation wieder, gegen die sie sich schwer wehren konnte, denn offen wurden die Altersdiskriminierungen bzw. Belästigungen nicht ausgetragen, das Alter war kein explizites Thema. Dennoch wurde ihr über Entlastungen und Einschränkungen des Aufgabengebietes ein Abfall der Leistungsfähigkeit und Belastbarkeit suggeriert. Während einige Betroffene durchaus froh über eine Entlastung am Arbeitsplatz waren, insbesondere bei sicheren Arbeitsplätzen, fühlten sich andere dadurch zurückgesetzt.

Eine weitere von Befragten genannte Strategie von ArbeitgeberInnen setzt nicht auf die Erzeugung von Unterforderung und Wertlosigkeit bei älteren Erwerbstätigen, sondern auf die Erzeugung von Überforderung durch die Übertragung immer neuer Aufgaben. Ältere Erwerbstätige sollen sich mit ihrer Arbeit überfordert fühlen und dass soll sie zu einer (frühzeitigen) Pensionierung bewegen. Dazu eine Befragte:

> Na ja. Also, da bekommt man halt die Arbeit hin und zwischenzeitlich habe ich das Telefon und dann hab ich Parteienverkehr auch noch gehabt, wenn die Leute gekommen sind und irgendwas wollten, das hab ich auch noch machen müssen. Und dann hat es geheißen: „Sind Sie mit der Arbeit noch immer nicht fertig?" Dann hat man mich halt hinstellen wollen: „Also du bist eh schon alt und du schaffst das eh nicht mehr." So auf diese Art. [B15]

Altersdiskriminierung ist häufig gleichzeitig Geschlechterdiskriminierung, darauf weisen sowohl die Angaben der ExpertInnen als auch jene der Betroffenen hin. Dies beginnt auf struktureller Ebene bei den gesetzlichen Pensionsantrittszeiten, die derzeit noch für Männer und Frauen unterschiedlich geregelt sind, äußert sich nach Angaben der Befragten jedoch auch in Vorstellungen von Vorgesetzten und ArbeitgeberInnen, wonach Frauen im Erwerbsleben früher als „alt" gelten als Männer.

Im Fall der zitierten Betroffenen, die 60-jährig noch nicht in Pension gehen wollte, erfolgte eine rechtliche Geltendmachung der Altersdiskriminierung, die weitere Benachteiligungen zur Folge hatte:

> Ich bin 60 geworden und [ein halbes Jahr später] hat man dann mich irrsinnig buseriert und gemobbt: „Wann ich nicht endlich in Pension gehen würde?" Und ich habe dann gesagt: „Nein ich würde gerne weiter arbeiten oder ich würde auch in Pension gehen, wenn man mir einen stundenweisen Job oder einen Halbtagsjob anbieten würde, neben der Pension." [...] Und überall hat man gesagt: „Die Frauen müssen mit 60 in Pension gehen, das geht ganz einfach nicht, dass Sie länger arbeiten." [...] Sie wollten, dass ich kündige. Ich habe aber nicht gekündigt. [...] Und dann wurde mir im Sommer eine Kündigung zugestellt. [...] Und ich habe dann begonnen über das Gericht einzuschreiten, da habe ich noch dort gearbeitet. Und natürlich. Wenn ich noch dort arbeite und gleichzeitig beim Gericht eine Eingabe mache, dann habe ich eh keine fünf Minuten mehr eine Ruhe. [...] Und na ja. Plötzlich haben sie gesagt: „Ja, wenn Sie nicht zum Gericht gegangen wären, dann hätten wir eine Arbeit für Sie. Aber Sie sind zum Gericht gegangen, jetzt haben wir keine Arbeit für Sie." [B15]

Im Fall dieser Betroffenen ging das außergerichtliche Verfahren in ihrem Sinne aus, d.h. die Alters- und Geschlechterdiskriminierung wurde von der Gleichbehandlungskommission anerkannt. In ihren Beruf konnte sie dennoch nicht mehr einsteigen, da sie dort gemobbt wurde. Die Betroffene hat „Recht" bekommen, an ihrer Situation änderte sich jedoch nichts. Andere Betroffene sind nicht einmal in der Situation, gegen Diskriminierungen klagen zu können, entweder, weil sie sie nicht als solche erkennen oder weil sie nicht über die finanziellen und/oder psychischen Ressourcen verfügen, die Diskriminierungen zu bekämpfen.

Altersdiskriminierungen bei der Beendigung von Dienstverhältnissen haben kaum berufsbiografische Auswirkungen, wenn die Betroffenen das gesetzliche Pensionsantrittsalter schon erreicht haben. Es gibt jedoch durchaus Personen, die weiterhin erwerbstätig sein möchten (oder müssen) bzw. solche, die das Pensionsantrittsalter noch nicht erreicht haben. Diese erleben oder antizipieren Einstellungsdiskriminierungen, denn ihre Vermittelbarkeit am Arbeitsmarkt ist durch das Alter eingeschränkt. Dies vergrößert die (Angst vor) finanziellen Auswirkungen einer Kündigung auch bei hochqualifizierten Personen. Hinzu kommen die psychischen Auswirkungen, das Gefühl nichts mehr wert zu sein bzw. nicht mehr leistungsfähig – alt – zu sein. Diese psychischen Belastungen können wiederum nachteilig auf das Auftreten der Betroffenen bei Bewerbungsgesprächen wirken.

2.7 Zusammenfassung und Diskussion

Folgende Muster von mehrfachen Diskriminierungen treten in den Berufsbiografien von hochqualifizierten Frauen auf: Entgelt- und Aufstiegsdiskriminierungen aufgrund des Geschlechts, der sexuellen Orientierung, des Familienstandes, der Religionszugehörigkeit oder der Parteizugehörigkeit, neben Belästigungen aufgrund des Geschlechts und des Alters. Strukturelle Diskriminierungen erfolgen aufgrund des Familienstandes durch eine zugeschriebene oder reale Unvereinbarkeit von Kinderbetreuung und Beruf und daraus resultierende Brüche in der Erwerbsbiografie.

Entgelt- und Aufstiegsdiskriminierungen sind sowohl als Tatbestände an sich als auch in ihren Auswirkungen langfristig. Der Sackgassencharakter der Berufsbiografien der Betroffenen lässt sich insbesondere mit Aufstiegsdiskriminierungen und strukturellen Benachteiligungen aufgrund des Familienstandes erklären.

Folgende Ausformungen von mehrfachen Diskriminierungen ließen sich am Material identifizieren.

Mehrfache Tatbestände und einfache Differenzkategorien: Aufstiegs- und Entgeltdiskriminierungen sind insofern oft kombiniert, als Aufstiegsdiskriminierungen finanzielle Auswirkungen haben. Es kann aber auch sein, dass eine Frau beim Eintritt in ein Dienstverhältnis weniger Entgelt als ein vergleichbarer Kollege bekommt und in der Folge wiederum zu Gunsten dieses oder eines anderen Kollegen beim Aufstieg – trotz besserer Qualifikation – übergangen wird. Solche Diskriminierungen sind in Zuschreibungen an das Geschlecht der Betroffenen begründet.

Mehrfache Tatbestände und mehrfache Differenzkategorien: Eine Person wird beispielsweise aufgrund des Geschlechts beim Entgelt diskriminiert und aufgrund der sexuellen Orientierung beim Aufstieg.

Einfacher Tatbestand und mehrfache Differenzkategorien: Hier spielt die Kombination der Differenzkategorien Geschlecht und Familienstand eine große Rolle. Das aufgrund von Betreuungszeiten eingeschränkte Arbeitsangebot der Betroffenen (letztlich eine strukturelle Benachteiligung aufgrund des Geschlechts) führt zu Aufstiegsdiskriminierungen. Jedoch berichten auch kinderlose Frauen unter Bezug auf Vergleichspersonen, dass sie sich beim Aufstieg oder beim Entgelt aufgrund ihres Geschlechts und anderer Differenzkategorien (sexuelle Orientierung, Religionszugehörigkeit, Weltanschauung, Alter) diskriminiert fühlten. Weiters spielt die Kombination der Differenzkategorien Geschlecht und Alter bei der Beendigung von Dienstverhältnissen eine Rolle, denn Frauen gelten im Berufsleben früher als „alt" als Männer. Die Kombination Alter und Geschlecht spielt außerdem beim Einstieg in das Berufsleben eine Rolle. Insbesondere junge Frauen werden oftmals von Vorgesetzten und KollegInnen (sexuell) belästigt.

Einfache Entgeltdiskriminierung: Hier ist vorwiegend der Aufstieg der Betroffenen innerhalb einer Organisation zu nennen, der mit mehr Verantwortung einhergeht, nicht jedoch mit mehr Entgelt. Diese Diskriminierung erfolgt vorwiegend aus einem Diskriminierungsmotiv heraus, dem Geschlecht. Legitimiert wird dies mit Verweis auf fehlende (formale) Qualifikationen, budgetäre Gründe oder fehlende Planstellen in staatlichen Betrieben. Die Ergebnisse der Befragung weisen auch auf die Relevanz von horizontaler Segregation bei der Zuteilung von Arbeitsaufgaben nach Geschlecht hin. Männer werden eher mit prestigeträchtigen Aufgaben, die ein höheres Gehalt oder Bonifikationen nach sich ziehen, betraut als Frauen. Diese Tendenz wurde sowohl für den öffentlichen Sektor (der Staat als Dienstgeber) als auch für die Privatwirtschaft geschildert.

Anhand der Dimension der *Zeitkomponente* können mehrfache und einfache Diskriminierungen in den Berufsbiografien der Betroffenen verortet werden. Für hochqualifizierte Frauen lassen sich anhand der Ergebnisse langfristig wirkende und wiederholte Diskriminierungen (Entgelt- und Aufstiegsdiskriminierungen) von kurzfristig wirkenden Belästigungen unterscheiden. Wenn es um die Auswirkungen von mehrfachen Diskriminierungen geht, spielt deren Langfristigkeit eine größere Rolle als etwa die Anzahl oder Art der Differenzkategorien, auf denen die Diskriminierungen aufbauen. Entgelt- und Aufstiegsdiskriminierungen aufgrund des Geschlechts haben größere finanzielle und berufsbiografische Auswirkungen als beispielsweise Belästigungen aufgrund des Alters und des Geschlechts.

Daher lässt sich anhand der Ergebnisse der Befragung für qualifizierte Frauen resümieren, dass die Zeit (Dauer) als Dimension von mehrfachen Diskriminierungen größere Auswirkungen auf die Berufsbiografie der Betroffenen hat als die Dimensionen Differenzkategorie(n) oder Tatbestände. Je länger eine Diskriminierung dauert und je geringer die Alternativen am Arbeitsmarkt, desto schwerwiegender sind die Auswirkungen. Eine Diskriminierung hat immer geringere Auswirkungen auf die Berufsbiografie, wenn die Betroffenen Alternativen am Arbeitsmarkt vorfinden. Alternativen am Arbeitsmarkt begrenzen daher die Dauer und damit auch die Auswirkungen von Diskriminierungen. Alternativen am Arbeitsmarkt werden jedoch durch strukturelle Benachteiligungen, insbesondere vorhandene oder zugeschriebene Kinderbetreuungsverpflichtungen und darauf aufbauend Zuschreibungen einer eingeschränkten Verfügbarkeit oder Leistungsfähigkeit von weiblichen ArbeitnehmerInnen beschränkt. Gerade diese Fälle unter den Befragten legen nahe, dass strukturelle Benachteiligungen finanziell, berufsbiografisch und psychisch schwerwiegendere Auswirkungen haben als direkte Diskriminierungen, in die mehrere Differenzkategorien (wie Geschlecht, sexuelle Orientierung und/oder Hautfarbe) involviert sind. Direkte Diskriminierungen durch Vorgesetzte, KollegInnen oder im Bewerbungsprozess können für Betroffene sehr schwerwiegend sein. Wenn es aber eine Alternative am Arbeitsmarkt gibt und das Dienstverhältnis gewechselt werden kann, ist es vergleichsweise irrelevant, ob das Diskriminierungsmotiv die Differenzkategorie Geschlecht, sexuelle Orientierung, Alter oder Weltanschauung ist. Insbesondere im hochqualifizierten Arbeitsmarktbereich findet sich für die Betroffenen meist ein Unternehmen, in dem nicht diskriminiert wird. Strukturelle Diskriminierungen aufgrund des Familienstandes schränken den Zugang zum Arbeitsmarkt ein und verringern die Anzahl dieser Alternativen deutlich.

Im Allgemeinen sind die hier charakterisierten Berufsbiografien in einer privilegierten Position im Vergleich zu jenen, die in den folgenden Abschnitten geschildert werden. Trotzdem sind sie mit mehrfachen Diskriminierungen konfrontiert, trotz Engagement, hoher Qualifikation und Verantwortung im Arbeitsbereich steigt das Einkommen der Betroffenen nicht oder nur in geringem Ausmaß, sie werden bei Beförderungen übergangen oder müssen im Vergleich zu Kollegen einen geringeren Entgeltzuwachs in Kauf nehmen – diese Berufsbiografien sind oft Sackgassen.

Die relativ gute Arbeitsmarktpositionierung macht es qualifizierten Frauen aber leichter möglich, gegen Diskriminierungen Widerstand zu zeigen. Widerstand kann verschiedene Gesichter zeigen, etwa durch Verhandlungen/Gespräche mit Vorgesetzten oder das Vermeiden von wiederholten Diskriminierungserfahrungen durch den Wechsel des Arbeitsplatzes, eine verstärkte Familienorientierung oder durch den Konsum von Weiterbildungsmaßnahmen.

Hinsichtlich der Wechselwirkungen dieser Benachteiligungen auf der Struktur- und Repräsentationsebene können „Verschiebungen" festgestellt werden: Benachteiligungen haben sich tendenziell weg von der Strukturebene hin zur Ebene der symbolischen Repräsentationen verschoben. Diese Verschiebung bewirkt, dass die Handlungsmöglichkeiten der Betroffenen weniger eingeschränkt sind, als wenn sich die Diskriminierungen auch auf der Strukturebene manifestieren und daher verstärkt wirksam würden. Wenn sich Diskriminierungen nicht (mehr) in strukturellen Rahmenbedingungen (z. B. gesetzliche Regelungen) manifestieren, sondern eher in kulturell geprägten Vorstellungen von DienstgeberInnen, LehrerInnen oder KollegInnen, kann diesen leichter begegnet werden. Diese tendenzielle Verschiebung prägt auch die Auswirkungen der mehrfachen Diskriminierungen: es sind weniger Zugangsbarrieren zum Arbeitsmarkt, sondern vielmehr „Beschränkungen" im beruflichen Aufstieg und beim Einkommen.

Hinsichtlich der Dimensionen von mehrfachen Diskriminierungen und deren Auswirkungen auf die Berufsbiografien lässt sich resümieren, dass die Zeit (Dauer) von Diskriminierungen weitaus größere Auswirkungen auf die Berufsbiografie der Betroffenen hat als die Dimension der Differenzkategorie(n) oder Tatbestände: Je länger eine Diskriminierung dauert und je geringer die Alternativen am Arbeitsmarkt sind, desto schwerwiegender sind die Auswirkungen. Alternativen am Arbeitsmarkt begrenzen die Dauer und damit die Auswirkungen der Diskriminierungen. Solche Alternativen werden jedoch durch strukturelle Benachteiligungen beschränkt. Wenn es um (vorhandene oder zugeschriebene) Kinderbetreuungsverpflichtungen geht, dann sind auch hochqualifizierte Frauen am Erwerbsarbeitsmarkt immer noch strukturell benachteiligt, etwa wenn sie aufgrund einer fehlenden Kinderbetreuung nur in Teilzeit arbeiten können. Hier ist (noch) keine Verschiebung der Benachteiligungen auf die Repräsentationsebene zu bemerken.

Abschließend ist für diese Gruppe festzustellen, dass sich Diskriminierungen aufgrund des Geschlechts tendenziell weg von der Strukturebene hin zur Ebene der symbolischen Repräsentationen verschoben haben und von dort aus auf die Berufsbiografien einwirken. Das bedeutet, dass die Handlungsmöglichkeiten der Betroffenen weniger eingeschränkt sind, als wenn sich die Diskriminierungen auf der Strukturebene manifestieren würden. Vorgesetzte und DienstgeberInnen, die Benachteiligungen mit tradierten Geschlechterbildern begründen, können im direkten Kontakt (z.B. in Gehaltsverhandlungen etc.) mit Kritik konfrontiert werden. Diese Kritik bzw. die Offenlegung dieser tradierten Vorstellungen können bei den jeweiligen Vorgesetzten ein Umdenken bewirken. Diskriminierende Strukturen sind für die einzelnen Betroffenen allerdings schwer zu überwinden.

Anders gestaltet sich die Situation von Frauen mit Betreuungsverpflichtungen, hier spielen Diskriminierungen auf der Strukturebene durchaus eine Rolle. Strukturelle Benachteiligungen bei der ungleichen Verteilung von bezahlter und unbezahlter Arbeit zwischen Männern und Frauen begrenzen den Zugang zu Arbeit und Aufstieg und beschränken die Alternativen am Arbeitsmarkt im Diskriminierungsfall. Geht es daher um die Frage nach den Auswirkungen von ein- bzw. mehrfachen Diskriminierungen auf die Berufsbiografien, so ist festzustellen, dass im hochqualifizierten Arbeitsmarktbereich strukturelle Benachteiligungen von Frauen aufgrund des Familienstandes schwerwiegendere Folgen für die ökonomische Absicherung oder für die psychische Befindlichkeit (etwa in Folge einer Abwertung durch ArbeitgeberInnen) haben als alle anderen Arten von mehrfachen Diskriminierungen, die hier geschildert wurden. Darüber hinaus sind die Auswirkungen langfristig wirkender Diskriminierungen (wie Entgeltdiskriminierungen) größer als jene von kurzfristig wirkenden Diskriminierungen (wie Belästigungen).

3 Beschränkung auf den Hilfsarbeitsmarkt und Prekaritäten

Unter dem als Beschränkung auf den Hilfsarbeitsmarkt und Prekaritäten identifizierten Typus werden sechs Biographien zusammengefasst. Alle sechs interviewten Personen sind als Erwachsene nach Österreich eingewandert, vier davon als Flüchtlinge, die alle einen Flüchtlingsstatus von den österreichischen Behörden zuerkannt bekommen hatten. Alle sechs Personen leben schon lange, zumindest seit sieben Jahren, in Österreich. Unter den sechs befragten Personen sind fünf Frauen und ein Mann. Alle sind oder waren verheiratet, alle bis auf eine haben Kinder.

Alle Betroffenen schlossen ihre Ausbildung im Herkunftsland beziehungsweise nicht in Österreich ab. Vier der befragten Personen absolvierten dann in Österreich weitere Ausbildungen, um ihre Stellung am österreichischen Arbeitsmarkt zu verbessern. Obwohl es schwierig ist, über den sozialen Status und die Position im Herkunftsland treffsichere Schlüsse zu ziehen, so ist doch zu vermuten, dass der dortige soziale Status einem mittelständischen entsprach. So verfügen drei Personen über eine akademische Ausbildung, alle sechs waren in guten Positionen als Lehrer oder Lehrerin, Filialleiterin, Qualitätsbeauftragte oder Abteilungsleiterin beschäftigt.

In Österreich konnte keine der befragten Personen den im Ausland erlernten Beruf ausüben. Ihre Lebenserfahrung in Österreich ist von Rassismen im Alltag und sozialen Benachteiligungen geprägt. Ihre Berufserfahrungen weisen einige wichtige Gemeinsamkeiten auf: strukturelle Barrieren beim Zugang zu Beschäftigung, Diskriminierungserfahrungen an der Arbeitsstelle aufgrund von Hautfarbe, Religionszugehörigkeit, Alter und Geschlecht sowie in einem Fall aufgrund von Krankheit. Die Arbeitsmöglichkeiten liegen in erster Linie im Bereich der Reinigungsdienstleistungen und der sozialen Arbeit in MigrantInnenorganisationen in prekären Dienstverhältnissen. Die Wirkungen dieser mehrfachen Benachteiligungen und Diskriminierungen sind ökonomisch, berufsbiografisch und psychisch nachteilig. Dies gilt für alle sechs Betroffenen.

3.1 „Ich habe zusätzlich auch so nebenbei PÄDAK gemacht"
Berufs(wieder)ausbildung in Österreich

Nach den Angaben der befragten Personen kann angenommen werden, dass sie im Herkunftsland nicht bildungsbenachteiligt waren. Vier Betroffene absolvierten allerdings in Österreich eine oder sogar mehrere neue Ausbildungen. Sie qualifizierten sich anders, weil ihre Ausbildung nicht anerkannt wurde oder in den erlernten Berufen in Österreich keine Arbeitsmöglichkeit gegeben war. Die folgenden Aussagen zur Bildung beziehen sich auf die in Österreich gemachten Erfahrungen.

Alle sechs Personen waren bereits um die 30 oder älter, als sie nach Österreich kamen. Zwei Personen gaben an, dass sie mehrere Ausbildungen in Österreich machten, weitere zwei absolvierten eine Ausbildung. Insgesamt schlossen zwei Leute eine Lehre, die anderen pädagogische Ausbildungen ab, die sie schließlich in MigrantInnenorganisationen verwerten konnten. Eine Akademikerin bekam ihren Abschluss nicht anerkannt und konsumierte unterschiedliche Weiterbildungen. Im Zugang zu Bildung in Österreich und auch während der Ausbildung berichteten die Befragten, mit Ausnahme der Lehrlinge, keine Diskriminierungen.

> Pädak war total super. Weil die sein ganz erwachsene Leute und auch von diesen [...] nein, von den Leuten total super, Freundschaften geknüpft und war gut. [B2]

Die berichteten Diskriminierungen an den Lehrstellen reichen von Degradierung zu minder bewerteten Tätigkeiten bis zu rassistischen Belästigungen.

> Es war schwierig, aber die Schule selbst war nicht schwierig. Ich habe nette Kollegen gehabt. Das war super. Die Ausbildner waren total nett außer einer, der war sehr rassistisch. [B2]

Eine Befragte erzählte, dass sie die Aufnahme zur PÄDAK wohl geschafft hatte, aber sich die Ausbildung wegen der Studiengebühren und ihres Alleinverdienerstatus – ihr Mann war nicht beschäftigt – nicht leisten konnte.

3.2 „Oje, Sie tragen ein Kopftuch. Ich habe gedacht, Sie haben Ohren weh!"
Der Einstieg in den Arbeitsmarkt

Die Probleme wurden für diese Gruppe erst beim Zugang zum Arbeitsmarkt sichtbar. Während der befragte Tischler und die Speditionskauffrau ohne größere Schwierigkeiten eine Lehrstelle und dann auch Weiterbeschäftigung fanden, hatten alle anderen wenig Glück beim Einstieg in den Arbeitsmarkt. Im Wesentlichen wurden die befragten Frauen trotz ihrer Ausbildungen und Berufserfahrungen in den Herkunftsländern auf Reinigungsdienstleistungen verwiesen. Diese Positionierung ist intersektional ethnisiert und vergeschlechtlicht.

Drittstaatsangehörigkeit und AsylwerberInnen- bzw. Flüchtlingsstatus wurden auf struktureller und individueller Ebene als Benachteiligungsgründe genannt. Zwei Kopftuch tragende Muslimas berichteten von massiven Diskriminierungen aufgrund von rassistischen Zuschreibungen zu ihrer Religionszugehörigkeit.

> Und ich bin hingegangen, mit Kopftuch natürlich, und die Dame hat gesagt: „Wir brauchen solche Dokumente." Dann habe ich gesagt: „Ich bringe alles." Und sie hat gesagt: „Aber morgen bis acht Uhr oder neun Uhr." Dann bin ich am nächsten Tag, pünktlich um sieben Uhr zum AMS gegangen und Sachen, Dokumente habe ich alles erledigt. [...] Am nächsten Tag, als ich hingegangen bin, hat die Dame gesagt: „Aha, alles passt." Dann hat sie gesagt [mit ironischem Ton]: „Oje, Sie tragen ein Kopftuch. Ich habe gedacht, Sie haben Ohren weh gehabt. Deswegen hatten Sie gestern ein Kopftuch getragen?" Aber ich habe gesagt: „Ich habe gestern auch ein Kopftuch gehabt und jetzt sagen Sie, nachdem ich so gelaufen bin [...]?" Ich habe leider nur geweint. Solche Momente machen einen Menschen fertig. Wirklich.
> [...] Sie hat gesagt: „Aber ich schicke Ihre Bewerbung weiter, vielleicht bekommen Sie im Lager hinten, wo die Kunden Sie nicht sehen." Das ist noch schlimmer. [B3]

Auch im Reinigungsbereich stellt sich islamophober Rassismus als Barriere dar:

> Aber sie hat gesagt, ich kann nicht mit dem Rock arbeiten und mit dem Kopftuch auch geht nicht. [...] hat sie gesagt und Sie müssen auch mit Hose arbeiten. [...] Ohne Kopftuch. Ohne Rock. [...] Ja, ich habe probiert, wie das geht mir so, mit diese Job. Ich habe zehn Tage nur gearbeitet und dann habe ich selber mich gekündigt. [B28]

Die fehlenden sozialen Verbindungen und die mangelnden finanziellen Ressourcen zwingen zugewanderte Personen zur Annahme jeglicher Arbeit, um absoluter Armut zu entgehen. Strukturelle Benachteiligung und fehlendes Sozialkapital führen notgedrungen zu Dequalifikation mit negativen ökonomischen Folgen.

Eine befragte Absolventin einer technischen Ausbildung hatte eine Stelle in einer Wäscherei angenommen. Die Muslimas wurden laut eigenen Angaben wegen des Kopftuches vom AMS nicht vermittelt und verdingten sich mit Reinigungsarbeiten. Der Lehrer mit in Österreich abgeschlossener pädagogischer Ausbildung muss seinen Lebensunterhalt als Taxilenker verdienen. Eine Ungarin, vormals Abteilungsleiterin, stieg als Kellnerin in den Arbeitsmarkt ein. Zwei Frauen berichten über die Schwierigkeiten ihrer Ehemänner beim Zugang zu Arbeit. Der eine ist Arzt und findet keine adäquate Stelle, der andere Lastkraftfahrer und verdingt sich mit Gelegenheitsarbeiten. Der Einstieg kann demnach aus strukturellen Gründen und aus individuell diskriminierenden Gründen für zugewanderte Personen nicht unmittelbar und dann bis auf zwei Fälle nur über den so genannten zweiten Arbeitsmarkt, Hilfsarbeitsmarkt oder in prekären Beschäftigungsverhältnissen erfolgen. Mit der Aussage:

> Wenn deine Förderung fertig ist, verlierst du deine Stelle! [B3]

bringt es eine Befragte auf den Punkt.

3.3 „Kein Schritt weiter"
Prekaritätsspiralen in der Berufsbiografie

Die sechs in dieser Gruppe zusammengefassten Personen kommen beruflich trotz guter Ausbildung und Berufserfahrung im Herkunftsland und trotz zum Teil erfolgreich absolvierter Ausbildungen in Österreich nicht „vom Fleck". Dies hat unterschiedliche Gründe. Auf struktureller Ebene gibt es nach dem Einstieg in den Arbeitsmarkt relativ geringe Hindernisse. Stellen im öffentlichen Dienst sind an die Staatsbürgerschaft als Voraussetzung gebunden, was für die im pädagogischen Bereich Arbeitsuchenden eine Einschränkung bedeutet. Die Hindernisse sind aber weitaus stärker in symbolischen Repräsentationen und auf individueller Ebene angesiedelt. Gemeinsam ist den Befragten, dass sie aufgrund von Versorgungspflichten ein existenzsicherndes Einkommen für mehrere Personen im Haushalt erzielen müssen. Ihre Wahlmöglichkeiten sind in ihrer Lebenssituation daher auf Dauer sehr eingeschränkt.

Es wäre jedoch zu einfach und würde der Komplexität der Lebensrealitäten nicht gerecht zu sagen, dass im Allgemeinen MigrantInnen (aufgrund ihrer Migrationsgeschichte) durch Diskriminierung Nachteile im Berufsverlauf hätten. Trotz einiger Gemeinsamkeiten wie gute Ausbildung im Herkunftsland, bereits langjähriger Aufenthalt in Österreich, Alter oder familiäre Verpflichtungen unterscheiden sich die Biografien und die Gründe, warum es kaum zu Verbesserungen bei der Arbeit, dem Arbeitsumfeld und insbesondere beim Einkommen kommt. Langfristig hat dies massive ökonomische Folgen, vor allem auch im Sozialschutz. Alle sechs Personen sind akut armutsgefährdet.

Zwei Betroffene konnten ihre österreichischen Ausbildungen im Sozialbereich in MigrantInnenorganisationen verwerten. Mit diesen Stellen sind sie inhaltlich zufrieden, das

Fehlen von dauerhaften Finanzierungen der jeweiligen Organisationen bedingt allerdings befristete Projektstellen und Prekaritäten. Zudem müssen beide zum Erhalt ihrer Familien im Hilfsarbeitsbereich dazu verdienen, was sie ziemlich fordert.

> Ab morgen sogar. Sofort [würde ich das Taxifahren aufgeben]. Ich habe keine Lust mehr. Ich bin total KO von den ganzen (...) ständigen Strafen, kommt dies, kommt das [...] Und ich bin auch sehr krank von [...] meine Füße gehen nicht mehr. Ich bin körperlich nicht mehr fähig für diese Arbeit, seit 15 Jahren. [...] unter der Woche sind Sie voll berufstätig, am Wochenende fahren Sie Taxi. [...] damals war ich noch jung. Ich bin 51 Jahre alt. Es gibt Dinge [...] Ich kann nicht mehr so viel aushalten wie vorher. Besonders wenn man kämpft und es hilft nicht, dann kommt immer diese Frustration. [B2]

Der Betroffene berichtete von rassistischen Diskriminierungen am Arbeitsplatz, die einen Wechsel des Unternehmens unmöglich machen. Er erzählte von nicht vermittelten Fahrten, Beschimpfungen und Belästigungen durch KundInnen und KollegInnen und von unangemessenen Strafen durch PolizistInnen. Ein Wechsel des Dienstgebers hätte keine Verbesserung dieser Situation zur Folge. Die Diskriminierungen erfolgten in erster Linie aufgrund der Hautfarbe. Die Folgen dieser mehrfachen, weil häufigen Diskriminierungen sind zum Teil finanzieller Natur, hauptsächlich bedeuten sie für den Betroffenen eine enorme psychische Belastung. Benachteiligende Erfahrungen führten aber auch zu einer Politisierung in Form des Ankämpfens gegen Rassismus und Diskriminierung in einschlägigen Organisationen.

Die andere Betroffene mit pädagogischer Ausbildung fand aufgrund des muslimischen Kopftuches am privaten Arbeitsmarkt kaum eine Stelle. Gelang es ihr dennoch, so waren die Dienstverhältnisse nur von kurzer Dauer, sie erlebte Diskriminierung in Form von Belästigungen wegen des Kopftuchs durch KollegInnen und Vorgesetzte. Vorgeblich wegen eines Krankheitsfalles wurde sie ungerechtfertigt gekündigt. Zusätzlich erlebte sie in allen Stellen eine Degradierung, indem ihr bald Aufgaben zum Putzen oder im Lager zugeteilt wurden. Als Kindergartenpädagogin konnte sie über Vermittlung von Förderstellen zwar arbeiten, wurde aber nach Auslaufen der Förderungen nicht weiter beschäftigt. Auch wenn sie mit der Stelle in der MigrantInnenorganisation sehr zufrieden ist, hatte sie doch letztlich keine Wahl. Ihr Engagement für muslimische Frauen wurde in erster Linie durch ihre eigenen Lebenserfahrungen in Beruf und Gesellschaft hervorgerufen. Neben den berufsbiografischen Folgen musste die Betroffene auch finanzielle Auswirkungen tragen, wobei für sie die psychischen Folgen überwiegen. Sie schilderte diese nach einer Kündigung aufgrund eines Arbeitsunfalles.

> Die Bänder sind gerissen und zehn Tage war mein Fuß im Gips, dann zwei Monate Krankenstand. Aber ich sage Ihnen, meine Herzschmerzen waren viel größer als meine Fußschmerzen. Weil, in diesem Moment ein Mensch hilft jemand anderem und fragt: „Was ist los?" Sie hat mich gekannt. Ich war wirklich fleißig. Ich habe wirklich für sie gut gearbeitet. Aber in diesem Moment hat sie mich gekündigt.
> [...] Ich konnte vielleicht drei, vier Monate, wollte ich gar nicht von zu Hause weggehen. Ich war wirklich depressiv. [B3]

Eine seit mehr als 20 Jahren in Österreich lebende Frau schilderte ihre Erfahrungen am Arbeitsmarkt als von ständigen Einstellungsdiskriminierungen und von langen Arbeitslosigkeiten geprägt. Trotz technischer Ausbildung und Berufserfahrung fand sie hauptsächlich in Wäschereien, im Gastgewerbe und als Tankwartin Arbeit. Sie führte die Benachteiligungen auf Herkunft[25], Alter und ihr Geschlecht in Kombination zurück. Die Auswirkungen sind ökonomisch, berufsbiografisch und auch bei ihr stark psychisch belastend. Sie entschied sich für den Rückzug aus dem Arbeitsmarkt:

> Ja, entweder lernst du damit umzugehen, weil sonst denke ich mir, das bedrückt dich dein Leben lang und natürlich, natürlich manchmal nimmst du es leichter, nur manchmal nervt es dich, weil du suchst und suchst und bemühst dich und schreibst eine Bewerbung nach der anderen und ja, es kommt nichts raus und natürlich man wird älter und [...] demotivierend und ich erlebe wieder diese Tiefen und eine lange Zeit tust du gar nichts mehr in diese Richtung. Also ich bewerbe mich nicht mehr. [B34]

Eine weitere Betroffene musste ebenfalls die Erfahrung machen, nicht aus prekären Verhältnissen heraustreten zu können. Ihr Hochschulabschluss wurde in Österreich nicht anerkannt. Sie machte eine duale Ausbildung als Speditionskauffrau. Ihr wird zwar eine berufliche Entwicklung in Aussicht gestellt, aber unter dem Vorwand, dafür erforderliche Geschäfte seien nicht zustande gekommen, wurde sie zu Reinigungsdiensten eingeteilt und ihr schließlich gekündigt. Nach der Geburt ihrer Kinder drängte sie ihr Ehemann wieder zu arbeiten, nämlich als Reinigungskraft:

> Ich habe ihm erklärt, dass ich bin keine Reinigung, als Reinigungskraft, als Mitarbeiterin habe ich gedacht, keine Erfahrung und ich habe ganz etwas anderes gelernt. Das hat ihn nicht interessiert [...]. [B35]

Sie arbeitete notgedrungen doch als Reinigungskraft und wechselte dann in eine Fabrik, wo sie am Fließband arbeitete. Dort war sie mit rassistischen Belästigungen durch KollegInnen konfrontiert, was sie allerdings nach eigenen Angaben wenig belastete. Berufsbiografisch und ökonomisch führte die Karriere in die Prekarität und in akute Armutsgefährdung:

> Bei psychosozialem Zentrum in [Kleinstadt]. Bei psychotherapeutischen Behandlungen von Flüchtlingen haben sie dann eine Dolmetscherin gebraucht, das habe ich auch geringfügig gemacht. Also mindestens ein paar Stunden pro Woche habe ich gearbeitet. [B35]

Aufenthaltsrechtliche Beschränkungen können massive strukturelle Barrieren für den Zugang zum Arbeitsmarkt sein, was ja im Grunde ihr Regelungszweck ist. Eine mit einem Kroaten verheiratete und im Jahr 2002 nach Österreich zugewanderte Frau wäre 2004 infolge ihres Herkunftslandes EU-Bürgerin geworden, was aufgrund der Ehe nicht möglich war und womit ihre Freizügigkeitsrechte eingeschränkt wurden.

> Nein [obwohl dann [Herkunftsland] schon bei der EU war, keine Papiere gehabt], ich habe nur Aufenthaltserlaubnis – wegen ihm – gekriegt, nichts Anderes. [...] bei der Behörde haben sie gesagt, dann kommt [Herkunftsland] zu EU und dann ist kein Problem mehr. Ja, aber er ist Kroate. Er ist kein EU-Bürger und weil ich meine Aufenthaltserlaubnis wegen ihm gekriegt habe, ich bin von ihm [nach seinem Status beurteilt worden]. [B40]

---

25 Anstatt des sonst üblichen Begriffes „Zugehörigkeit" wird hier bewusst „Herkunft" verwendet, weil alle Betroffenen selbst zugewandert sind und sich ihre eigendefinierte Zugehörigkeit aus den Interviews nicht erschließt.

Im Herkunftsland arbeitete sie als Qualitätskontrolleurin in einem Fertigungsbetrieb. In Österreich schaffte sie den Einstieg in den Arbeitsmarkt nur bedingt.

> [...] nach fünf Jahren habe ich eine Stelle gefunden, in einem kleinen Imbiss. [...] Ich habe das bei der AMS-Seite gelesen, dass sie suchen, ich bin hingegangen und habe ich Probetag im September gemacht und mit ersten Oktober, denke ich, haben sie mich aufgenommen. Aber das war auch ein Kampf, weil die Stelle beim AMS ausgeschrieben war, hat erst das AMS abgelehnt. [B40]

Durch die Regelung des InländerInnenvorzugs sollte sie erst eingestellt werden, wenn sich keine geeigneten BewerberInnen aus dem Inland meldeten. Der Betreiber des Imbissladens setzte sich durch. Die Befragte musste die Stelle allerdings aufgeben, weil die zehn Wochenstunden, die sie dort arbeiten konnte, zur Existenzsicherung nicht ausgereicht hatten. Sie lebte vom Unterhalt ihres mittlerweile geschiedenen Ehegatten und der Ausgleichszulage vom Sozialamt.

Sie bewarb sich als Verkäuferin oder Kassiererin, war als Alleinerzieherin jedoch zeitlich nicht im erwünschten Ausmaß flexibel:

> Genau, dann habe ich angefangen anderen Job zu suchen. War sehr schwerer Kampf, ich habe mich überall beworben, vom [Lebensmitteldiskonter] bis [Lebensmitteldiskonter], überall, als Verkäuferin und ich wollte halt 20 Stunden arbeiten. Aber natürlich, ich war mit den Zeiten nicht so flexibel. Mein Kind war bis vier im Kindergarten, ab sieben bis vier und ich muss etwas in dieser Zeit finden, aber das ist unmöglich. [...] dann hat er gesagt: „Nein, das geht nicht, weil Sie müssen ab sechs in der Früh bis 20 Uhr flexibel sein." Dann habe ich nachgefragt, es geht um 20 Stunden. Dann hat er gesagt: „Ja, aber das ist kein Wunschkonzert." Und natürlich beim [Lebensmitteldiskonter] ist das ein offenes Geheimnis, dass sie keine Ausländer nehmen. [B40]

Aufgrund einer Diabeteserkrankung ergab sich eine weitere Einschränkung. Die Betroffene musste darauf achten, dass sie entsprechende Pausen zum Essen hatte, um einer Unterzuckerung vorzubeugen. Sie erlebte dies als Einschränkung bei der Arbeitssuche, fand jedoch eine Stelle im Gastgewerbe, die ihren zeitlichen Möglichkeiten entsprach und in der Mahlzeiten in kurzen Zeitabständen geduldet waren. Schließlich veranlasste ihr Gesundheitszustand ihre Vorgesetzte doch zu unangemessenem Verhalten, welches die Betroffene als Schikane empfand:

> Dann habe ich ihr das gesagt, Ende November, dass ich im Januar einen OP-Termin habe und sie muss damit rechnen, dass ich drei, vier Wochen ausfalle und sie soll lieber mehr Wochen rechnen, weil bei Diabetikern ist natürlich die Wundheilung nicht so einfach und ab dem Zeitpunkt hat ihr nichts mehr gepasst. [...] egal was ich gemacht habe, das war nie in Ordnung. [...] beim Putzen, oder beim Aufräumen, oder beim Toast machen, oder: „Wieso geht das nicht schneller?" [...] und einmal haben wir halt einen Streit gehabt und ich habe halt ihr einfach meine Meinung gesagt und ich habe gesagt: „Wenn es Ihnen nicht passt dann [...] Wieso bin ich überhaupt hier?" Und dann hat sie mir gesagt, ich kann meine Sachen packen und gehen, das war vor Weihnachten. [B40]

Das AMS nahm sie mit der Begründung, sie wäre unvermittelbar, nicht mehr als arbeitssuchend in das Register auf. Sie war auf sich allein gestellt und versuchte weiterhin, eine entsprechende Stelle zu finden. Ihre Schwierigkeiten bei der Arbeitssuche beschrieb sie folgendermaßen:

> Genau, ich bin alleinerziehend. Zweites Mal, Ausländer, sowieso, also ich rufe nie an. [...] Ich schicke entweder per Post, oder ich gehe persönlich hin. [...] wenn sie hören, dass ich Akzent habe dann ist die Stelle gleich schon vergeben. Ja, ja. Ich habe auch beim AMS sogar nachgefragt, weil eine Zeit lang natürlich, habe ich tagtäglich im Jobroom bei der AMS-Seite geschaut und die angerufen, einen nach dem anderen: Nein, Job ist schon vergeben. Aber in ein, zwei Wochen war das Angebot immer noch in der Liste und dann, einmal habe ich schon nachgefragt und dann habe ich gesagt: Normalerweise dürfte man nicht da sein [beim AMS mit der Anzeige], wenn die Stelle schon besetzt ist, oder ist die Stelle noch nicht besetzt. Und deswegen: ich rufe nicht mehr an. [...] Natürlich dann auch wegen alleinerziehend. Das fragen sie eh immer überall: Was mache ich mit meinem Kind, wenn es krank ist, oder wenn Ferien ist. Jetzt [lebe ich] vom AMS, genau. [...] Ich konnte mit der Sozialhilfe auch leben. [B40]

Nach mehr als zehn Jahren in Österreich stand die betroffene Frau als Alleinerzieherin, nach zwei erfolglosen Teilzeitarbeiten, mit einer chronischen Krankheit, nach objektiven Maßstäben arm, mehrmals aufgrund des Familienstandes, der Herkunft, der Sprache und ihrer Krankheit diskriminiert, an dieser Stelle in ihrem Erwerbsleben. Sie gibt aber nicht auf:

> Ja, erst habe ich angefangen mit der Perspektivenerweiterung, das war bei Frau X [Betreuerin] und dazwischen ist dieser andere Kurs losgegangen, für Konstrukteurin eine Ausbildung, Vorqualifikation bin ich jetzt und ich hoffe dass es, es gibt da eine Stiftungsausbildung und da gehen zehn Leute, jetzt sind wir 16, also sechs werden noch aussortiert und November fängt da die Lehre an. Ich hoffe, dass ich da irgendwie reinrutschen kann. [B40]

Die Folgen für die betroffene Person sind überwiegend ökonomischer, sozialer und berufsbiografischer Natur.

Eine andere Betroffene, die vor der Flucht aus ihrem Herkunftsland als Filialleiterin gearbeitet hat und in Österreich Flüchtlingsstatus genießt, beschrieb im Interview ihre Chancen, in Österreich derart Fuß zu fassen, um sich und ihrer Familie einen angemessenen Lebensstandard zu leisten, als sehr gering bis unwahrscheinlich.

Ihr Mann erhält Gelegenheitsarbeiten, seine schwachen Deutsch- und Rechtskenntnisse werden maßlos ausgenützt, sie selbst erhält höchstens Reinigungsarbeiten, wobei sie dort aufgrund ihrer Religionszugehörigkeit diskriminiert wird. Sie würde gerne eine Pflegehelferinnenausbildung machen:

> Und wenn möglich, weiter eine Ausbildung machen. Welche ich heute ohne, ah, zum Beispiel Geburtsurkunde oder Schulabschlusszeugnis kann ich das nicht machen. [...] Aber meine Zeugnisse, ich weiß nicht genau, aber ich denke, das ist alles verbrannt [...]. [B28]

Die Folgen sind auch für diese betroffene Person überwiegend ökonomischer, sozialer und berufsbiografischer Natur. Sie empfand im Interview ihre Herkunft, ihre Religionszugehörigkeit und ihr Alter als miteinander verwobene benachteiligende Aspekte. Sie fühlt sich, ohne dies offen auszusprechen, verletzt und gekränkt. Ihre Situation in Österreich beschrieb sie so:

> Und manchmal denke ich so, [...] Wir sind Ausländer. Wenn wir nicht so fleißig - wir müssen so stark fleißig sein - damit wir ein Ausbildung machen können. Aber [...] kein... kein Schritt weiter. Wenn Chef sagt "Das muss so." Wenn ein bisschen weiter Schritt Ausländer macht - ich denke das, ich fühl so das ..., ... dann gleich weg, dann keine Arbeit mehr. [...] ...weil sonst hier

in Österreich ist nicht einfach. [...] Über vierzig Jahre ist schon nicht so einfach - denke ich - lernen. [B28]

3.4 „Ja, aber wir brauchen aber eine Putzfrau, keine Kinderbetreuerin"
Mehrfache Diskriminierungen am Arbeitsplatz

Alle sechs befragten Personen erlebten mehrfache Diskriminierungen. Die Diskriminierungserfahrungen betreffen sämtliche Dimensionen, sie fanden mehrmals, aufgrund mehrerer Kategorisierungen und in unterschiedlichen Tatbeständen verwirklicht, statt. Zumeist wurden diese Diskriminierungen von Vorgesetzten, aber auch von KollegInnen und KundInnen begangen.

Beim Zugang zum Arbeitsmarkt sind formale Kriterien, Arbeits- und Aufenthaltsrecht, die an den Aufenthaltsstatus und damit die Herkunft anknüpfen, die zentralen Barrieren. Nach Überwindung der formalen Hürden stellen sich Familienstand, Alter sowie Herkunft und Religionszugehörigkeit als die größten negativ wirkenden Zuschreibungen heraus. Diese Kategorisierungen machen es den Betroffenen schwer, sich trotz großer individueller Anstrengungen in der Berufsbiografie weiter zu entwickeln.

Die Gruppe ist jedoch auch während bestehender Dienstverhältnisse massiven Diskriminierungen in Verbindung mit den genannten Kategorisierungen ausgesetzt. Diese umfassen die gesamte Bandbreite der in Betracht zu ziehenden Diskriminierungstatbestände von Belästigungen über Entgeltdiskriminierungen bis hin zu diskriminierenden Beendigungen. Eine häufige Benachteiligungshandlung bei Frauen ist die Degradierung zu Putzdiensten, obwohl dies nicht der Stellenbeschreibung entspricht.

Zwei Betroffene berichteten von mehrfachen Benachteiligungen, weil es ihnen nicht erlaubt war, mit muslimischem Kopftuch zu arbeiten beziehungsweise die Arbeitsstätte zu betreten. Die eine Betroffene berichtete von ihrem Ehemann, der als ausgebildeter Arzt wegen angeblichen Diskriminierungen durch die Krankenanstaltengesellschaft nicht als Arzt arbeiten möchte, aber eben gerade als Arzt und damit als überqualifizierte Arbeitskraft am Hilfsarbeitsmarkt von Vorgesetzten und Kollegen benachteiligt wird. Die andere Betroffene berichtete, dass sie für ihren Gatten wegen mehrfacher Entgeltdiskriminierung intervenierte, woraufhin eine sofortige Kündigung gegen ihn ausgesprochen wurde, was den Tatbestand der Viktimisierung erfüllte.

Die befragten Frauen hatten alle mit der intersektionalen Degradierung zu Putzdiensten zu kämpfen. Gleich, welche Stellen sie bekleideten, irgendwann wurde von ihnen – zuerst schleichend, dann ausdrücklich – verlangt, Büros, Aufenthaltsräume, Toiletten zu putzen. Eine Frau fasst die Anweisung ihrer Vorgesetzten nach einem von ihr geäußerten Protest so zusammen:

> Dann hat sie gesagt: „Ja, aber wir brauchen aber eine Putzfrau, keine Kinderbetreuerin." [B3]

Eine weitere Befragte gab an, mehrfach hinsichtlich des Entgeltes benachteiligt worden zu sein, vermutlich wegen ihrer Herkunft und ihres Geschlechts. Sie berichtete auch von herkunftsverbundener sexueller Belästigung durch ihren Vorgesetzten. Von sexueller Belästigung berichteten noch zwei weitere Frauen. Alle drei gaben an, dass sie sich dagegen ohne Mühe zur Wehr setzen konnten.

Vier der befragten Personen erzählten von rassistischen Belästigungen, zum Teil Mobbing, am Arbeitsplatz. Eine Person erfuhr derartige Belästigungen von KollegInnen, die anderen von Vorgesetzten oder KundInnen. Zwei Personen erlebten rassistische Zuschreibungen aufgrund der Religionszugehörigkeit, die auch als fremdenfeindliche Projektionsfläche missbraucht wird. Ein Betroffener berichtete von mehrfachen, massiven, rassistischen Diskriminierungen durch Vorgesetzte, KollegInnen, KundInnen und Polizeibeamte. Diese reichten von Entgeltdiskriminierungen, körperlichen Angriffen, Belästigungen und Beschimpfungen über Ablehnung von Aufträgen bis zu unangemessenen Strafbemessungen durch Exekutivbeamte.

> Während dem Gespräch habe ich gesagt: „Ich habe so einen Vorfall gehabt bei der [Diskothek], wo ich gestanden bin und ich habe eine Strafe – 270 Euro – bekommen, wo mein Taxikollege für den gleichen Fall 50 Euro bekommen hat. Österreicher. [...] Und die Polizisten hier sagen: „Ja, ich kann nicht einmal Strafminderung geben, weil Sie schon einmal so einen Fall gehabt haben." [B2]

Im Falle dieses Betroffenen zeitigten die rassistischen Diskriminierungen neben ökonomischen Auswirkungen insbesondere psychische Folgen, die seine Lebensqualität stark nachteilig beeinträchtigten.

Zwei Betroffene schilderten zudem rassistische Belästigungen im Privatleben und im öffentlichen Raum durch Nachbarn, PassantInnen oder Fahrgäste in öffentlichen Verkehrsmitteln.

3.5 Zusammenfassung und Diskussion

Die in diesem Abschnitt beschriebenen Personen sind alle selbst als Erwachsene nach Österreich eingewandert und konnten hier ihre mitgebrachten Qualifikationen nicht entsprechend umsetzen – sie wurden allesamt auf den Hilfsarbeitsmarkt verwiesen. Im Bildungsbereich wurden sie nicht unmittelbar diskriminiert, jedoch ihre im Herkunftsland erworbenen Qualifikationen nicht anerkannt. Sie waren (und sind) bereit, neuerlich eine Ausbildung beziehungsweise auch mehrere Ausbildungen zu absolvieren, die ihnen allerdings weder beim Einstieg noch beim beruflichen Fortkommen in erwartbarem und angemessenem Ausmaß zu Gute kamen.

Auf struktureller, formaler Ebene spielen die Differenzkategorien Herkunft, Nationalität und Aufenthaltsstatus eine zentrale Rolle beim Zugang zum Arbeitsmarkt. Dazu kommen Bodyismen wie Alter und Krankheit und (vice versa) das Geschlecht in Zusammenhang mit dem Familienstand. Alter ist eine verstärkende Kategorisierung in dem Sinne, dass bei erschwertem Zugang das Alter noch einen zusätzlich benachteiligenden Faktor darstellt. Bei den Einstellungsdiskriminierungen spielen (kulturelle) Rassismen betreffend Herkunft und Hautfarbe sowie Herkunft und (sichtbare) Religionszugehörigkeit zu den genannten Kategorisierungen eine wesentliche Rolle. Die von den befragten Personen berichteten Einstellungsdiskriminierungen sind, was Religionszugehörigkeit und Familienstand anbelangt, auf der Repräsentationsebene zu verorten. Auf individueller Ebene finden sich alle Formen und Kategorisierungen von Diskriminierungen. Hautfarbe, Herkunft (und Sprache) sowie Religionszugehörigkeit waren am stärksten ausgeprägt. Alter, Geschlecht und Krankheit sind insbesondere benachteiligende Kategorisierungen, wenn sie intersektional mit den anderen Kategorisierungen gegen die betreffende Person ins Treffen geführt werden.

Aus den Berichten der befragten Personen ist zu schließen, dass in den jeweiligen Diskriminierungstatbeständen mehr als eine Kategorisierung eine Rolle spielt. Im Falle der Religionszugehörigkeit wirken Herkunft und Geschlecht intersektional. Alter und Krankheit sind, wie schon angeführt, als verstärkende Faktoren zu den zentralen Kategorien involviert. Geschlecht bestätigt sich auch in dieser Arbeit als eine interdependente Kategorie (Walgenbach 2007). Der soziale Status spielt gegenüber Herkunft und rassistischen Zuschreibungen eine geringe bis keine Rolle.

Die betroffenen Personen erlebten alle mehrere Diskriminierungstatbestände: Einstellungsdiskriminierungen, Beendigungsdiskriminierungen, Belästigungen und auch Viktimisierungen, die die Betroffenen von ihren Ehemännern berichteten.

Die Diskriminierungen fanden bei allen Befragten mehrmals statt. In einigen Fällen wurden sie als Mobbing, also dauerhaft, erlebt.

Zusammenfassend berichteten alle sechs interviewten Personen mehrfache Diskriminierungen in allen drei betrachteten Dimensionen, Tatbestände, Kategorisierungen und Zeitkomponente.

Die mehrfachen direkten Diskriminierungen im Privaten, die erlebten Einstellungsdiskriminierungen, Diskriminierungen am Arbeitsplatz und die Erfahrung, nicht weiter zu kommen, sowie die strukturellen Barrieren haben einen nachdrücklichen Vertrauensverlust in die Gesellschaft, ihre Institutionen und in die Menschen, mit denen sie zu tun haben, bei den betroffenen Personen ausgelöst. Sie bewerben sich nicht mehr, sie sehen keine Zukunftsperspektiven, sie brechen Kontakte ab, sie politisieren sich. Die gesellschaftlichen und individuellen Ausschlussmechanismen wirken nachhaltig auf Berufsbiografien, die Psyche und das Lebensgefühl der Betroffenen und selbstverständlich auch dramatisch auf deren ökonomische Situation: Sie leben an der Armutsgrenze oder darunter.

4 Zugangsbarrieren zum Arbeitsmarkt aufgrund von Abweichungen von Körpernormen (Bodyismen)

Personen können auch mit Zuschreibungen konfrontiert sein, die sich an ihrem Körper bzw. ihrem Erscheinungsbild festmachen. Ausgangspunkt ist ein kulturelles Ideal, welches mehr und mehr zur Norm wird und Körper als jung, gesund, schlank und in Übereinstimmung mit der Geschlechtsidentität der Person definiert. Wie auch bei anderen Kategorisierungen stellt nicht eine Abweichung von dieser Körpernorm an sich ein Problem dar, sondern erst die Zuschreibungen, die mit einer solchen Abweichung verknüpft sind. Eine Abweichung von der Körpernorm wird am Arbeitsmarkt mit mangelnder Leistungsfähigkeit (Behinderung, Alter, Übergewicht) oder Disziplin (Übergewicht) der Betroffenen verbunden, durch die es zu verschiedenen (auch mehrfachen) Diskriminierungstatbeständen kommen kann.

In diesem Typ von Lebenslagen sind die Berufsbiografien von fünf Frauen und zwei Männern, deren zentrale Gemeinsamkeit jene ist, dass sie Körpernormen auf unterschiedliche Art und Weise nicht erfüllen. Aufgrund sichtbarer Erkrankungen, Behinderungen, Übergewicht oder aufgrund einer Transidentität weichen sie von hegemonialen Vorstellungen leistungsfähiger Körper ab. Abweichungen von Körpernormen sind nicht nur in ihrer Art, sondern auch in ihrem Auftreten sehr variabel, so auch bei den Befragten in dieser Gruppe.

Während einige Befragte bereits seit ihrer Kindheit übergewichtig, chronisch krank oder behindert sind, wurden es andere erst im Lauf ihres (Berufs-)Lebens. In einem Fall erfolgten Benachteiligungen und Diskriminierungen nicht aufgrund des körperlichen Erscheinungsbildes der Betroffenen, sondern weil sie ein Kind mit Behinderungen hat (dieses Phänomen ist in der rechtswissenschaftlichen Literatur zur Diskriminierung unter Assoziierung bekannt).

Abgesehen von dieser Gemeinsamkeit der Betroffenheit von Bodyismen gestalten sich die privaten und beruflichen Biografien dieser Personen unterschiedlich. Sie weisen unterschiedliche soziale und familiäre Hintergründe auf, sowie unterschiedliche Bildungsniveaus und Tätigkeitsbereiche am Arbeitsmarkt. Nur eine der Personen in dieser Gruppe hat eine Migrationsgeschichte.

Trotz dieser Unterschiedlichkeit teilen diese Personen Erfahrungen von Diskriminierungen aufgrund von Abweichungen von Körpernormen, sobald diese sichtbar wurden. Die Folge dessen können Brüche im Berufsverlauf sein, und in schlimmen Fällen kann es sogar zu einem Ausschluss aus dem Erwerbsarbeitsmarkt kommen bzw. dazu, dass der Einstieg in den Arbeitsmarkt nicht gelingt.

4.1 „Ich wurde einfach hineingesteckt"
Diskriminierungen und Benachteiligungen im Bildungssystem

In der Kindheit und Jugend sind es oftmals die Eltern, welche über den Bildungsweg ihrer Kinder bestimmen. Hierdurch kann es zu fremdbestimmten, weil von den betroffenen Personen nicht getroffenen Entscheidungen hinsichtlich der Schul- oder Ausbildungswahl kommen. Auch in anders gestalteten Berufsbiografien sind solche durch die Eltern fremdbestimmten Bildungswege und die damit verbundenen Folgen aufgezeigt worden, hier werden Fremdbestimmungen betrachtet, die in nahem Zusammenhang mit Abweichungen von der Körpernorm stehen.

Schon in der Kindheit zeigte sich bei einer befragten Person eine Abweichung von Geschlechtskörpernormen aufgrund einer Transidentität. Die Eltern akzeptierten diese nicht, der Vater zeigte sich vielmehr autoritär und gewalttätig, und bestimmte die Schul- und Ausbildungswahl seines Kindes:

> Auch heute leide ich noch sehr darunter, dass es einfach die falsche Schule war für mich. Ich wurde einfach hingesteckt, so wie ich in das Gymnasium gesteckt wurde. Ich bin nie selber gefragt worden, weil, ich hatte Befehle zu empfangen und Erziehungsgedanken auszuleben, das war nicht meine Sache, das sollte nicht so sein. [B12]

Nach den Angaben der befragten Person bestimmte der Vater sowohl den Schultyp, das Gymnasium, als auch die sich daran anschließende Handelsakademie über den Kopf seines Kindes hinweg. Aus den Schilderungen der betroffenen Person kann ein Zusammenhang des väterlichen Verhaltens mit der Transidentität des Kindes vermutet werden, die er nicht zu akzeptieren bereit war.

Auch nach Erreichen der Volljährigkeit setzte sich die Fremdbestimmung der Bildung bei dieser Betroffenen fort. Der Vater bestimmte zwar die Wahl des ersten Studienfaches, war aber nicht dazu bereit, sein Kind finanziell zu unterstützen. Erschwerend für die finanzielle Lage der Betroffenen kam hinzu, dass ihr aufgrund eines Erbes (zu dem sie aber keinen Zugriff hatte) das Stipendium aberkannt wurde.

> Nein, es wurde mir auch das Stipendium aberkannt, weil ich ja mittlerweile geerbt hatte, mir man aber nichts davon gab. Und dieses Erbe schien dann auf als Einkommen und damit wurde das damit über die Grenze der Einkommensgrenze gehoben, so dass halt das Stipendium dann wegfiel. [B12]

Als Auswirkung dessen war sie gezwungen, sich ihren Lebensunterhalt neben dem Studium selbst zu verdienen. Obwohl die betroffene Person sehr ehrgeizig war und im Studium gute Leistungen erzielte, gelang es ihr nicht, soziale Kontakte zu pflegen und im Studium Fuß zu fassen. Gleichzeitig manifestierte sich in diesem Fall eine psychische Erkrankung, die sich auch durch Drogen- und Alkoholmissbrauch zeigte. Hinzu kamen auch Selbstzweifel, ausgedrückt durch den Glauben, im System „Uni" nicht bestehen zu können:

> Weil es sich finanziell nicht ausgegangen ist und weil ich auch für das System zu blöd war. [B12]

Als Auswirkung dieser Fremdbestimmung bei der Bildungswahl, der prekären finanziellen Lage und der psychischen Erkrankung kam es zum Abbruch des Studiums. Die Auswirkungen dieser mehrfachen Benachteiligungen und Problematiken waren letztendlich, dass die betroffene Person keine Ausbildung hatte, mit der sie sich identifizieren konnte, was zum Abbruch und letztlich dazu führte, dass sie keine weiterführende abgeschlossene Ausbildung hatte, was sich auch auf ihr weiteres berufliches Leben auswirkte.

Im Zusammenhang mit Abweichungen von der Körpernorm wurden noch weitere Diskriminierungen im Bildungsbereich geschildert, die nicht von autoritären Eltern ausgehen.

Weichen Personen bereits in der Kindheit in ihrem Erscheinungsbild von der Körpernorm ab, kann dies zu Belästigungen durch MitschülerInnen und auch LehrerInnen führen.

> Ich war immer dicker und ja, weißt eh, wie die Burschen einen ärgern, wenn man dicker ist. „Du dicke fette Mondrakete." Alle diese Geschichten. Das hat natürlich auch dazu geführt, dass ich mich gewehrt habe dagegen. [B33]

Während sich manche Betroffene gut gegen solche ständigen Belästigungen zur Wehr setzen können, fühlen sich andere solchen Benachteiligungen ausgeliefert und leiden sehr darunter:

> Es [das offene Umgehen mit der Transidentität] ist auch sehr schwierig gewesen und auch schief gegangen. Es ist damals schon mit viel Spott und Hohn einhergegangen. [B12]

Beide im Bildungsbereich aufgrund ihres körperlichen Erscheinungsbildes belästigten Personen berichteten, sich mehr Unterstützung durch ihre LehrerInnen gewünscht zu haben. Diese Unterstützung durch LehrerInnen blieb aber nicht nur aus, die zuständigen LehrerInnen gaben ihnen vielmehr auch das Gefühl, aufgrund ihrer abweichenden Körpererscheinung bzw. Geschlechtsidentität nicht angenommen zu sein. Während die transidente Person Abwertungen durch LehrerInnen und MitschülerInnen erfuhr, wechselte die andere Befragte die Schule um diesen Belästigungen zu entgehen. Ihre Eltern suchten für sie eine Schule mit Internat in einem anderen Ort aus. Dort wurde sie aufgrund ihres körperlichen Erscheinungsbildes nicht mehr benachteiligt, sie wurde vielmehr durch den Status ihres Vaters vom Lehrkörper bevorzugt.

> Ja, ich habe da eine relativ gute Stellung auch gehabt, weil mein Vater hat hin und wieder einen Fernseher gesponsert und das war dann recht angenehm für mich. Solche Geschichten. Oder einen Haustechniker mitgebracht, der hat dann etwas gerichtet. Es war ganz angenehm, die Zeit dort, der hat sich da gut eingebracht. [B33]

In Zusammenhang mit Diskriminierungen im Bildungsbereich zeigen sich der Rückhalt und die Unterstützung durch das Elternhaus als zentral für die Betroffenen. Sind diese gegeben, so kann besser mit Belästigungen und Benachteiligungen umgegangen werden bzw. der Ausstieg aus der Situation gelingt leichter. Fehlt diese Unterstützung durch das Elternhaus jedoch oder üben die Eltern Autorität auf die benachteiligten Kinder aus, so sind Betroffene eher dazu gezwungen, in benachteiligenden Situationen auszuharren. Im ersten Fall verbesserte sich die Situation der Betroffenen durch die elterliche Unterstützung, während sie sich im zweiten Fall verschlimmerte, weil die elterliche Unterstützung nicht nur fehlte, sondern der Vater selbst gewalttätig war.

4.2 *„So ratzifatzi ist das gegangen"*
Beendigungsdiskriminierungen

Die Erfahrungen der von Bodyismen betroffenen Personen zeigen deutlich, dass das plötzliche Auftreten oder Sichtbarwerden einer Abweichung von der Körpernorm, sei es eine Behinderung als Folge eines Unfalls oder ein Coming Out im Falle einer Transidentität oft unmittelbar zur Beendigung des Dienstverhältnisses führt. Im Falle der transidenten Person, die ihre Identität am Arbeitsplatz durch ihre Kleidung ausdrückte, etwa so:

> Ja. Als ich dann mit Frauenkleidern einfach reinkam und das ging mehr oder weniger über Nacht dann auch, da sah mich die Chefin an und sagte: „Ja, so geht es nicht." Und ich sagte: „Warum?" Und sie sagte: „Ja, das geht nicht." Und ich sagte: „Das wird in Zukunft aber öfter so sein und das wird wahrscheinlich auf mich zutreffen." Und sie sagte: „Ja, dann müssen wir uns leider beruflich trennen." Weil sie das nicht akzeptiere und weil das nicht ihr Metier sei. [B12]

Nach Angaben der Interviewperson handelte es sich um eine einvernehmliche Lösung, da sie selbst bereits an diesem Arbeitsverhältnis, das ohnehin nur knapp ein Jahr gedauert hatte, Zweifel gehabt hatte und dort nicht mehr tätig sein wollte. Möglicherweise war auch dies der Grund für ihr offensives Coming Out.

Doch nicht nur Personen, deren Dienstverhältnisse erst seit kurzem bestehen, erleben Beendigungsdiskriminierungen, sobald eine Abweichung von der Körpernorm sichtbar wird, ebenso ergeht es auch erfolgreichen Personen, die ihre Positionen im Betrieb bereits über Jahre ausüben:

> Dann war ich drei Wochen daheim und nachdem ich im Betrieb die [betont] tragende Kraft war, ich wirklich alles gemacht habe, ist der Betrieb dort wirklich von heute auf morgen gestanden. Nach drei Wochen habe ich daher probiert, arbeiten zu gehen, Psychotherapie angefangen und der Psychotherapeut hat [...] mich gefragt, was ich alles mache und ich habe es ihm gesagt und dann hat er gesagt, dass ich eine Erschöpfungsdepression habe aufgrund der Arbeit und: „Machen Sie doch einmal Urlaub." Und ich dann in die Firma: „Ich habe eine Erschöpfungsdepression! Urlaub!", dann natürlich am nächsten Tag wieder zusammengebrochen und geweint. Alkohol getrunken, geweint und nicht arbeiten gegangen. [...] und daraufhin habe ich die Kündigung gekriegt. Der Chef hat gesagt, er kann das nicht verantworten, dass sich die Leute bei ihm zu Tode arbeiten. So ratzifatzi ist das gegangen. [B4]

Die befragte Person war zum Zeitpunkt dieser Diskriminierungserfahrung nicht nur seit mehreren Jahren im entsprechenden Unternehmen tätig, sie gab auch an, dort sehr erfolgreich und leistungsstark gewesen zu sein. Im Interview beschrieb sie ihre Leistungsfähigkeit und ihr Engagement sehr offensiv, wobei deutlich wurde, dass es ihr darum ging, Anerkennung zu erhalten, was ihr nicht immer gelang. Dieser langfristige, aber nicht immer erfolgreiche Kampf um Anerkennung durch besondere Leistungsbereitschaft führte schließlich im Zusammenhang mit privaten Problemen zu einer Erschöpfungsdepression und einem längerfristigen Krankenstand. Anstatt seiner sich langjährig durch Leistungsbereitschaft auszeichnenden Mitarbeiterin Unterstützung zu gewähren, beendete der Vorgesetzte das Dienstverhältnis, nachdem er von dieser Diagnose erfuhr, mit der Begründung: „In unserem Betrieb sollte niemand bis zur Erschöpfung arbeiten".

Ähnlich erging es einem anderen Befragten. Auch er war lange Zeit erfolgreich für seinen Betrieb im Außendienst tätig. Eine Erkrankung am Bein machte ihm die längeren Autofahrten unmöglich, die essentieller Teil seiner Arbeit waren. Obwohl ihm eine Stelle im Innendienst in Aussicht gestellt wurde, wurde sein Dienstverhältnis letztlich gelöst und die Stelle mit jemand anders besetzt. Obwohl seine Gehbehinderung durch seinen Beruf mit verursacht worden und er lange Zeit erfolgreich für das Unternehmen tätig gewesen war, musste er entgegen anderslautender Versprechen seines Vorgesetzten ausscheiden.

> Dann bin ich wieder in die [Versicherung], dann hat der Chef im Beisein der Frau [Betreuerin] gesagt: „Mach das alles fertig und mit 31.12. beenden wir das Dienstverhältnis beidseitig." Dann hat die Frau [Betreuerin] gesagt: „Wie schaut es jetzt aus? Es muss die Telefonistin geht nachher in Pension, dass wir den Herrn [Interviewpartner] dort anstellen?" Sagt er darauf: „Ja, sicher, wenn wir die Stelle wieder nachbesetzen, was noch nicht fix ist, nehmen wir den Herrn [Interviewpartner], kein Thema." Vor der Frau [Betreuerin] und vor mir: Diese Zusage. „Es kann aber sein, dass es erst März, April ist, dieses Jahres, 2012." Sage ich: „Sie, die zwei, drei Monate, dann tu ich halt stempeln derweil, ist ja egal." „Ja, aber wenn die geht und es wird nachbesetzt in [Stadt], gar kein Thema." Gut, die ist nachbesetzt worden, ich bin kein Thema. So ist es. [B42]

Auch in diesem Fall war der Befragte für den Betrieb vor seiner Operation erfolgreich tätig gewesen. Doch ebenso wie im vorherigen Beispiel führte das Auftreten der Behinderung in Verbindung mit einer deutlichen Arbeitseinschränkung nicht zu den in Aussicht gestellten Veränderungen der Arbeitsanforderungen – etwa der Umgestaltung des Arbeitsplatzes oder einer Umverteilung von Arbeitsaufgaben – sondern zur Kündigung. Im letzten Fall wurde auch eine Zusicherung des Betriebes, den Betroffenen im Innendienstbereich wieder einzustellen, nicht eingehalten.

Diese Beispiele zeigen deutlich, dass das Auftreten einer Abweichung von der Körpernorm Zuschreibungen mangelnder Leistungsfähigkeit produziert, unabhängig davon, wie leistungsbereit die DienstnehmerInnen vorher waren.

In einem weiteren Fall war eine Betroffene mit Zuschreibungen mangelnder Leistungsfähigkeit aufgrund einer auftretenden Erkrankung in Verbindung mit strukturellen Barrieren als Migrantin konfrontiert, was auch bei ihr zur Auflösung des Dienstverhältnisses führte. Die Befragte war als Erwachsene nach Österreich migriert. Wegen ihrer Heirat mit einem Nicht-EU-Bürger erhielt sie in Österreich eine Aufenthaltsbewilligung, aber keine Arbeitserlaubnis. Daher konnte sie erst nach einem Aufenthalt von fünf Jahren am österreichischen Arbeitsmarkt tätig werden. Bereits seit ihrer Kindheit hatte die Betroffene verschiedene Erkrankungen, die sich bis zur Geburt ihres Kindes nicht als hinderlich für ihren Berufsweg darstellten. Mit dem Beginn der Schwangerschaft kam eine Diabetes hinzu. Als Folge war es für sie nicht nur schwierig, überhaupt eine Stelle zu finden, die mit ihrer Diabetes vereinbar war, sie erlebte bei einer Dienstgeberin auch Belästigungen aus diesem Grund.

> „Und weil mein Zucker nicht gut eingestellt war, war ich sehr oft krank, aber ich bin nie Krankenstand gegangen. Und mein Arzt hat auch gesagt, jetzt kann er mir keine Antibiotika mehr aufschreiben, ich muss operiert werden. Dann habe ich ihr [der Vorgesetzten] das gesagt, Ende November, dass ich im Januar einen OP-Termin habe und sie muss damit rechnen, dass ich drei, vier Wochen ausfalle und sie soll lieber mehr Wochen rechnen, weil bei Diabetikern ist natürlich die Wundheilung nicht so einfach und ab dem Zeitpunkt hat ihr nichts mehr gepasst." [B40]

Nachdem die Dienstgeberin erfahren hatte, dass die Betroffene ein paar Wochen in Krankenstand sein würde, kam es zu wiederholten Belästigungen von ihrer Seite, die schließlich in der Kündigung der Befragten mündeten.

An diesem Beispiel zeigt sich, dass Belästigungen systematisch erfolgen können mit dem Ziel, die betroffenen Arbeitskräfte selbst zur Kündigung zu bewegen. Die Ergebnisse der Befragung weisen darauf hin, dass dies vor allem bei Arbeitskräften mit Behinderungen, Erkrankungen oder höherem Alter erfolgt.. Allerdings kann dies auch Personen geschehen, die gar nicht erkrankt sind. Nach einer Lehre in einem Unternehmen mit formaler und hierarchischer Struktur stieg ein Befragter rasch auf. Als er nach einigen Jahren versuchte, aus familiären Gründen an einen anderen Dienstort versetzt zu werden, wurde er dort belästigt und degradiert. Er konnte nicht den Posten besetzen, den er am anderen Dienstort innegehabt hatte, sondern musste wieder von unten anfangen. Dazu erlebte er über viele Jahre Belästigungen von Seiten seiner Vorgesetzten, die schließlich in Bestrebungen mündeten, den Befragten in vorzeitige Pension zu schicken. Als dieser sich hierauf nicht einlassen wollte, da er dann nicht mehr nebenbei selbständig tätig sein konnte, wurde er in den Krankenstand zwangsversetzt.

> Ja, man wollte mich krankheitshalber pensionieren und wenn ich krankheitshalber pensioniert werde, darf ich kein Gewerbe ausüben. Dann habe ich gesagt: „Mit mir nicht, Freunde. Ich habe den Gewerbeschein, ich habe den bei euch angemeldet auch, als Nebenbeschäftigung. So geht das nicht." Damit war ich fast neun Monate im Krankenstand. Man wurde sofort in den Krankenstand geschickt […]. [B7]

Obwohl der Befragte gegen diesen erzwungenen Krankenstand ankämpfte, gelang es ihm nicht, sich gegen seinen Betrieb durchzusetzen, so dass er die Stelle schließlich aufgab.

Unabhängig von der Position, die die Befragten in ihren Betrieben innehatten und auch unabhängig davon, wie lange und wie erfolgreich sie schon für ihre Unternehmen tätig gewesen waren, zeigte sich in der Untersuchung, dass eine auftretende Behinderung oder Erkrankung in jedem Fall mit einer Beendigung des Dienstverhältnisses verbunden war. Für einige der befragten Personen gestaltete sich ihre Erkrankung oder Behinderung als so schwerwiegend, dass sie nach Beendigung des Dienstverhältnisses ihre Aufmerksamkeit dieser widmen mussten. In einem Fall rückte nach der erlebten Beendigungsdiskriminierung eine bereits zuvor bestehende psychische Erkrankung ins Zentrum, durch die es der befragten Person unmöglich wurde, weiter erwerbstätig zu sein und sich um eine neue Stelle zu bewerben. Aus diesem Grund suchte sie um eine Invaliditätspension an, die ihr auch gewährt wurde, und schied damit aus dem Berufsleben aus. Auch in einem anderen Fall wirkte sich die psychische Erkrankung, die zur Beendigung des Dienstverhältnisses geführt hatte, noch auf den weiteren Berufsverlauf der Betroffenen aus. Sie bemühte sich zwar immer wieder um neue Anstellungen, es war ihr jedoch aufgrund ihrer Krankheit nicht mehr möglich, längerfristig einer Erwerbsarbeit nachzugehen.

> Eine Ärztin bei der GKK [Gebietskrankenkasse] hat mich dann ein halbes Jahr in Krankenstand geschrieben, dann bin ich in die Arbeitslose und von dort weg ist es dann nie mehr mit dem Arbeiten gegangen. Ich habe zwar immer schnell eine Arbeit gefunden, aber so drei Monate gearbeitet, sechs Monate gearbeitet, dann wieder hingeschmissen. [B4]

Zumeist führte sie mit Krankenständen eine Beendigung der Dienstverhältnisse durch die ArbeitgeberInnen herbei, um ihre Bezüge aus der Arbeitslosenversicherung nicht zu verlieren, was ihr bei einer Eigenkündigung passiert wäre. Als Auswirkung war ihre berufliche Biografie seitdem durch häufige Tätigkeitsunterbrechungen charakterisiert. Erschwerend kam hinzu, dass sie sich nach ihren Angaben in Vorstellungsgesprächen nicht mehr gut verkaufen konnte und potentielle DienstgeberInnen immer wieder Zweifel an den von ihr angegebenen Fähigkeiten äußerten, weil sie diese informell und daher ohne Zeugnisse erworben hatte. So fand sie zwar immer wieder neue Stellen, aber diese waren oftmals weit unter dem Anforderungsniveau, das ihr nach ihren Kenntnissen möglich gewesen wäre. Die Auswirkungen waren für die Betroffene eine diskontinuierliche Berufsbiografie mit zahlreichen Stellenwechsel, und (kurzen, aber wiederkehrenden) Zeiten der Arbeitslosigkeit dazwischen, Unterforderung zu Zeiten der Beschäftigung und Langeweile in Zeiten des Arbeitslosengeldbezuges.

Etwas anders gestaltete sich der Berufsverlauf für den Befragten, dessen langjähriges Dienstverhältnis durch einen Zwangskrankenstand beendet worden war. In der Zeit der Arbeitslosigkeit hatte er für kurze Zeit eine Suchterkrankung, die er durch Unterstützung seiner Familie überwinden konnte. Anschließend absolvierte er mehrere Umschulungen und Weiterbildungen und machte sich schließlich für mehrere Jahre selbständig. Allerdings wirkte die Beendigungsdiskriminierung lange nach und zeigte sich zum Zeitpunkt des Interviews in einer Reduktion seiner Pensionsansprüche um mehrere hundert Euro monatlich.

Auch die beiden anderen Befragten, die Beendigungsdiskriminierungen aufgrund einer Abweichung von der Körpernorm erlebt hatten, schilderten ihre Berufsbiografie von da an als zahlreichen Beschränkungen und häufigen Jobwechseln unterworfen.

4.3 „Die schreiben rein: Mit Ihrem Alter, tut uns leid, Sie sind zu 50% invalid" Einstellungsdiskriminierungen am Arbeitsmarkt

Bei den befragten Personen führten Erkrankungen, Behinderungen oder andere Abweichungen von der Körpernorm zu einer Beendigung bestehender Dienstverhältnisse, sobald diese sichtbar wurden oder auftraten. Für Personen, die auf eine solche Art und Weise ein bestehendes Dienstverhältnis verlieren, kann es in der Folge schwierig sein, erneut Zugang zum Arbeitsmarkt zu erhalten. Ebenso können aber auch Personen mit Barrieren im Zugang zum Arbeitsmarkt konfrontiert sein, deren Abweichungen von der Körpernorm bereits in der Kindheit oder Jugend bestehen. Es kann sich für all diese Personen beispielsweise als schwierig bis unmöglich herausstellen, eine Tätigkeit zu finden, die mit ihrer Erkrankung oder Behinderung vereinbar ist, so dass sie dazu gezwungen sind, Tätigkeiten auszuüben, die ihrer Gesundheit abträglich sind, um ihren Lebensunterhalt erwirtschaften zu können. Zudem können die Betroffenen mit Einstellungsdiskriminierungen von Seiten potentieller ArbeitgeberInnen im Sinne der Zuschreibung mangelnder Leistungsfähigkeit oder -bereitschaft konfrontiert sein.

Einer der Befragten wollte ursprünglich eine Karriere im Bereich des Leistungssports verfolgen, ein schwerer Unfall beendete dieses Ziel allerdings schon in der Jugend. Nach einer Lehre und einer Tätigkeit in einem anderen Bereich stieg der Befragte schließlich in die Firma ein, in der auch sein Vater arbeitete. Hier war er zunächst für einige Jahre sehr erfolgreich beschäftigt. Die gesundheitliche Situation des Betroffenen verschlechterte sich im Lauf der Jahre. Ein finanzieller Einbruch zwang ihn schließlich dazu, jene körperlich anspruchsvollen Tätigkeiten (weiterhin) auszuführen, die seiner Gesundheit abträglich waren und seinen Gesundheitszustand verschlechterten. Die Folge war ein Einbruch im Gesundheitszustand des Befragten, der zur Auflösung des Dienstverhältnisses führte. Hierdurch war der Befragte zu 50% als arbeitsunfähig eingestuft, was sich in Kombination mit seinem bereits höheren Alter als Barriere im Zugang zu einer neuen Tätigkeit erweist.

> Die schreiben rein: „Mit Ihrem Alter – tut uns leid Herr [Name], Sie sind zu 50 Prozent invalid und Ihr Alter, das Risiko, dass Sie länger wieder ausfallen, ist gegeben und Sie wissen, dass Sie,

wenn ich Sie anstelle, in ein unkündbares Arbeitsverhältnis gehen, weil Sie 50 Prozent invalid sind." [B42]

Nach vielen Jahren, in denen der Betroffene aufgrund seiner Gesundheit im Zugang zum Arbeitsmarkt beschränkt war bzw. Tätigkeiten ausführen musste, die seiner Gesundheit schadeten, wird er mit direkten Einstellungsdiskriminierungen konfrontiert. Zusätzlich zur Gehbehinderung und zum höheren Alter wirkt sich der Kündigungsschutz, der mit der 50 %igen Invalidität verbunden ist, hinderlich im Zugang zum Arbeitsmarkt aus.

Direkte Diskriminierungen von Seiten potentieller ArbeitgeberInnen berichteten noch weitere Personen. Eine schilderte ebenso wie im obigen Fall, dass sie aufgrund ihrer Erkrankung in Verbindung mit ihrem fortgeschrittenen Alter immer wieder Einstellungsdiskriminierungen bei der Arbeitssuche erlebte; eine weitere berichtete, dass sich ihr schlechter Gesundheitszustand in Kombination mit ihrem Familienstand als alleinerziehende Mutter wie auch ihre Migrationsgeschichte als hinderlich bei der Arbeitssuche erwiesen. Eine dritte Befragte schilderte im Interview immer wieder Einstellungsdiskriminierungen, die sie nach ihren Angaben aufgrund ihres Körpergewichts in Zusammenhang mit ihrer diskontinuierlichen Berufsbiografie erlebte:

> Ich weiß nicht, einmal habe ich mich diskriminiert gefühlt, deshalb auch [wegen der häufigen Stellenwechsel], nicht nur wegen meiner Figur, sondern da habe ich mich einmal in der Rezeption in [Ort], beim Hotel [Name], bei der Frau [Chefin] vorgestellt und die hat gesagt: „Na ja, so oft, wie Sie schon wo anders gearbeitet haben, da brauch ich Sie nicht." Aus dem Grund, weil ich schon viel Berufserfahrung habe, viel gewechselt habe, bin ich da an meine Grenzen gestoßen, oder an die Grenzen der Frau [Chefin]." [B33]

Befragte Personen gaben an, ihre Stellen bereits vor ihrer Erkrankung oder Behinderung häufig gewechselt zu haben. Zumeist wird dies von ihnen mit dem Sammeln von Berufserfahrung bzw. der Unterforderung in ihren Positionen begründet. Ein Befragter mit Behinderung hatte ebenfalls häufig seine Stellen gewechselt, um eine geeignete Stelle zu finden, die er mit seiner Einschränkung vereinbaren konnte. Ab dem Zeitpunkt des Auftretens der Erkrankung oder Behinderung können sich häufige Stellenwechsel als nachteilig für die weitere Berufsbiografie der Betroffenen erweisen. Auf der anderen Seite können häufige Jobwechsel aber auch die Folge von Diskriminierungserfahrungen sein, etwa wenn es Betroffenen nach einer Beendigungsdiskriminierung nicht mehr gelingt, am Arbeitsmarkt Fuß zu fassen.

Nicht nur Abweichungen von der Körpernorm durch eigene Krankheiten oder Behinderungen können für Betroffene zu Beschränkungen am Arbeitsmarkt führen, dies kann auch über eine Assoziierung mit Angehörigen mit Behinderungen/Erkrankungen geschehen, die zu denselben Zuschreibungen einer mangelnden Leistungsfähigkeit führen. Auf diese Art ist es einer der befragten Personen ergangen, die in ihrem persönlichen und beruflichen Leben durch die Geburt einer Tochter mit Behinderungen mit Einschränkungen und Benachteiligungen konfrontiert wurde. Nach zwei Jahren intensiver Betreuung ihrer behinderten Tochter strebte die Befragte danach, wieder berufstätig zu werden. Für potentielle DienstgeberInnen erwies sich diese längere Karenzzeit allerdings als Hindernis, da sich ihr Arbeitsbereich in der Zwischenzeit verändert hat und das EDV-gestützte Arbeiten eingeführt wurde, wofür ihr die Erfahrungen und Kompetenzen fehlten. Dies war jedoch nicht das vordergründigste Problem für die Befragte, denn die gefragten Kenntnisse konnte sie sich durch Weiterbildungsmaßnahmen aneignen. Problematischer erwies sich die Vereinbarkeit der Betreuung ihrer behinderten Tochter mit Erwerbsarbeit. Sie wollte nach wie vor selbst einen Großteil der Betreuung für ihre Tochter übernehmen und daher nur halbtags berufstätig sein. Gleichzeitig ließ sich in der ländlichen Gegend, in der sie damals lebte, keine geeignete Kinderbetreuung für die Tochter finden. Die Folge dieser fehlenden Betreuung für die Tochter in Kombination mit den Wünschen von DienstgeberInnen nach Vollzeitkräften war eine Zeit geprägt von Arbeitslosigkeit, kurzfristigen Tätigkeiten sowie Weiterbildungen. Nachdem auch die Ehe der Betroffenen geschieden wurde, wurde ihre Situation existentiell bedrohlich:

> Schwierig ist es dann geworden, als wir uns eben getrennt haben und dann weiterhin nichts gegangen ist. Weil, ich bin dann von der Arbeitslosigkeit in die Notstandshilfe, von der Notstandshilfe in die Sondernotstandshilfe und die ist dann immer nur runtergekürzt worden und dann ist es langsam aber sicher schwierig geworden. [B8]

Durch die Trennung wurde die Notwendigkeit eines eigenen Einkommens noch größer, die Barrieren im Zugang zu Arbeit blieben aber gleich. DienstgeberInnen unterstellten ihr eine Vereinbarkeitsproblematik von Erwerbsarbeit und der Betreuung ihrer Tochter mit Behinderungen.

Letztendlich gelang es der Betroffenen in der Zeit ihrer Erwerbslosigkeit aber, die nötige Ausbildung für die von ihr gewünschte berufliche Neuorientierung zu absolvieren. Allerdings verlief auch der Einstieg in den neuen Arbeitsbereich nicht ohne Probleme für die Betroffene, da ihr zunächst nur Nachmittagsstellen angeboten wurden. Aus diesem Grund entschied sie sich schließlich dafür, sich doch wieder in ihrem alten Tätigkeitsbereich zu bewerben und erhielt hier schließlich eine Teilzeitstelle, die mit der Betreuung ihrer Tochter vereinbar war. Allerdings war die Betroffene an diesem Arbeitsplatz Mobbing ausgesetzt, so dass sie die Stelle schließlich einvernehmlich auflöste. Dieses Dienstverhältnis markierte für sie den endgültigen Abschluss mit ihrem alten Tätigkeitsbereich und den kompletten Neueinstieg in den von ihr gewünschten Bereich. Daran änderte auch die Tatsache nichts, dass sie aufgrund einer Gesetzesänderung einen Teil ihrer (Neu-)Ausbildung wiederholen musste, da ihr Abschluss nicht mehr anerkannt wurde. Über das Arbeitsmarktservice bekam sie diese Ausbildung zwar finanziert, hatte nach Abschluss jedoch nur Zugang zu Arbeitsstellen, die deutlich unter ihrer neu angeeigneten Qualifikation lagen und mit einer sehr geringen Entlohnung einhergingen. Es dauerte einige Jahre, bis es der Befragten gelang, sich in dem von ihr gewünschten Bereich zu etablieren. Obwohl sie hiermit persönlich sehr zufrieden war, blieb ihr Verdienst weiterhin gering. Um sich und ihr Kind mit Unterhalt zu versorgen, bot sie zusätzlich verschiedene Kurse an und hielt sich mit Nebenjobs über Wasser.

Im Zeitraum kurz vor dem Interview ist es im gemeinwohlorientierten Arbeitsbereich der Befragten zu Budgetkürzungen seitens der öffentlichen Hand gekommen, von denen sie auch betroffen sein wird. Aufgrund der wirtschaftlichen Lage ist sie von Stundenkürzungen bei gleichzeitiger Mehrarbeit bedroht. Eine Reduktion der Stunden ist für die Betroffene allerdings finanziell kaum zu verkraften. Auch eine von ihr angestrebte Weiterbildung, um ihre finanzielle Situation anderweitig zu sichern, kann von ihrem Betrieb nicht finanziert werden.

Die Budgetkürzungen der öffentlichen Hand wirken sich aber auch auf die Situation ihrer Tochter aus, die, seit sie erwachsen ist, zum größten Teil außer Haus betreut wird. Die

Interviewpartnerin befürchtet, dass die Fremdbetreuung der Tochter nicht mehr ausreichend gewährleistet sein wird, so dass sie sich hier selbst wieder mehr einbringen wird müssen. Auch dies wäre ihr nur über eine Reduktion der Erwerbstätigkeit möglich, die wiederum sehr problematisch für das Haushaltseinkommen ist. Obwohl es der Betroffenen gelang, sich im von ihr gewünschten Bereich zu etablieren, blieb ihre finanzielle Situation beständig unsicher und ihr Einkommen gering.

An diesem Beispiel zeigt sich die Verknüpfung von Benachteiligungserfahrungen auf unterschiedlichen Ebenen sehr deutlich. Auf Beschränkungen im Zugang zum Arbeitsmarkt können direkte Einstellungsdiskriminierungen durch DienstgeberInnen folgen, was für die Betroffenen zu Tätigkeiten in ungewollten Bereichen oder Positionen führen kann. Mit Beschränkungen im Zugang zum Arbeitsmarkt konfrontiert zu sein, kann für die Betroffenen aber auch bedeuten, ihre Stellen häufig wechseln zu müssen bzw. kann zu (unfreiwilligen) Umorientierungen und Neuausbildungen führen. Darüber hinaus gehen Barrieren beim Zugang zum Arbeitsmarkt gerade auch in Kombination mit direkten Diskriminierungen durch DienstgeberInnen mit finanziellen Einschränkungen einher. Diese können zur Verminderung des Lebensstandards führen, etwa wenn Personen befürchten, Kreditraten nicht mehr zahlen zu können, oder auch auf Erkrankungen oder Behinderungen zurückwirken, z.B. wenn kranke und behinderte Personen sich die Teilnahme an notwendigen gesundheitlichen Behandlungen nicht mehr leisten können.

4.4 „Ja, wenn Sie nicht arbeiten wollen, dann sagen Sie es gleich"
Benachteiligungen und Beschränkungen durch das Arbeitsmarktservice

Durch den diskontinuierlichen Charakter der Berufsbiografien der Befragten in dieser Gruppe kam es auch zu wiederholten Kontakten mit dem Arbeitsmarktservice (AMS). Zumeist wandten sich die Betroffenen nach einer erlebten Beendigungsdiskriminierung an das AMS mit der Bitte um Vermittlung von Stellen, die sie trotz ihrer Erkrankung oder Behinderung ausüben könnten. Nach ihren Schilderungen stellte sich das AMS diesbezüglich allerdings als wenig hilfreich heraus. Der Befragte mit der Gehbehinderung schildert seine Erfahrungen mit BetreuerInnen vom AMS wie folgt:

> So was von unfreundlich: „Sie haben schon wieder eine Arbeit abgelehnt (…)." Sage ich: „Schauen Sie nach, was Sie mir gegeben haben. Sie geben mich in die Stahlbranche. Sie haben mir Fließbandarbeit gegeben. Stehend. Wollen Sie mir jetzt (…)?" Und dann war sie wirklich so forsch: „Ja, wenn Sie nicht arbeiten wollen, dann sagen Sie es gleich." [B42]

Obwohl der Betroffene zu 50% als invalid eingestuft worden war, wurden ihm nach seinen Schilderungen von verschiedenen AMS-BetreuerInnen immer wieder Tätigkeiten angeboten, die mit seiner Behinderung nicht vereinbar waren.

Aufgrund ihrer Erkrankungen und Behinderungen interessierten sich einige Befragte für Umschulungen, um in Bereichen am Arbeitsmarkt tätig werden zu können, die mit ihrer Behinderung vereinbar sind. Die einschlägig Betroffenen konfrontierten ihre AMS-BetreuerInnen mit solchen Vorschlägen und fragten nach Möglichkeiten der Finanzierung solcher Ausbildungen. Nach Angaben der Betroffenen erwies sich das AMS hier jedoch nicht als hilfreich. Sie mussten sehr lange auf die Zusage vom AMS über die Finanzierung der Kurse warten, so dass ihr Platz nicht gesichert war.

Eine aus der Sicht der Betroffenen ungenügende Betreuung durch das AMS wird als sehr belastend erlebt. Diese Belastungen resultieren wohl auch aus den Erwartungen von Personen mit gesundheitlichen Einschränkungen an die Vermittlungsservices und Unterstützungen des AMS. Entsprechen die Dienstleistungen nicht den Erwartungen, so ist dies in diesen Fällen besonders problematisch, weil es um den Lebensunterhalt geht. Befragte gaben auch an, sich an Anlaufstellen für Menschen mit Behinderungen gewendet zu haben, um eine adäquatere Unterstützung zu erhalten. Zum anderen kann eine lange Bearbeitungsdauer von Anfragen hinsichtlich der Finanzierung von Ausbildungen durch das AMS die Existenz der Betroffenen gefährden. Oft läuft in der Zwischenzeit der Arbeitslosengeldbezug aus und die Betroffenen sind auf Notstandshilfe bzw. bedarfsorientierte Mindestsicherung angewiesen. Nicht nur für Betroffene, die sich um Weitervermittlung bemühen wollen oder sich für eine Umschulung interessieren, stellt das AMS die erste und wichtigste Anlaufstelle dar, sondern auch für Personen, die sich aufgrund ihres Gesundheitszustandes nicht erwerbsfähig fühlen. Eine Befragte, die aufgrund ihrer stärker werdenden Erkrankung häufige Aufenthalte in einer psychiatrischen Einrichtung hatte, wollte um eine vorzeitige Pensionierung ansuchen und bekam diese schließlich nicht genehmigt, was sie als Diskriminierung deutete:

> So Diskriminierung würde ich eher vom Arbeitsamt sagen oder wie ich dann angesucht habe um die Pension: dieses Mir-nicht-Glauben, dass es mir so schlecht geht. Dieser Doktor hat mich als Psychiater untersucht, um meine Arbeitsunfähigkeit festzustellen – das war wirklich Diskriminierung, daran kann ich mich noch gut erinnern – und ich habe ihm gesagt: ich kann nicht. Und er hat gesagt: „Verstehe ich eh, Sie können nicht." Und da habe ich mir gedacht, es ist eh eine gemähte Wiese und dann schreibt er ein Gutachten und schreibt da was ganz anderes hinein: schreibt, dass ich voll arbeitsfähig bin und nicht mehr wie 2 Wochen Krankenstand im Jahr haben werde [...]. [B4]

Der von der Pensionsversicherungsanstalt beauftragte Psychiater erkannte die Krankenhausaufenthalte der Betroffenen nicht als ausreichend für eine Arbeitsunfähigkeit an. Dagegen ging die befragte Person in Berufung, doch auch diese brachte nicht den von der Betroffenen gewünschten Erfolg. Festgestellt wurde jedoch Einschränkung der Arbeitsfähigkeit, deren Konsequenz die Betroffene subjektiv als erniedrigend und diskriminierend empfand. Es wurden ihr ausgeschriebene Stellen für Archivarbeiten zugeteilt, wofür sie sich bewerben musste, um den Arbeitslosenbezug nicht zu verlieren. Nach einer längeren Periode an gescheiterten Bewerbungen, Stellenantritten, Krankenständen, Kündigungen und erneuten Bewerbungen bekam die Betroffene schließlich die von ihr schon lange gewünschte Arbeitsunfähigkeitspension zugesichert. Allerdings unter der gesetzlichen Auflage, dass sie alles tun müsse, um ihre Genesung zu fördern, wozu etwa im Falle psychischer Erkrankungen die Einnahme von Psychopharmaka gehört. Auch diese Voraussetzung für den Bezug von Sozialleistungen empfand die Befragte als Zwang und Diskriminierung, denn sie positionierte sich selbst gegen Medikamenteneinnahmen. Gerade diese Fälle zeigen sehr deutlich, dass psychische und physische Erkrankungen in Kombination mit Diskriminierungen und Benachteiligungen am Arbeitsmarkt, insbesondere im Zugang zu Arbeit, noch schwerere Konsequenzen für den Gesundheitszustand der Betroffenen nach sich ziehen können.

4.5 Zusammenfassung und Diskussion

In diesem Abschnitt sind sieben Berufsbiografien von Personen sehr unterschiedlicher Herkunft, Berufsausbildung sowie Berufsverlauf betrachtet worden, denn alle von ihnen haben (mehrfache) Diskriminierungen aufgrund von Bodyismen erlebt.

Wenn Zuschreibungen aufgrund von Abweichungen von der Körpernorm schon in der Kindheit auftreten, können Benachteiligungen im Bildungssystem durch LehrerInnen und SchülerInnen erfolgen. In Folge hiervon kann sich der Zugang zum Arbeitsmarkt als erschwert oder gänzlich unmöglich erweisen. Bei den meisten InterviewpartnerInnen traten Abweichungen von der Körpernorm allerdings erst im Laufe des Berufslebens auf. Jedoch bedeutet dies nicht notwendig, dass sie bis dorthin diskriminierungsfrei lebten. Die meisten Befragten haben vorher schon mehrfache Diskriminierungen, etwa aufgrund der Kategorisierungen Geschlecht, ethnische Herkunft oder Alter, erfahren. Erstaunlich war allerdings, dass Bodyismen kaum in Kombinationen mit anderen Kategorisierungen auftraten, sondern für sich alleine auf die Betroffenen wirkten. So führte ein erstmaliges Auftreten oder Sichtbarwerden einer Abweichung von der Körpernorm zu einer Beendigung bestehender Dienstverhältnisse. In Folge davon waren einige mit einem gänzlichen Ausschluss aus dem Arbeitsmarkt konfrontiert. Personen, die dennoch am Arbeitsmarkt verblieben, erlebten Beschränkungen und Einstellungsdiskriminierungen. Zumeist bemühten sie sich erfolglos um das Auffinden von Stellen, die sie mit ihrer Erkrankung oder Behinderung verbinden konnten, von Seiten potentieller DienstgeberInnen wurden sie aufgrund einer zugeschriebenen mangelhaften Leistungsfähigkeit oder -bereitschaft diskriminiert. Während ArbeitgeberInnen die Bedeutung der Behinderungen/Krankheiten für die Leistungsfähigkeit der Betroffenen überbewerten, scheint das AMS diese unterzubewerten. Betroffene mit Behinderungen wurden an Stellen vermittelt, die sie mit ihrer Behinderung nicht ausführen konnten. Da die Betroffenen insbesondere in die Dienstleistungen des AMS große Hoffnungen setzten, waren sie von den Diskriminierungen, die sie dort erfuhren, noch stärker belastet als durch die Diskriminierungen am Arbeitsmarkt selbst. Als charakteristisch für die Diskriminierungserfahrungen stellte sich in dieser Gruppe heraus, dass Benachteiligungen oder Diskriminierungen aufgrund von Bodyismen nicht nur einmal auftraten, sondern ab dem Zeitpunkt des Sichtbarwerdens der Abweichungen ständig erlebt wurden. Es handelte sich dabei allerdings in den meisten Fällen um punktuelle, wiederkehrende Erlebnisse; längerfristige Belästigungen oder auch Mobbing aufgrund einer Erkrankung oder einer Behinderung kamen nicht vor, wohl aber aufgrund des Alters.

Auf der berufsbiografischen Ebene gingen (mehrfache) Diskriminierungen in allen betrachteten Fällen entweder mit einem kompletten Ausschluss aus dem Arbeitsmarkt oder zumindest aus dem von ihnen bis dorthin ausgeübten Tätigkeitsbereich einher. KeineR der Betroffenen hat davon berichtet, dass sich ihre DienstgeberInnen darum bemüht hätten, gemeinsam mit ihnen eine Stelle zu schaffen, die sie trotz Behinderung oder Erkrankung ausüben könnten. Dies war selbst dann nicht der Fall, wenn sie bis dahin eine erfolgreiche, auch von ihren Betrieben geschätzte Position innehatten. Die Auflösung des jeweiligen Dienstverhältnisses kam bei den InterviewpartnerInnen durch Beendigungsdiskriminierung oder auch durch eine einvernehmliche Auflösung zustande. Die Folgen gestalteten sich allerdings ähnlich. Entweder strebten sie, unterstützt durch das AMS oder auch aus eigenem Antrieb und auf eigene Kosten, eine Umschulung oder Neuausbildung an oder sie schieden durch eine vorzeitige Pensionierung aus dem Arbeitsmarkt aus. Nicht immer erwies sich eine Umschulung für die Betroffenen als erfolgreich, oftmals zeichnete sich ihr weiterer Berufsverlauf dann durch häufige Stellenwechsel und Tätigkeiten in ungewünschten Bereichen aus. War eine Umorientierung allerdings von Erfolg gekrönt und gelang es den Befragten, sich in dem neu gewählten Bereich zu etablieren, so waren sie mit dieser Entscheidung sehr zufrieden, auch wenn dies in manchen Fällen mit einer deutlichen Reduktion des Einkommens (und später des Pensionsbezuges) einherging. Auffällig bei der Auswertung dieser Interviews war die Tatsache, dass das AMS zumeist nicht als unterstützend erlebt wurde. Bei ihren jeweiligen BetreuerInnen fühlten sich die Befragten nicht gut aufgehoben, diese verweigerten ihnen Unterstützungsleistungen und verhielten sich in manchen Fällen sogar direkt diskriminierend.

Auf der ökonomischen Ebene haben alle InterviewpartnerInnen von finanziellen Einbußen berichtet. Besonders drastisch gestalteten diese sich für Personen, denen eine Umorientierung nicht gelang oder die sehr lange arbeitslos waren. Auch ein gänzliches Ausscheiden aus dem Berufsleben konnte sich gerade für Personen, die vormals gut verdient und einen entsprechenden Lebensstandard erwirtschaftet hatten, existentiell bedrohlich auswirken, wenn sie ihre Fixkosten nun nicht mehr decken konnten. Doch selbst wenn eine Umorientierung gelang, zeigten sich finanzielle Auswirkungen von Diskriminierungen häufig noch an später Stelle, im Pensionsbezug.

Auswirkungen mehrfacher Diskriminierungserfahrungen auf der persönlichen oder psychischen Ebene sind von den Befragten nur selten geäußert worden. Hier muss allerdings auch berücksichtigt werden, dass in einigen Fällen eine psychische Erkrankung zuerst bestand oder sichtbar wurde und hierauf die Diskriminierung erfolgte. Ob nun eine Verschlechterung dieses Gesundheitszustandes mit der erlebten Diskriminierung in Zusammenhang stand oder auch ohne diese bestanden hätte, wird sich wohl in diesen Fällen kaum mehr eruieren lassen. Allerdings kann vermutet werden, dass gerade Beendigungen erfolgreicher Berufskarrieren und das Erfahren von mangelhafter Unterstützung durch den Betrieb für die Betroffenen mit Selbstzweifeln einhergegangen ist. Ebenso wirkten sich längere Zeiten von Arbeitslosigkeit für Befragte negativ aus und können auch zu Suchterkrankungen führen. Doch befragte Personen berichteten auch davon, dass eine erfolgreiche Umorientierung für sie auch zu einer Steigerung ihrer Lebensqualität beigetragen hätte.

5 Umgangsweisen mit Diskriminierungen

Mittels der Mehrebenenanalyse wird analysiert, wie mehrfache Diskriminierungen die Handlungsoptionen der Betroffenen prägen. Die Mehrebenenanalyse ist eine Methode, die soziale Praxen in den Blick nimmt und die dort auffindbaren Differenzierungskategorien auf der Identitäts-, Repräsentations- und Strukturebene vor allem in ihren Wechselwirkungen (Intersektionen) untersucht (vgl. Kapitel Forschungsdesign). Es dominiert in dieser Analyse von sozialen Praxen immer die Perspektive der Handelnden.

In der Deutung von Diskriminierungserfahrungen verweisen die Befragten in unterschiedlicher Weise auf gesellschaftliche Strukturen, symbolische Repräsentationen und Identitätskonstruktionen. Anhand der in der Befragung vorkommenden Karrierenarrative lassen sich verschiedene Richtungen der Zusammenhänge von strukturellen Bedingungen am Arbeitsmarkt und im Bildungssystem, Vorstellungen von Leistungsfähigkeit und einer gelungenen Berufsbiografie sowie Identitätskonstruktionen identifizieren. Die jeweilige Art von Wechselwirkungen auf diesen Ebenen wird durch die Mehrebenenanalyse herausgearbeitet, da sie die Handlungsmöglichkeiten der Betroffenen prägt. Die Ergebnisse zeigen, dass dabei die Wechselwirkungen von Ungleichheiten auf der Struktur- und Repräsentationsebene besonders wichtig sind. Verweisen diese aufeinander, so wird ein Ankämpfen gegen die daraus resultierenden Benachteiligungen erschwert und Subjektpositionen werden defensiv. Widersprechen sie einander oder werden in symbolischen Repräsentationen begründete Ungleichheiten durch Maßnahmen auf der Strukturebene kompensiert, so ist ein Ankämpfen gegen Diskriminierungen leichter möglich und Subjektpositionen können widerständisch sein. Verweisen Strukturebene, die Ebene der symbolischen Repräsentationen und Identitätskonstruktionen in Karrierenarrativen aufeinander, so kann dies zur Leugnung oder Umdeutung von Diskriminierungserfahrungen führen.

5.1 Angepasste Personen, die Diskriminierungen nicht wahrnehmen

Ungleichheiten auf der Strukturebene und der Ebene der symbolischen Repräsentationen konvergieren hier mit Identitätskonstruktionen, also mit Aspekten, die das Verhältnis der Betroffenen zu sich selbst bestimmen. Dies zeigt sich durch die Übernahme von gesellschaftlichen Normen, Werten und Zuschreibungen durch die Betroffenen in ihrer Selbstdarstellung. Diese Übernahme erfolgt unabhängig davon, ob die Betroffenen dadurch benachteiligt werden oder nicht. Ein Beispiel hierfür wären etwa tradierte Geschlechterbilder, mit denen sich Frauen identifizieren, obwohl sie durch diese stärker benachteiligt werden als Männer.

Karrierenarrative folgen hier hegemonialen Imperativen von Leistungsfähigkeit und Flexibilität, was dazu führt, dass Benachteiligungen und Diskriminierungen in der eigenen Berufsbiografie entweder nicht als solche wahrgenommen oder in „Erfolgsgeschichten" umgedeutet werden. Die tendenzielle Subjektivierung von Arbeit im Zusammenhang mit dem Aufstieg des Dienstleistungssektors und der Wissensarbeit sowie hegemoniale Diskurse von Eigenverantwortung für die eigene Berufsbiografie führen auch im Falle eines beruflichen Scheiterns zur Anerkennung von Eigenverantwortung. Kollektive Erklärungsmuster und Fremdschuldzuweisungen nehmen demgegenüber an Bedeutung ab.

Dieses Narrativ steht mit den strukturellen Entwicklungen am Arbeitsmarkt sowie mit meritokratischen Prinzipien im Einklang und kann auch in Krisenerfahrungen integriert werden. Dies verweist auf die Anforderung an Individuen, sich selbst als GestalterInnen der eigenen Berufsbiografien zu präsentieren. „Betroffene" oder „Opfer" von Diskriminierungen und Benachteiligungen zu sein, findet keinen Platz in den Identitätskonstruktionen der AkteurInnen, weil dies als nicht vereinbar mit Diskursen und Normen von Leistungsbereitschaft, Selbstverantwortung und Flexibilität gilt. Im Einklang mit diesen Normen stehen dagegen positive Deutungen der Berufsbiografie aus der Retrospektive, die die Identitätskonstruktionen einer „erfolgreichen Arbeitskraft" stärken. Dieses Karrierenarrativ fand sich vorwiegend bei befragten hochqualifizierten Frauen, die über ihre Diskriminierungserfahrungen im Interview entweder erst auf Nachfrage berichteten oder aber diese im Interview aus der Retrospektive heraus positiv umdeuteten.

5.2 Widerständige Personen, die Diskriminierungen bekämpfen

Widersprechen Identitätskonstruktionen Ungleichheiten auf der Ebene der symbolischen Repräsentationen und werden diese auch durch strukturelle (Gleichbehandlungs-) Maßnahmen kompensiert, ist Widerstand gegen Diskriminierungen möglich. Anders als bei angepassten Subjekten werden hier Leistungs- und Flexibilitätsanforderungen sowie Vorstellungen über Eignungen für bestimmte Bildungs- oder Berufsfelder hinterfragt und bekämpft oder zumindest abgelehnt. Ein Beispiel hierfür wären etwa Zuschreibungen eines verminderten Intellekts an SchülerInnen mit niedrigem sozioökonomischem Status aus bildungsfernen Familien, gegen die sich die betroffenen SchülerInnen wehren. Ein anderes Beispiel sind Zuschreibungen einer mangelnden Leistungsfähigkeit oder Eignung von Frauen für männerdominierte Berufsfelder, gegen die Betroffene ebenfalls Widerstand leisten können. Widerstand heißt nicht immer Bekämpfung von Diskriminierungen und Benachteiligungen, sondern kann sich auch in der Abwehr von Diskriminierungen ausdrücken, z. B. indem diesen aus dem Weg gegangen wird. Ein Wechsel von ArbeitgeberInnen ist möglich, weil der Zugang zum Arbeitsmarkt für die Betroffenen nicht durch strukturelle Diskriminierungen beschränkt ist. Das Abwehren oder das Vermeiden von Diskriminierungserfahrungen hat ein aktives Moment. Die AkteurInnen bleiben selbstverantwortliche GestalterInnen ihrer Berufsbiografien, sie verstehen sich nicht als Diskriminierungen hilflos ausgelieferte Opfer.

In Konstellationen, in denen es gegen benachteiligend wirkende symbolische Repräsentationen auch strukturelle Kompensationsmaßnahmen (Gleichbehandlungsrecht, Stipendiensysteme, etc.) gibt, sind die Handlungsmöglichkeiten der Betroffenen größer. Diskriminierte Personen können sich beispielsweise auf das Gleichbehandlungsrecht berufen und Diskriminierungen – unterstützt von diversen NGOs der Rechts- und Sozialberatung – bekämpfen. Die Handlungsmöglichkeiten – so hat die Befragung gezeigt – erschöpfen sich jedoch nicht nur in der rechtlichen Geltendmachung, sondern zeigen sich auch darin, Diskriminierungen durch Arbeitsplatzwechsel aus dem Weg zu gehen oder sich direkt bei diskriminierenden AkteurInnen (Vorgesetzte, ArbeitgeberInnen) oder BelästigerInnen zu beschweren.

Widerstand ist den Betroffenen nicht zuletzt deshalb möglich, weil sie mit Ressourcen wie Bildung, sozialen Netzwerken und Sprachkenntnissen ausgestattet sind. Hierdurch kennen sie ihre Rechte und Handlungsmöglichkeiten bzw. haben die Kompetenz, sich dahingehend zu informieren. Wie die Ergebnisse der Befragung jedoch auch gezeigt haben, führt Widerstand gegen Diskriminierungen insbesondere am Arbeitsmarkt in den seltensten Fällen zum Erfolg für die Betroffenen. Widerstand bleibt entweder folgenlos, oder es kommt zur Kündigung. Im letzteren Fall ist es von zentraler Relevanz, ob die Betroffenen Alternativen am Arbeitsmarkt vorfinden oder nicht. Während insbesondere qualifizierte Frauen ohne Migrationshintergrund, die von Sexismen betroffen sind, solche Alternativen durchaus vorfinden (zumindest wenn sie nicht aufgrund des Familienstandes anfällig für Diskriminierungen sind), sind diese für Betroffene von Bodyismen und Rassismen beschränkt.

5.3 Passive Personen, die Diskriminierungen hinnehmen

Verstärken sich Ungleichheiten auf der Strukturebene und auf der Ebene der symbolischen Repräsentationen, stehen aber im Widerspruch zu Identitätskonstruktionen und gibt es keine (faktischen) Kompensationsmaßnahmen für Diskriminierungen, so führt dies zu defensiven Subjektpositionen. Betroffene müssen Diskriminierungen in diesen Fällen hinnehmen, ihr Handeln ist fremdbestimmt und davon geprägt, auf äußere Umstände zu reagieren. Emotionen von Ohnmacht, Angst und Hilflosigkeit können dabei eine besondere Rolle spielen. Selbst wenn Handlungsmöglichkeiten gesehen werden, um Diskriminierungen zu bekämpfen, so haben existenzielle Sorgen um das Auskommen und den Unterhalt oft Priorität für die Betroffenen. Durch die eingeschränkten Handlungsmöglichkeiten kommt es in solchen Fällen auch zu wiederholten Diskriminierungs- bzw. Benachteiligungserfahrungen.

Dieses Hinnehmen(-Müssen) von Diskriminierungen findet sich vorwiegend bei Befragten, die von Rassismen oder Bodyismen betroffen sind. Rassistische Ungleichheiten auf der Strukturebene (beispielsweise eingeschränkte Arbeits- oder Aufenthaltsbewilligung und die fehlende Anerkennung von im Herkunftsland erworbenen Qualifikationen) werden verstärkt durch symbolische Repräsentationen, wonach MigrantInnen – insbesondere Drittstaatsangehörige – schlechte Sprachkenntnisse und Qualifikationen hätten und daher als Arbeitskräfte jenseits des Hilfsarbeitsmarktes nicht attraktiv wären. Bodyistische Ungleichheiten auf der Strukturebene (beispielsweise kollektivvertragliche Regelungen, die zu erhöhten Entgeltansprüchen älterer Erwerbstätiger führen, Pensionsantrittszeiten, Kündigungsschutz für begünstigt behinderte Personen o.ä.) konvergieren mit symbolischen Repräsentationen, wonach ältere Erwerbstätige oder Erwerbstätige mit Behinderungen gleichzeitig teurer, unflexibler einsetzbar und weniger leistungsfähig seien. Diese Wechselwirkungen auf der Struktur- und der Repräsentationsebene führen zu Barrieren im Zugang zu Arbeit, gegen die die Betroffenen nur schwer Widerstand leisten können, die aber auch nicht zu leugnen sind.

Unter Anwendung der Mehrebenenanalyse konnte ein weiterer Blick auf die Auswirkungen von mehrfachen Diskriminierungen geworfen werden: Nicht nur die Dimensionen von mehrfachen Diskriminierungen (Differenzkategorie, Tatbestand und insbesondere Zeit) prägen diese Auswirkungen, sondern auch die spezifische Art der Wechselwirkungen zwischen Ungleichheitsebenen, die hinter den jeweiligen Diskriminierungen steht.

Die Analyse zeigt, dass vor allem sich wechselseitig verstärkende Benachteiligungen auf der Strukturebene und der Ebene der symbolischen Repräsentationen zu Barrieren im

Zugang zu (alternativer) Arbeit führen, was die Handlungsmöglichkeiten der Betroffenen gegen Diskriminierungen erheblich einschränkt – sie müssen vielmehr froh sein, überhaupt Arbeit zu haben oder müssen im Falle von Einstellungsdiskriminierungen rasch neue Arbeit finden, um ihr Auskommen zu sichern, anstatt sich dagegen zu beschweren. Diese Tendenzen finden sich insbesondere bei strukturellen Rassismen und strukturellen Bodyismen, die auf der Ebene der symbolischen Repräsentationen durch Vorstellungen über bestimmte Personengruppen verstärkt werden. Die Identitätskonstruktionen der Betroffenen stehen zwar im Widerstand gegen diese Strukturen und Repräsentationen, dieser Widerstand kann sich aber – beschränkt durch die diskriminierenden Strukturen – nicht auf der Handlungsebene manifestieren.

Insbesondere im Hinblick auf Sexismen und Klassismen haben sich auf struktureller Ebene Kompensationsmaßnahmen etabliert. Jedoch verringern diese nicht unbedingt die Ungleichheiten, sondern führen eher dazu, dass diese sich auf die Ebene der symbolischen Repräsentationen verschieben. ArbeitgeberInnen hören dadurch nicht auf, Frauen zu diskriminieren; bildungsferne Familien fangen dadurch nicht automatisch an, ihre Kinder im Zugang zu höherer Bildung zu unterstützen. Dennoch ist es für die Betroffenen leichter, Widerstand zu zeigen, da sie die „Strukturen" (Gesetze, etc.) und manchmal zusätzlich auch MentorInnen auf ihrer Seite haben, die im Widerstand unterstützen. Am Arbeitsmarkt stehen zudem – im Falle von hohen Qualifikationen – Alternativen zur Verfügung.

5.4 Resümee

In der Auswertung der 40 geführten Interviews stand die Frage im Zentrum, wie relevant mehrfache Diskriminierungen für Betroffene und ihre Berufsbiographien sind. Mit Relevanz sind einerseits die Häufigkeit ihres Auftretens und andererseits ihre Auswirkungen gemeint. Unter Anwendung der im Rahmen der Untersuchung entwickelten mehrdimensionalen Definition von mehrfachen Diskriminierungen ist die Frage nach der Häufigkeit leicht zu beantworten. Praktisch alle betrachteten Berufsbiographien weisen Merkmale mehrfacher Diskriminierung auf. Die Frage nach der Relevanz von mehrfachen Diskriminierungen hinsichtlich deren Auswirkungen kann mit den vorliegenden Untersuchungsergebnissen nicht allgemein beantwortet werden. Hier muss vorerst der Frage nachgegangen werden, ob sich Benachteiligungsmuster herausfiltern lassen. Weiters bedarf es einer Unterscheidung, in welchen Stadien von Berufsbiographien Diskriminierungen vorkamen und in welcher Qualität und Dimension sie verwirklicht wurden. Aus dem subjektiven Erleben der befragten Personen allein lassen sich diese Fragen nicht hinlänglich beantworten. Daher wurden mithilfe einer Mehrebenenanalyse auch die Handlungsoptionen der Betroffenen im Umgang mit Benachteiligungs- und Diskriminierungserfahrungen typologisiert und bewertet.

Anhand der Lebenslagen der Befragten wurden drei Typen gebildet, die untereinander kaum vergleichbar sind. Erstens hochqualifizierte Frauen mit starker Karriereorientierung, zweitens Personen mit Migrationsgeschichte, die unabhängig von ihrer Qualifikation auf den Hilfsarbeitsmarkt verwiesen werden und drittens Personen, die von Zuschreibungen einer eingeschränkten Leistungsfähigkeit betroffen sind, die an ihren Körpern festgemacht werden.

Aus allen Interviews ging hervor, dass die Benachteiligungstatbestände der Belästigungen (allgemein, sexuell und rassistisch) und der unmittelbaren Benachteiligung in Form von Einstellungsdiskriminierung, Aufstiegs- oder Entgeltdiskriminierung am häufigsten vorkommen. Mittelbare Diskriminierung durch Vorschriften oder Regelungen trifft in erster Linie Personen mit Migrationsgeschichte aufgrund von expliziten und formalen Zugangsbeschränkungen zum Arbeitsmarkt, aufgrund mangelnder Möglichkeiten der Anerkennung von Bildungsabschlüssen oder aufgrund von Sprachstands- und Kleidungsvorschriften. Während die Benachteiligungen in den Berufsbiographien der ersten Gruppe von Aufstiegs- und Entgeltdiskriminierungen, zum Teil sexuellen Belästigungen dominiert sind, sind es Einstellungsdiskriminierungen und Belästigungen in der zweiten Gruppe und Beendigungs- und Wiedereinstellungsdiskriminierungen in der dritten Gruppe.

Mit Blick auf die Kategorisierungen ergibt sich ebenfalls ein nach den drei Typen unterschiedliches Bild. In der ersten Gruppe spielen das Geschlecht oder mit dem sozialen Geschlecht verbundene Zuschreibungen und Positionierungen eine maßgebliche Rolle. In der zweiten Gruppe stehen neben den erwähnten rechtlich-strukturellen Beschränkungen Rassifizierungen, religionsbezogene Vorbehalte und xenophobe Haltungen im Zentrum. In der dritten Gruppe sind die Kategorisierungen Alter, Behinderung oder Krankheit die bestimmenden Faktoren der Diskriminierungserfahrungen. Geschlechtsidentifikation, ethnische oder kulturelle Zugehörigkeit, Alter sowie soziale Positionierung im bisherigen Berufsleben (Einstieg, Kontinuität, Aufstieg etc.) haben in Kombination mit jeweils anderen Kategorisierungen jedenfalls immer einen Einfluss auf die Tatbestandsausformung.

Können wir daraus „Haupt- und Nebenkategorien" schließen? Das scheint aus mehreren Gründen nicht angebracht zu sein. Erstens sind diese „Haupt- und Nebenkategorien" durch das Sample mitbestimmt, das von hochqualifizierten Frauen ohne Migrationshintergrund und Migrantinnen, deren Ausbildungen in Österreich nicht anerkannt wurden, dominiert wird. Zweitens wurde eine Typologie nach berufsbiographisch bestimmten Lebenslagen für analytische Zwecke gebildet. Diese Vorgangsweise nimmt freilich Einfluss auf die Bedeutung bestimmter Kategorisierungen. Drittens, und am wichtigsten, ist es nicht die Kategorisierung selbst, sondern ihre Verortung auf einer bestimmten, Ungleichheit generierenden gesellschaftlichen Ebene, die sie zur „wirksameren" Differenzkategorie macht.

Ein wichtiges Ergebnis, das für alle gebildeten Typen von Lebenslagen gilt, ist, dass die zeitliche Dimension, nämlich Zeitpunkt(e) der Benachteiligungen, Häufigkeit und Dauer den entscheidenden Einfluss auf ihre Auswirkungen zeitigt. Das gilt unabhängig von den Tatbeständen und den involvierten Kategorisierungen.

Was die Auswirkungen und Folgen betrifft, können ebenfalls Gemeinsamkeiten über alle drei zusammengefassten Gruppen gefunden werden. Allerdings unterscheiden sie sich auch hier betreffend das Ausmaß und die Beeinträchtigung der jeweiligen Personen. So führen sie direkt oder indirekt langfristig fast immer zu Einbußen im Lebenseinkommen, in manchen Fällen jedoch unmittelbar und kurzfristig zu Armutsgefährdung und Existenzbedrohung, abhängig von der Lebenslage der betroffenen Person. Es lässt sich nicht bestimmen, welche Tatbestandskombinationen und welche Kombinationen von Kategorisierungen welche spezifischen Auswirkungen haben, weder bezüglich Qualität noch bezüglich Intensität. So können Aufstiegsdiskriminierungen in einigen Fällen mit schweren psychischen Folgen verbunden sein, Belästigungen und Herabwürdigungen in anderen Fällen wiederum „einfach weggesteckt" werden. Insgesamt hat die Analyse der Interviews gezeigt, dass mehrfache Diskriminierungen in den meisten Fällen direkte berufsbiographische Folgen

auslösen, die immer mit ökonomischen Auswirkungen verbunden sind. Persönliche und psychische Auswirkungen nehmen in allen Fällen mittelbar Einfluss auf die Berufsbiographie und das Einkommen. Aus Sicht der Betroffen kann die Frage nach den Auswirkungen mehrfacher Diskriminierung demnach beantwortet werden. Mehrfache Diskriminierungen haben einen anderen Einfluss auf Berufsbiographien als einfache Diskriminierungen, wenn
- die Diskriminierung häufig oder lang andauernd erfolgt, oder
- eine involvierte Differenzkategorie strukturell benachteiligt wird, oder
- eine weitere zur „eindimensionalen" Benachteiligung hinzukommende Dimension eine entscheidende Veränderung der Lebenslage verursacht, oder
- mehrere der angeführten Punkte zusammentreffen.

Um Aufschluss darüber zu bekommen, unter welchen Bedingungen diese Mechanismen wirksam werden und welche Auswirkungen damit verbunden sind, wurde untersucht, wie die Wechselwirkung zwischen Struktur-, Repräsentations- und Identifikationsebene die Handlungsmöglichkeiten für die betroffenen Personen bestimmt. Dabei wurde sichtbar, dass bei Konvergenz von Ungleichheit auf allen drei Ebenen eine Neigung zur Leugnung von Diskriminierungserfahrungen besteht. Widersprechen die Identitätskonstruktionen der Betroffenen Ungleichheiten auf der Repräsentationsebene und werden diese Ungleichheiten auch durch strukturelle Regelungen kompensiert, so kann eine Tendenz zum Widerstand gegen Ungleichheit und erlittenes Unrecht festgestellt werden. Widerstand ist aber nur dann möglich, wenn die Betroffenen nicht durch strukturelle Benachteiligungen im Zugang zum Erwerbsarbeitsmarkt eingeschränkt sind. Eine dritte Gruppe ist faktisch gezwungen, Benachteiligung hinzunehmen, nämlich dann, wenn sich Ungleichheiten zwischen der Strukturebene und der Ebene der symbolischen Repräsentationen gegenseitig verstärken, wie dies für die Gruppe der auf den Hilfsarbeitsmarkt beschränkten Personen auch gezeigt werden konnte.

Präferenzen und Einstellungen von ArbeitgeberInnen

Im Zuge der Studie erfolgten Befragungen von ArbeitgeberInnen und PersonalvermittlerInnen mit dem Ziel, deren Einstellungen und Haltungen[26] gegenüber ArbeitnehmerInnen zu analysieren. Dabei geht es um Anforderungen an Arbeitskräfte jenseits von Qualifikationen. Kategorisierende Haltungen von ArbeitgeberInnen, die sich als Anforderungen an Arbeitskräfte jenseits der Qualifikationen zeigen können, führen – wenn sie sich in konkreten Handlungen ausdrücken – zu Benachteiligungen am Arbeitsmarkt und können auch zu unterschiedlichen Diskriminierungstatbeständen führen. Kategorisierende Haltungen von ArbeitgeberInnen können aber auch zur Begründung oder Rechtfertigung von Diskriminierungen dienen und auch so eingesetzt werden.

Die Gegenüberstellung der Erfahrungen der befragten ExpertInnen sowie der Betroffenen mit Einstellungen und Haltungen von DienstgeberInnen zeigt deutlich, dass es sich bei den Erfahrungen der Betroffenen von Diskriminierung nicht nur um subjektive Deutungen von Einzelschicksalen handelt. Benachteiligungserlebnisse am Arbeitsmarkt sind mit negativ wertenden Haltungen von DienstgeberInnen verbunden, die identifizierbaren Mustern folgen.

Bereits die explorative Fokusgruppe mit MitarbeiterInnen des Arbeitsmarktservice, die arbeitsuchende Personen an personalsuchende Betriebe in verschiedenen Branchen vermitteln, ergab, dass unter ArbeitgeberInnen Haltungen verbreitet sind, die mit bestimmten arbeitsmarktrelevanten Zuschreibungen an Personen(gruppen) einhergehen. Diese Zuschreibungen werden von DienstgeberInnen mit spezifischen Anforderungen in der jeweiligen Branche (z.B. körperliche Leistungsfähigkeit, Erfordernisse im KundInnenkontakt etc.) verknüpft. Über die Analyse von Einstellungen und Haltungen hinaus konnten aus den Befragungen auch Faktoren identifiziert werden, die von ArbeitgeberInnen zur Ablehnung von bestimmten Gruppen von Arbeitskräften herangezogen werden. Dabei wird von DienstgeberInnern auf „Fähigkeiten" oder „Eigenschaften" von Personen verwiesen, die aus Zuschreibungen an persönliche Charakteristika abgeleitet werden. Solche persönlichen Charakteristika werden von ArbeitgeberInnen mit den Anforderungen ihrer jeweiligen Branche verknüpft und gelten dementsprechend als Anforderungen an potenzielle MitarbeiterInnen jenseits der Qualifikationen, die sie sich am Arbeitsmarkt oder im Bildungssystem angeeignet haben.

1 Einstellungen und Haltungen gegenüber ArbeitnehmerInnen in verschiedenen Branchen

Um ein möglichst breites Bild dieser Einstellungen und Haltungen von ArbeitgeberInnen zeichnen zu können, wurden ArbeitgeberInnen in verschiedenen Branchen befragt, die Angaben der PersonalvermittlerInnen wurden ergänzend berücksichtigt. Die Ergebnisse weisen deutlich darauf hin, dass sowohl die Haltungen von ArbeitgeberInnen bestimmten Personengruppen gegenüber als auch die Begründungen für diese Haltungen und die daraus

---

26 Während mit dem Begriff „Einstellung" die persönliche, innere Gesinnung eines Menschen bezeichnet wird, verweist der Begriff „Haltungen" nach außen und macht deutlich, dass hieraus diskriminierendes Verhalten resultieren kann, was im Rahmen der Untersuchung relevant war.

resultierende Ablehnung von bestimmten Personengruppen unter Bezugnahme auf branchenspezifische Anforderungen erfolgt. Neben der Qualifikation der Arbeitskräfte spielen vorwiegend Kriterien der „Passfähigkeit" eine Rolle, die wiederum an Kategorisierungen festgemacht wird. Passfähigkeit betrifft verschiedene Aspekte der Arbeit und des Betriebes, etwa die Teamzusammensetzung, den KundInnenkontakt, bestimmte branchenspezifische Anforderungen, die nicht mit Qualifikationen oder Berufserfahrung allein erreicht werden können. Auf diese unterschiedlichen Kriterien der Passfähigkeit, die von ArbeitgeberInnen in den Interviews eingebracht wurden, wird im ersten Abschnitt separiert nach Branchen eingegangen.

1.1 „Die Verkäuferin muss zum Produkt passen!"
Handel

Die Handelsbranche ist heterogen strukturiert, sowohl hinsichtlich der angebotenen Produkte (von Lebensmitteln über technische Geräte bis hin zu Möbeln) als auch der Betriebsgrößen (vom Einzelhandel bis hin zu großen international operierenden Kaufhausketten). Tätig sind hier ArbeitnehmerInnen mit unterschiedlichen Qualifikationsniveaus, HilfsarbeiterInnen genauso wie qualifizierte Beschäftigte im gehobenen Fachhandel.

Die Handelsbranche ist bis auf wenige Segmente frauendominiert. Die befragten AMS-ExpertInnen erwähnen diesbezüglich unter Bezugnahme auf ihre Erfahrungen, dass auf ArbeitgeberInnenseite Vorstellungen existieren, wonach insbesondere junge Frauen freundlicher seien und Produkte „sympathischer" verkaufen könnten als ältere Personen oder Männer. Als zentrale Eigenschaften und Qualifikationen für den Verkauf werden soziale Kompetenzen erwähnt, die Frauen eher zugeschrieben werden als Männern. Aus diesem Grund wird von DienstgeberInnen bei der Besetzung von Stellen gezielt nach jungen Frauen gesucht, so die Erfahrungen der AMS-ExpertInnen. Ein zweiter Erklärungsgrund für die Frauendominanz laut den Befragten ist das Vorherrschen von Teilzeitmodellen im Handel, die eher für junge Frauen mit kleinen Kindern attraktiv sind als für Männer. Nach Angaben der befragten AMS-MitarbeiterInnen wird im Handel zwar eine gewisse Flexibilität von DienstnehmerInnen hinsichtlich der Arbeitszeit vorausgesetzt, gleichzeitig versuchen aber gerade größere Unternehmen, auf familiäre Betreuungspflichten der Beschäftigten Rücksicht zu nehmen und die Vereinbarkeit von Beruf und Familie zu erleichtern. Über Zuschreibungen einer Vereinbarkeitsproblematik an Frauen, die sie als Arbeitskräfte weniger attraktiv erscheinen lassen als Männer, wurden im Handel kaum berichtet.

Die Personalverantwortliche eines international tätigen Unternehmens im gehobenen Textilhandel gibt an, dass es in ihrem Unternehmen ältere Dienstnehmerinnen gäbe, die für KollegInnen mit kleinen Kindern im Falle eines Arbeitsausfalles wegen der Betreuung einspringen. Zudem werden auch Männer, die in Karenz gehen wollen, unterstützt. Die Aussagen der befragten Personen[27] im Handel lassen daher vermuten, dass die Situation für Arbeitskräfte mit Betreuungsverpflichtungen in dieser Branche vergleichsweise vorteilhaft ist, nicht zuletzt auch, weil junge Frauen eine bevorzugte Gruppe im Handel sind. Allerdings kann sich die Bevorzugung von jungen Frauen benachteiligend für ältere weibliche

---

27 Die beiden InterviewpartnerInnen im Handel waren Personalverantwortliche der Unternehmen und nicht ArbeitgeberInnen i.e.S. (z.B. GeschäftsführerInnen). ArbeitgeberInnen im Einzelhandel wurden nicht interviewt.

Arbeitsuchende auswirken, wenn ArbeitgeberInnen beispielsweise, wie von den befragten AMS-ExpertInnen bestätigt, das AMS oder auch PersonalvermittlerInnen anweisen, ihnen nur weibliche Arbeitskräfte mit maximal zwei bis drei Jahren Berufserfahrung zu vermitteln.

Doch nicht nur ältere Frauen, auch Personen mit Migrationsgeschichte (Frauen ebenso wie Männer) können in der Handelsbranche mit Benachteiligungen konfrontiert sein. Laut den befragten AMS-ExpertInnen gehen DienstgeberInnen häufig davon aus, dass Personen mit Migrationsgeschichte schlechte Deutschkenntnisse und eine weniger engagierte Arbeitsmentalität als ÖsterreicherInnen haben. Zumeist entstehen solche Stereotype von DienstgeberInnen aus negativen Erfahrungen mit einzelnen Personen, die dann auf alle vermeintlichen Mitglieder einer bestimmten Gruppe übertragen werden. Hierzu ein Beispiel eines befragten AMS-Mitarbeiters:

> Also, ich habe einmal eine Firma betreut und da waren mehrere Schwarze und da hat es dann einmal einen Kriminalfall gegeben, da ist die Polizei gekommen und hat den Spind von dem einen ausgeräumt. Der hatte fünf Pässe in seinem Spind, der Schwarze, der hatte also fünf Identitäten. Und man hat natürlich nicht gewusst: Warum hat der fünf Identitäten? Und der [Chef von der Firma] hat dann natürlich auch gesagt: So und ab jetzt sind die für mich gestorben, ab jetzt stelle ich keinen Schwarzen mehr ein. [AMS_4]

Im betreffenden Betrieb gab es zum damaligen Zeitpunkt noch fünf weitere DienstnehmerInnen mit dunkler Hautfarbe, mit denen es keine Probleme gab. Dennoch führte der eine Fall dazu, dass der Arbeitgeber in Zukunft überhaupt keine Personen mit dunkler Hautfarbe mehr einstellen will.

Diese wertenden Haltungen können so weit gehen, dass ArbeitgeberInnen sich gegenüber dem AMS oder auch gegenüber PersonalbereitstellerInnen gänzlich weigern, arbeitsuchende Personen mit Migrationsgeschichte überhaupt zu einem Vorstellungsgespräch einzuladen. So ist es nach Angabe der befragten AMS-ExpertInnen durchaus üblich, dass auch qualifizierte Menschen mit Migrationsgeschichte im Handel schon abgelehnt werden, bevor es zu einem persönlichen Kontakt gekommen ist. Die befragten AMS-ExpertInnen merken an, dass diese Zuschreibungen Menschen mit einem ausländisch klingenden Namen betreffen können, also unabhängig von StaatsbürgerInnenschaft, Sprachkenntnissen oder Geburtsort der betroffenen Arbeitskräfte vorherrschen.

Die Ablehnung von Personen mit Migrationsgeschichte wird in erster Linie mit Zuschreibungen von fehlenden oder schlechten Deutschkenntnissen begründet. In den Interviews wird von den befragten Personalverantwortlichen im Handel bestätigt, dass schlechte Deutschkenntnisse intern ein Problem seien, wenn Arbeitsanweisungen nicht verstanden würden. Eine der Befragten schildert das Beispiel einer Frau mit Migrationsgeschichte, die die Kasse nicht bedienen konnte und aufgrund mangelnder Deutschkenntnisse auch nicht eingeschult werden konnte. Fremdsprachkenntnisse werden von beiden Befragten allerdings als Ressource im KundInnenkontakt geschätzt, weshalb beide Unternehmen auch Personen mit Migrationsgeschichte beschäftigen. Dies ist insbesondere vor dem Hintergrund der veränderten demografischen Struktur in manchen Stadtbezirken sinnvoll, wo Personen mit Migrationsgeschichte bereits einen Großteil der KundInnen ausmachen. Die beiden Befragten bringen daher ein, dass Personen mit Migrationsgeschichte bzw. nichtösterreichischer Staatsbürgerschaft in den Unternehmen bei entsprechender Leistung und

Qualifikation eine wichtige Ressource sind und daher auch Führungspositionen erreichen können.

Besonders benachteiligt sind im Handel auch Personen, die sichtbare Zeichen ihrer Religionszugehörigkeit tragen. Vor allem das muslimische Kopftuch ist nach den Erfahrungen der AMS-MitarbeiterInnen ein Zeichen, demgegenüber ArbeitgeberInnen – insbesondere in Branchen mit KundInnenkontakt –ablehnende Haltungen einnehmen.

> Die wollen keine Frauen mit Kopftuch, weil der Kunde, also der Kaufkunde das dann nicht annimmt. Ganz klar, also sie wollen das nicht und das ist die Philosophie von vielen großen Handelsketten, auch von kleinen Firmen: Der Kunde ist König, so nach dem Motto. Und sie wollen das [muslimische Frauen] nicht, weil sie eben dann Angst haben, dass die Kunden dann nicht mehr in ihr Geschäft kommen. [AMS_1]

Die beiden befragten Personalverantwortlichen großer Handelskonzerne widersprechen den Angaben der AMS-MitarbeiterInnen. Die Befragte im gehobenen Textilhandel gibt an, dass sie zwar selbst nicht darüber informiert wäre, ob Frauen mit Kopftuch in bestimmten Filialen beschäftigt seien, dass es im Unternehmen aber kein „Kopftuchverbot" gäbe und die Beschäftigung von Frauen mit Kopftuch (bei guten Deutschkenntnissen) in Filialen in Bezirken und Gebieten mit hohen MigrantInnenanteilen durchaus denkbar und sinnvoll sei. Die zweite Interviewpartnerin gibt an, dass in ihrem internationalen Handelsunternehmen auch Frauen mit muslimischem Kopftuch beschäftigt seien. Diese erhalten ein Dienstkopftuch, das passend zur Dienstkleidung gefertigt wird. Von Seiten des Unternehmens stellt auch das Einhalten der islamischen Gebetszeiten keine Schwierigkeit dar, diese gelten als Arbeitspausen. Allerdings kommt es nach Angabe der befragten Personalverantwortlichen des Öfteren vor, dass muslimische Personen mit verbalen Übergriffen von Seiten der KundInnen konfrontiert sind. Ebenso werden an das Management immer wieder Beschwerden von KundInnen hinsichtlich der Nationalität oder Religionszugehörigkeit der VerkäuferInnen herangetragen. Hier stellt das Unternehmen Konfliktbeauftragte zur Verfügung, die in diesen Fällen eingreifen.

Diese Unterschiede in den Angaben der befragten AMS-ExpertInnen und der beiden ArbeitgeberInnen können verschiedene Gründe haben. Möglicherweise hat das AMS eher Kontakt mit ArbeitgeberInnen im Einzelhandel, für die das Tragen eines Kopftuches im KundInnenkontakt ein größeres Hindernis darstellt, wohingegen große, international tätige Handelskonzerne hierin keine Schwierigkeit sehen.

Eine geringere Leistungsbereitschaft und Leistungsfähigkeit wird nicht nur an der Kategorisierung Migrationsgeschichte, sondern auch am körperlichen Erscheinungsbild festgemacht. Dies kann zur Benachteiligung von übergewichtigen Personen im Handel führen. Darüber hinaus wird nach den ExpertInnenerfahrungen von DienstgeberInnen argumentiert, dass übergewichtige Personen nicht zum Image der Produkte, die verkauft werden sollen, bzw. zum Image des Betriebes passen. Übergewichtige Personen werden mit Trägheit assoziiert, bzw. Trägheit gilt mitunter als Erklärungsfaktor für Übergewicht. Die Verweise auf das Image des Unternehmens bzw. des Produktes in der Begründung der Ablehnung von Personen mit Übergewicht verweist darauf, dass VerkäuferInnen bis zu einem gewissen Grad auch als WerbeträgerInnen angesehen werden. Die Frage nach der Durchführbarkeit dieser WerbeträgerInnenfunktion wird eher mit dem Erscheinungsbild der jeweiligen Personen beantwortet als an mit deren Qualifikationen

Diese Einschätzungen der befragten AMS-MitarbeiterInnen werden durch die befragten ArbeitgeberInnen bestätigt. Eine Personalverantwortliche, die sich selbst als körperbewusste Person versteht, verknüpft Übergewicht mit einer für sie problematischen Einstellung zum eigenen Körper und zur eigenen Gesundheit. Aus Übergewicht resultiere ihrer Ansicht nach mangelnde Fitness, die sich gerade für die hauptsächlich stehende Tätigkeit im Verkauf als Hindernis darstelle. Übergewicht wird von ihr zudem auch mit Ungepflegtheit gleichgesetzt.

Die befragten ExpertInnen vom AMS betonen die Relevanz des äußeren Erscheinungsbildes für DienstgeberInnen in der Handelsbranche generell. Im Verkauf sind ihrer Erfahrung nach junge, hübsche Frauen gefragt, wobei DienstgeberInnen unter „hübsch" in erster Linie schlank verstehen. Die Kategorien Alter (jung) und Körperbild (schlank) werden mit der Zuschreibung besonders umsatzförderlicher Verkaufsstrategien verknüpft.

> Und was mir auch noch aufgefallen ist: Im Trafikenbereich, der wird nur mit Frauen besetzt. Da wollen alle nur mit Frauen arbeiten, möglichst jung, möglichst hübsch. Ich habe dann einmal nachgefragt: Warum denn? Ja, Frauen verkaufen besser, Frauen betreiben mehr Small-Talk und das ist wichtig in der Trafik, weil der will ja nicht nur seine Zigaretten verkaufen, sondern auch seine Billets. Hübsch und schlank, schlank – da habe ich auch nachgefragt – weil ich in meinem Geschäft nicht mehr Platz habe. Das sind dann so kleine Trafiken und da können nur schlanke Personen arbeiten. Das sind aber keine Einzelfälle, das habe ich wirklich öfters gehört. [AMS_5]

Doch auch im gehobenen Fachhandel, etwa bei Textilien, spielt das Aussehen der VerkäuferInnen eine Rolle. Allerdings wird hier das gepflegte Erscheinungsbild der DienstnehmerInnen weniger an ein bestimmtes Körpergewicht geknüpft. Im Fachhandel sind eher Personen gefragt, die „etwas darstellen" und die unterschiedlichen KundInnen abbilden und ansprechen. In solchen Unternehmen gibt es oft Bekleidungsvorschriften für die VerkäuferInnen. Nach Angaben der AMS-MitarbeiterInnen und der befragten Personalverantwortlichen im Handel ist zu schließen, dass ältere DienstnehmerInnen im gehobenen Fachhandel eher geschätzt werden, da sie beim Verkauf Kompetenz und „Seriosität" vermitteln. Eine der beiden Personalverantwortlichen im Handel führt an, dass Teams mit ArbeitnehmerInnen ab Mitte 40, die schon lang für das Unternehmen beschäftigt sind, die erfolgreichsten seien.

Ältere DienstnehmerInnen können in der Handelsbranche generell durchaus mit Zuschreibungen einer mangelnden Leistungsfähigkeit konfrontiert sein. Insbesondere betrifft dies gering qualifizierte Bereiche. Hier stellen sich auch die höheren Entgeltansprüche dieser Personen im Vergleich zu jüngeren als Hürde für deren Zugang zu Arbeit dar. Diese unterschiedlichen Haltungen in Bezug auf das Alter von Arbeitskräften im Handel – in Trafiken wird „jung" mit erfolgreichen Verkaufsstrategien verknüpft, im gehobenen Textilhandel dagegen werden die mit höherem Alter verknüpften Kompetenzen und Erfahrungen wertgeschätzt – zeigen, dass sich Zuschreibungen auch innerhalb einzelner Branchen deutlich unterscheiden können, insbesondere wenn es sich um heterogene Branchen handelt.

Auch Personen mit Behinderungen sind in der Handelsbranche mit benachteiligenden Zuschreibungen konfrontiert. Während eine Beschäftigung behinderter Personen für eine befragte Personalverantwortliche im Büro durchaus denkbar ist, kann sie sich eine solche im Verkauf nicht vorstellen. Sie begründet dies mit dem Fehlen von sitzenden Tätigkeiten in diesem Bereich. Daraus lässt sich schließen, dass sie mit der Kategorisierung „Behinderung" in erster Linie RollstuhlfahrerInnen assoziiert. Die zweite befragte Personalverantwortliche legitimiert ihre mangelnde Bereitschaft, Personen mit Behinderungen einzustellen, mit der Teamzusammensetzung. Ihrer Ansicht nach „verträgt" ein Team nur eine bestimmte Anzahl an Personen mit Behinderungen, ansonsten würden die anderen DienstnehmerInnen überfordert werden.

Auch die befragten AMS-MitarbeiterInnen beobachten die Ablehnung von Personen mit Behinderungen unter ArbeitgeberInnen. Ihrer Ansicht nach besteht hier allerdings vor allem ein Informationsdefizit, da ihren Erfahrungen nach von ArbeitgeberInnen sowohl der Kündigungsschutz von begünstigt behinderten Personen als auch die (baulichen) Anforderungen für den Betrieb überschätzt werden. Fördermöglichkeiten für bauliche Veränderungen wie auch der gelockerte Kündigungsschutz für begünstigt behinderte Personen sind ihrer Erfahrung nach unter ArbeitgeberInnen noch weitgehend unbekannt. Diesbezüglich wird mangelnde Kommunikation zwischen dem für diese Förderungen zuständigen Bundessozialamt und den Betrieben identifiziert. Diese Einschätzung deckt sich mit jener des befragten Experten für die Diskriminierung von Personen mit Behinderungen (vgl. Kapitel zur ExpertInnenbefragung). Nach den Erfahrungen der AMS-ExpertInnen erfolgt die Ablehnung von Personen mit Behinderungen – im Vergleich zu anderen Gruppen wie Menschen mit Übergewicht oder Migrationsgeschichte – eher versteckt als offen. Die Befragten deuten dies als Mitgefühl der ArbeitgeberInnen gegenüber Personen mit Behinderungen. Zudem wird erklärend erwähnt, dass eine Behinderung jede Person treffen kann, weswegen hier wohl auch Betroffenheit mitspielt. Diese Betroffenheit führt allerdings nur zur versteckten Äußerung von ablehnenden Einstellungen und Haltungen und nicht notwendigerweise zur Hinterfragung dieser Einstellungen.

Die bisherigen Ausführungen beziehen sich vor allem auf Zuschreibungen einer mangelnden Leistungsfähigkeit, die an Kategorisierungen, wie Migrationsgeschichte, Alter, Übergewicht, Gepflegtheit und Behinderung festgemacht werden. Die Absprache von Leistungsfähigkeit und „Passfähigkeit" wird hier am körperlichen Erscheinungsbild festgemacht. Zuschreibungen einer mangelnden Leistungsfähigkeit werden aber auch an der Berufsbiografie festgemacht. Personen, die ihre Arbeitsstelle (zu) häufig wechseln, sowie Jugendliche mit abgebrochener Schulausbildung können ebenfalls mit Barrieren im Zugang zur Arbeit im Handelssektor konfrontiert sein.

Die befragten Personalverantwortlichen geben an, dass Motivation, Kommunikationsfähigkeit und eine positive Einstellung zum jeweiligen Unternehmen als wesentliche Eigenschaften potentieller DienstnehmerInnen angesehen werden. Im Fachhandel kommt hier noch eine einschlägige Ausbildung hinzu. Doch auch hier wird das Kriterium „verkaufen zu wollen und zu können" als zentral erachtet, wesentlicher noch als berufliche Erfahrung oder eine entsprechende Ausbildung.

1.2 „Arbeiten muss er können und wollen!"
Baugewerbe und Produktion

Insbesondere in der Baubranche verweisen ArbeitgeberInnen auf die Wichtigkeit der körperlichen Leistungsfähigkeit von ArbeitnehmerInnen. Nach den Angaben der befragten AMS-ExpertInnen sowie der ArbeitgeberInnen wird diese vorwiegend gesunden, jungen Männern zugeschrieben, während sie Frauen eher abgesprochen wird:

> Mit Frauen ist es grundsätzlich sehr schwierig, weil wir schwere Paletten transportieren und da ist die Frau vom Körperlichen her nicht so flexibel einsetzbar. [...] Da haben wir Produkte, die teilweise bis zu 35 Kilo wiegen und die werden in Serien gefertigt. Es gibt Frauen, die man dort einsetzen kann, aber das sind sehr, sehr, sehr wenige. Es kommen grundsätzlich schon sehr, sehr wenige Frauen, die sich überhaupt bewerben. [...] Ich könnte schon noch zwei Frauen nehmen, aber mit denen habe ich keine Freude, weil ich die nicht so flexibel einsetzen kann, das ist einfach für die Frauen vom Körperlichen her zu anspruchsvoll. [AG_1]

In der Aussage dieses Arbeitgebers wird die Verbindung der Kategorisierung Geschlecht weiblich mit unzureichender körperlicher Leistungsfähigkeit deutlich. Für diesen Arbeitgeber sind jedoch Frauen auch für Führungspositionen (die mit geringeren körperlichen Anforderungen einhergehen würden) unattraktiv, selbst wenn ihre Familienplanung bereits abgeschlossen ist. Hierbei verweist er auf die Zusammensetzung des Teams, das beinahe ausschließlich aus Männern mit Migrationsgeschichte aus unterschiedlichen Nationalitäten mit unterschiedlichen Religionsbekenntnissen besteht. Nach Angaben dieses Dienstgebers würden insbesondere muslimische Männer Frauen als Vorgesetzte ablehnen. So dient ihm die Vermeidung Frauen anzustellen der Vermeidung von Konflikten im Team, die einen reibungslosen Arbeitsablauf stören würden.

Im Zusammenhang mit der geäußerten Ablehnung von Frauen als MitarbeiterInnen und deren Begründung gibt der Befragte jedoch auch an, dass sich seinen Erfahrungen nach ohnehin nur wenige Frauen für eine Tätigkeit in der Baubranche interessieren. Ein befragter AMS-Experte erwähnt diese Tatsache ebenfalls. Seiner Ansicht nach werden Tätigkeiten in der Baubranche immer noch als „Männerberufe" klassifiziert, mit denen sich junge Mädchen nur schwer identifizieren können. Im Bürobereich der Baubranche, für den sich Frauen durchaus bewerben, ist den AMS-ExpertInnen bislang jedoch noch kein Fall von Geschlechterdiskriminierung bekannt geworden. Auch eine noch nicht abgeschlossene Familienplanung stellt ihrer Ansicht nach keinen Grund für eine Ablehnung von weiblichen BewerberInnen dar, da Unternehmen aus Kostengründen unerfahrene, junge Bürokräfte bevorzugen. Der befragte Arbeitgeber in der Holzverarbeitung gibt im Interview jedoch an, dass er Frauen auch im Bürobereich seines Betriebes nur ungern beschäftigt, weil Schwangerschaften und Kinderbetreuungszeiten zu Arbeitsausfällen führen, die seinem Betrieb Kosten verursachen. Ähnlich wie bei Personen mit Migrationsgeschichte werden diese Einstellungen und die zugehörigen Praxen, Frauen nicht einzustellen, mit schlechten Erfahrungen in der Vergangenheit begründet. Auch dieser Unternehmer hat bereits die Erfahrung gemacht, dass es durch Arbeitsausfälle aufgrund von Schwangerschaft und Karenzzeit zu Schwierigkeiten für den Betrieb kommt und Ersatzpersonen für die Ausfallzeiten zu organisieren sind, weswegen er ungern Frauen einstellt.

Fehlende Körperkraft und Arbeitsausfälle werden in der Baubranche auch älteren DienstnehmerInnen zugeschrieben, die zu Benachteiligungen sowohl bei der Einstellung als auch innerhalb von bestehenden Arbeitsverhältnissen führen können. Das Begründungsmuster von DienstgeberInnen ähnelt dem, wenn es um Frauen geht. Auch bei älteren Personen wird auf die fehlende Körperkraft und die Arbeitsausfälle (hier durch vermehrte Krankenstände oder Kuraufenthalte) verwiesen. Zudem werden von den befragten DienstgeberInnen arbeitsrechtliche Schutzbestimmungen für ältere MitarbeiterInnen erwähnt, die es diesen beispielsweise verbieten, schwere Lasten zu tragen. Hierdurch sind sie aus der Sicht von ArbeitgeberInnen – ähnlich wie Frauen – nicht so flexibel einsetzbar wie jüngere

Männer. Handelt es sich jedoch um langjährige Mitarbeiter (zumeist Männer), die im Betrieb „alt geworden" sind, so wird von ArbeitgeberInnen versucht, alternative Betätigungsfelder für diese zu schaffen. Oftmals kommt es dann zu einer „Verschiebung" der betroffenen Person ins Lager, was für den entsprechenden Dienstnehmer jedoch mit finanziellen Einbußen verbunden sein kann, da hier weniger Überstunden gemacht werden können. Der befragte Arbeitgeber über die Möglichkeit der Automatisierung von Arbeitsabläufen zur Verringerung der körperlichen Anforderungen an die Arbeitskräfte:

> Es entstehen auch Verschleißerscheinungen im Körper, wenn jemand jahrelang schwere Bretter vom Boden aufheben muss. Gleichzeitig gibt es neue Möglichkeiten der Automatisierung, die den Leuten die schwere Arbeit erleichtern, die gehen halt gleich sehr ins Geld. Eine solche Maschine kostet 100.000 Euro, für das kann ich vier Jahre lang einen Mitarbeiter zahlen. [AG_1]

Obwohl die körperlichen Anforderungen an eine Tätigkeit im Bau- und Baunebengewerbe größer sind als etwa in der Handelsbranche, wird übergewichtigen Arbeitskräften körperliche Leistungsfähigkeit nicht generell abgesprochen, wenn auch Übergewicht mit Trägheit erklärt werden kann.

> Die Leistungsfähigkeit bei Übergewichtigen ist sehr subjektiv zu sehen. Die Übergewichtigen schwitzen zwar viel und schnell, aber bringen schon auch die Leistung. Übergewicht ist grundsätzlich kein Hindernis, obwohl es sicher auch übergewichtige Menschen geben wird, die eine gewisse Trägheit auch an den Tag legen, was dann wahrscheinlich oft zu der Situation [Übergewicht] dann führt. [AG_1]

Anders ergeht es in der Baubranche nach Angaben der befragten AMS-ExpertInnen Personen mit Behinderungen. Auch in dieser Branche herrschen Antizipationen von Problemen in der Einschulung, mangelnder Leistungsfähigkeit und nötigen Umbauarbeiten, die bei der Anstellung von Personen mit Behinderungen selbst zu finanzieren sind. Der befragte Arbeitgeber in der Holzverarbeitung betont die Schwierigkeiten, die er mit Mitarbeitern mit Behinderungen hat. Die Einarbeitungsphase für diese Arbeitskräfte sei um einiges länger als bei Personen ohne Behinderungen, was er als sehr mühselig für die jeweiligen Schichtleiter beschreibt, was ihn aber nicht davon abhält, Personen mit Behinderungen „eine Chance zu geben".
Nach den Erfahrungen der befragten AMS-ExpertInnen erfolgt die Anstellung von Personen mit Behinderungen zudem oft unter Umgehung der arbeitsrechtlichen Schutzbestimmungen.

Die Leistungsfähigkeit von ArbeitnehmerInnen wird in der Baubranche auch am „Arbeitswillen" festgemacht. Wenn es um die Zuschreibung der Eigenschaft „Arbeitswilligkeit" geht, spielt der Körper eine geringere Rolle als andere Kategorisierungen. Einen zentralen Stellenwert nimmt hier die Kategorisierung Migrationsgeschichte ein. Während auf dieser Kategorisierung im Handel vorwiegend Zuschreibungen von schlechten Deutschkenntnissen aufbauen, sind es in der Baubranche Zuschreibungen einer langsamen und wenig engagierten Arbeitsmentalität. Unter dem Ausdruck „südländische Mentalität" wird diese insbesondere Personen mit (über Namen und Hautfarbe) unterstellter türkischer oder afrikanischer Herkunft zugeschrieben. Diese Haltungen können Personen allein aufgrund ihres Aussehens betreffen, unabhängig davon, ob sie eine Migrationsgeschichte aus den genannten Ländern haben oder nicht, und selbstverständlich unabhängig von ihrer tatsächlichen Leistungsbereitschaft.

Anhand der Befragung zeigt sich für die Baubranche, dass MigrantInnen zwar nicht pauschal, wohl aber bezogen auf ihre Nationalität Arbeitswilligkeit zugeschrieben oder abgesprochen wird.

> Mit den Kosovaren mache ich gemischte Erfahrungen, mit den bosnischen Moslems mache ich schlechte Erfahrungen. Die sind auch von der Mentalität her nicht unbedingt gewillt, dass sie sich acht Stunden lang hineinhauen. Ich habe aber auch einen Bosnier mit christlichem Glauben, da funktioniert alles. [...] Wir haben halt nur leider die Erfahrung, dass von zehn Dunkelhäutigen, da ist vielleicht einer dabei, der brauchbar ist. Es ist furchtbar. Die haben eine völlig andere Arbeitseinstellung, zu dem kann man zehnmal hingehen und sagen: „Du, schau her, merkst du nicht, dass du zu langsam bist? Du musst schneller greifen!" Dann greift der vielleicht zehn Minuten lang schneller und sobald ich ihm den Rücken zudrehe, geht es wieder gleich weiter wie vorher. [...] Und ich bin dann halt der, der schonungslos eine Rückmeldung gibt, immer auch an die Leasingfirmen und die reagieren dann auch immer dementsprechend. [AG_1]

Auch diese Präferenzen und Zuschreibungen werden mit Erfahrungswissen untermauert. In diesem Zitat wird zudem deutlich, dass „Arbeitswilligkeit" nicht nur mit der Nationalität und „kulturellen Mentalität" der betroffenen Personen, sondern auch mit deren Religionszugehörigkeit in Verbindung gebracht wird. Seine ablehnende Haltung gegenüber Migranten macht der befragte Dienstgeber auch an der Zuschreibung fest, dass diese im Urlaub in ihr Heimatland fahren und daher nicht kurzfristig bei krankheitsbedingten Ausfällen von Kollegen einspringen könnten. Die Möglichkeit, dass auch österreichische Arbeitskräfte im Urlaub Fernreisen machen, denkt der Befragte weniger an, stattdessen bringt er den Heimaturlaub von Arbeitskräften mit Migrationsgeschichte in Verbindung mit einer mangelnden Arbeitsbereitschaft.

Aufbauend auf der Verallgemeinerung persönlicher Erfahrungen mit einzelnen Arbeitskräften wird mangelnde Arbeitswilligkeit mit bestimmten Kategorisierungen – hier Migrationsgeschichte und Religionszugehörigkeit – verknüpft und auf alle Personen übertragen, die als Angehörige dieser Gruppe wahrgenommen werden. Durch solche Verallgemeinerungen kann es letztendlich zu Ablehnungen ganzer Personengruppen durch ArbeitsgeberInnen kommen.

Als ideale Arbeitskraft beschreibt der Befragte einen jungen Mann aus der Region, der sich kurz vor der Familiengründung befindet und daher ein großes Interesse daran hat, viel Geld zu verdienen – weswegen er arbeits- und leistungsbereit ist und auch im Urlaub zur Verfügung steht. Die Arbeitswilligkeit, die in dieser Branche mit hohen körperlichen Anforderungen und vielen Hilfstätigkeiten zentral ist, wird nicht nur am Körper festgemacht, sondern auch an anderen Kategorisierungen (v.a. der Nationalität sowie der Religionszugehörigkeit). Personen mit Migrationsgeschichte werden in der Baubranche nicht von Vorneherein abgelehnt. Wenn allerdings DienstgeberInnen mit einzelnen MigrantInnen aus bestimmten Ländern bereits negative Erfahrungen gemacht haben, kann dies dazu führen, dass von ihnen alle (vermeintlichen) Angehörigen dieser Gruppe abgelehnt werden. Ebenso wird bei MigrantInnen aus bestimmten Ländern (vorwiegend Türkei, Tschetschenien und afrikanischen Ländern südlich der Sahara) auch auf Schwierigkeiten in der Teamzusammensetzung sowie hinsichtlich der Geschäftsbeziehungen mit KundInnen verwiesen.

Während (junge) Frauen im Handel bevorzugt eingestellt werden, sind sie in der Baubranche mit ablehnenden Haltungen potentieller DienstgeberInnen konfrontiert. Die Bevorzugung von jungen Frauen im Verkauf wird vorwiegend mit sozialen Kompetenzen verknüpft, dagegen wird deren Ablehnung im Baugewerbe primär am Körper festgemacht. Die Ergebnisse der Befragung zeigen die Relevanz und Aktualität des geschlechtlich segregierten Arbeitsmarktes deutlich.

1.3 „Perfektes Deutsch ist im Kundenkontakt notwendig!"
Dienstleistungen

Der Dienstleistungssektor ist, ähnlich wie die Handelsbranche, ein sehr heterogener Bereich. Grundsätzlich lässt sich nach den Angaben der befragten AMS-ExpertInnen vermuten, dass in Dienstleistungssparten mit hohem Professionalisierungsgrad (wie beispielsweise die Informations- und Kommunikationstechnologie) Zuschreibungen von ArbeitgeberInnen an bestimmte Personengruppen eine geringere Rolle spielen als in anderen Sparten des Dienstleistungssektors. In diesen hochqualifizierten Sparten des Dienstleistungssektors stehen die Qualifikationen der Personen im Vordergrund. Agieren Betriebe auch international und dominieren Fremdsprachen bei KundInnenkontakten, sind gerade Personen mit Migrationsgeschichte bei entsprechenden Qualifikationen gefragte ArbeitnehmerInnen.

Anders gestaltet sich die Situation in Kleinbetrieben, in denen es einen geringeren Bedarf an spezialisierten Qualifikationen bei ArbeitnehmerInnen gibt. Je kleiner der Betrieb, desto „passgenauer" sollen die Beschäftigten sein und desto unflexibler sind die Vorstellungen der ArbeitgeberInnen – so die Erfahrungen der AMS-ExpertInnen. Hier werden lange und kontinuierliche Beschäftigungsverhältnisse angestrebt, da diese die Qualität der Dienstleistungen und die Beziehungen zu den KundInnen verbessern würden. Diese gewünschte langfristige Verfügbarkeit wird bestimmten Personengruppen wiederum eher abgesprochen, insbesondere Frauen im gebärfähigen Alter. Dazu eine Expertin vom AMS:

> Aber je kleiner der Betrieb ist, desto mehr Wert wird darauf gelegt, eine Stammbelegschaft zu haben und dass es also wirklich passgenau ist, die sollen wirklich langfristig bleiben. Vor allem in Bereichen wie Arzthelferinnen, die wollen dann jemanden einschulen und behalten und die sagen ganz klar: Ich schule nicht jemanden ein und die geht mir dann nach einem Jahr, weil sie schwanger ist. Die wollen dann lieber ältere Frauen oder solche mit abgeschlossener Familienplanung, das sagen sie auch ganz klar. Da sind sie unflexibel. [AMS_3]

Aus diesem Zitat wird deutlich, dass Frauen in einem bestimmten Alter im Dienstleistungssektor benachteiligt werden können. Im Zentrum steht dabei eine antizipierte Unvereinbarkeit von Beruf und Familie, von der nach DienstgeberInnensicht vorwiegend Frauen in einem bestimmten Alter betroffen sind.

Auch Menschen mit Migrationsgeschichte können im Dienstleistungsbereich mit Barrieren konfrontiert sein, die sich – wie im Handel – auch in dieser Branche an zugeschriebenen Sprachproblematiken festmachen. Schlechte Deutschkenntnisse werden von DienstgeberInnen aufgrund von Verständnisproblemen mit einer geringeren Leistungsfähigkeit verknüpft und MigrantInnen zugeschrieben. Antizipierte Verständnisprobleme beziehen sich sowohl auf die betriebsinterne Kommunikation (mit KollegInnen und Vorgesetzten) als auch auf die Kommunikation mit KundInnen.

Mehrfach benachteiligen können diese Zuschreibungen Frauen mit muslimischem Kopftuch. Ihnen wird nicht nur aufgrund von angenommenen Sprachbarrieren eine mangelnde Kompetenz im Umgang mit KundInnen zugeschrieben, sondern auch aufgrund ihres äußeren Erscheinungsbildes. Die befragten DienstgeberInnen dieser Branche gaben an, dass KundInnen das Kopftuch an sich ablehnen würden, weswegen sie bei der Beschäftigung von Muslimas Umsatzeinbußen antizipieren.

Wie auch in anderen Branchen äußerten sich die befragten ArbeitgeberInnen im Dienstleistungsbereich ablehnend gegenüber Personen, denen sie eine mangelnde „Leistungsfähigkeit" bzw. einen mangelnden „Leistungswillen" zuschreiben. In erster Linie sind dies Personen mit diskontinuierlichen Berufsbiografien, die häufig ihre Arbeitsstellen gewechselt und viele (AMS-finanzierte) Kurse besucht haben. Diese machen bei ArbeitgeberInnen den Eindruck mangelnder Zuverlässigkeit und Zielstrebigkeit.

Aber auch am qualifikationsadäquaten Arbeitsmarkt schwer vermittelbare AkademikerInnen und StudienabbrecherInnen, die in niedrig qualifizierten Berufen in der Dienstleistungsbranche Arbeit suchen, können mit solchen Zuschreibungen konfrontiert sein. Die Befragten in dieser Branche erklären ihre Vorbehalte gegenüber StudienabbrecherInnen oder schwer vermittelbaren AkademikerInnen mit der Teamzusammensetzung: Die Unterschiede im Bildungsniveau der Arbeitskräfte könnten zu teaminternen Konflikten führen.

1.4 „Im Service würde ich keine Dicken nehmen, aber im Büro ist es möglich" Tourismus

Die Tourismusbranche ist dem Dienstleistungssektor zuzuordnen, jedoch weisen die Ergebnisse der Befragung hier auf Zuschreibungen hin, die jenen in der Handelsbranche ähnlicher sind als jenen des Dienstleistungssektors. Ähnlich wie im Handel werden in der Tourismusbranche schlanke Frauen im jungen und mittleren Alter bevorzugt eingestellt. Da insbesondere in dieser Branche unregelmäßige Arbeitszeiten vorherrschend sind, die auch Wochenend- und Abenddienste umfassen und als nicht familienfreundlich gelten, wird nach Angaben der befragten Personalverantwortlichen eines Hotels eine gesicherte Kinderbetreuung bei Bewerberinnen mit Kindern vorausgesetzt und bereits beim Vorstellungsgespräch abgeklärt. Frauen im gebärfähigen Alter wird aber weder mangelhafte Leistungsfähigkeit noch mangelnde langfristige Verfügbarkeit generell zugeschrieben. Vielmehr werden die Arbeitszeiten und zeitlichen Flexibilitätsanforderungen in der Tourismusbranche bereits in den Stellenausschreibungen erwähnt, um damit ein klares Signal an zukünftige ArbeitnehmerInnen zu senden. Während ein Eingehen auf die Wünsche von Arbeitskräften nach „familienfreundlichen" Arbeitszeiten nach Aussagen der Befragten in dieser Branche kaum möglich ist, werden Wünsche nach dem Beschäftigungsausmaß (z.B. Teilzeit) durchaus berücksichtigt.

Die befragten AMS-ExpertInnen erwähnen auch für die Gastronomie klar definierte Vorstellungen hinsichtlich des körperlichen Erscheinungsbildes. Die Anforderungen an das Körperbild der Arbeitskräfte werden in der Tourismusbranche allerdings eher unter dem Attribut „gepflegt" und weniger unter dem Attribut „hübsch" wie im Handel zusammengefasst. Hierzu die Aussage einer Personalverantwortlichen eines Hotels:

> Also wichtig ist für mich einmal Erscheinungsbild, Aussehen, Auftreten. Was das Äußerliche betrifft: Gewisse Dinge gehen einfach nicht. Piercings, sichtbare Tattoos, grüne Haare. Wenn ich sehe, es sind die Haare gewaschen, die Schuhe geputzt, das Hemd gebügelt und er/sie verbreitet keinen Geruch und er hat Akne, dann ist es so. Das ist nicht ansteckend. Beim Übergewicht muss man einfach auf die Position schauen: Wenn jemand jetzt extrem übergewichtig ist, dann wird er sich im Service einfach schwer tun, weil er einfach nicht so belastbar ist, ja? Und sich einfach auch nicht so schnell bewegen kann und wenn man ehrlich ist, dann muss man schon sagen, es passt einfach nicht. [AG_6]

Entsprechend diesem Zitat gelten nach den befragten DienstgeberInnen körperbewusste Personen mit sauberer und gebügelter Kleidung, einer „ordentlichen" Frisur und sauberen Fingernägeln als gepflegte und damit gewünschte Arbeitskräfte. Übergewicht, sichtbare Piercings oder Tätowierungen sowie auffällig oder schlecht gefärbte Haare, bei denen die Naturhaarfarbe stellenweise sichtbar ist, werden dagegen als Zeichen von Ungepflegtheit angesehen. Die befragten Personalverantwortlichen in der Tourismusbranche geben an, Personen mit einem solchen Äußeren entweder gar nicht einzustellen oder nur unter der Bedingung, dass diese bereit wären, sich während der Arbeit an das vom Betrieb gewünschte Erscheinungsbild anzupassen, sofern dies möglich ist. Während Menschen mit einem ungepflegten Äußeren von den Befragten dieser Branche vor allem in Hinblick auf KundInnenkontakte abgelehnt werden, kommen bei Personen mit Übergewicht Zuschreibungen einer geringeren Leistungsfähigkeit hinzu. Übergewichtige Personen gelten in dieser Branche nicht nur als ungepflegt (insofern als Körperpflege auch die Prävention von Übergewicht durch gesunde Nahrung und Sport umfasst), sondern auch als eingeschränkt leistungsfähig. Diesbezüglich werden die körperlichen Anforderungen dieser Arbeit (stehende Tätigkeiten, Treppensteigen, Tragen von schweren Tabletts, durch schmale Tischreihen durchgehen) erwähnt. Darüber hinaus gelten übergewichtige Personen sowohl nach den Angaben der AMS-ExpertInnen als auch in der Sichtweise einer befragten Personalverantwortlichen eines Hotels als träge (womit wiederum das Übergewicht erklärt wird) und aus diesem Grund als nur beschränkt im KundInnenkontakt einsetzbar.

In der Küche spielen die genannten Kriterien jedoch eine untergeordnete Rolle. Sowohl Personen mit Übergewicht als auch Personen mit einem auffälligen Äußeren können hier eingesetzt werden, solange die hygienischen Vorschriften nicht etwa durch Kopf- und Gesichtshaare beeinträchtigt sind. Da die Fähigkeit, mit KundInnen ohne Barrieren kommunizieren zu können, in der Tourismusbranche als zentral angesehen wird, sind Personen mit Behinderungen besonders von Zuschreibungen einer eingeschränkten Leistungsfähigkeit betroffen. Nach den Angaben einer Personalverantwortlichen eines Hotels ist die Einstellung von Menschen mit Behinderungen grundsätzlich vorstellbar, allerdings nur in Bereichen ohne KundInnenkontakt. Die Befragte gibt jedoch an, mit Personen mit Behinderungen in der Vergangenheit schlechte Erfahrungen gemacht zu haben.

Gegenüber Menschen mit Migrationsgeschichte wird die Wichtigkeit von Kenntnissen der deutschen Sprache im Tourismus betont. Nach Auskunft der InterviewpartnerInnen stellt ein hörbarer Akzent im Service keine Schwierigkeit dar, an der Rezeption dagegen seien perfekte Deutschkenntnisse in Wort und Schrift notwendig, da die Arbeitskräfte auch Schriftverkehr zu erledigen haben. Wie auch in anderen Branchen werden Fremdsprachenkenntnisse bei gleichzeitig guten bis sehr guten Deutschkenntnissen als wichtige Ressource gesehen, da die DienstnehmerInnen die Zusammensetzung der Gäste abbilden sowie auch mit Gästen aus dem Ausland in deren Sprachen kommunizieren können. Die Gruppe der MuslimInnen mit sichtbarer bzw. aktiv gelebter Religionszugehörigkeit ist hiervon jedoch ausgenommen. Praktizierende Musliminnen werden unabhängig von ihren Sprachkenntnissen im Tourismus sowohl in Arbeitsbereichen mit KundInnenkontakt abgelehnt als auch als problematisch für das Team gesehen.

> Ja, da tun wir uns auch schwer [mit MuslimInnen], muss ich ganz ehrlich sagen. Aber bitte, wir wollen da jetzt nicht rassistisch sein, aber stellen Sie sich vor, in unseren Breitengraden, es ist so, in der Reinigung, im Service, an der Rezeption, es ist eh egal wo, werden Sie bedient von einem Menschen mit Kopftuch. Und das nächste ist dann die Burka?! Ist einfach schwierig und

> wir haben keine Bereiche, wo wir definitiv keinen Kundenkontakt haben. Aber auch unabhängig vom Kopftuch: Ich kann sie auch nicht in die Küche tun, weil wenn sie mir kein Schweinefleisch kosten und ich habe einmal wo gearbeitet und da hatten wir einen – muss ein Moslem gewesen sein – jedenfalls hat der dann um 12:00 seinen Gebetsteppich ausgebreitet. Und das war ihm völlig wurscht, wie viel wir zu tun hatten. Das geht gar nicht: Der Koch hat draußen was weiß ich wie viele Leute sitzen und der muss jetzt beten gehen?! [AG_5]

Aus diesem Zitat wird deutlich, dass die befragte Personalverantwortliche ihre ablehnende Haltung gegenüber MuslimInnen zum einen mit angenommenen KundInnenwünschen begründet und zum anderen auf religiöse Sonderbedürfnisse der betroffenen Personen verweist, die die Produktivität einschränken. Aus diesen Gründen bzw. Zuschreibungen stellt die befragte Personalverantwortliche Personen mit sichtbarer muslimischer Religionszugehörigkeit überhaupt nicht ein, wie sie im Interview zugibt.

Auch gegenüber Jugendlichen als Arbeitskräfte haben sich die beiden befragten ArbeitgeberInnen im Tourismus negativ geäußert. Beide geben an, mit Lehrlingen schlechte Erfahrungen gemacht zu haben und erklären dies mit den für Jugendliche unattraktiven Arbeitszeiten am Wochenende, die sich mit deren Freizeitgestaltung nur schwer vereinbaren lassen. Aus diesen Gründen kommt es laut deren Erfahrung vor, dass Jugendliche am Sonntagmorgen beispielsweise nicht zum Dienst erscheinen.

Zusammenfassend lässt sich festhalten, dass in der Tourismusbranche insbesondere Personen gefragt sind, die ein gepflegtes Äußeres aufweisen, die leistungswillig, höflich, hilfsbereit, aufgeschlossen und nicht schüchtern sind. Gute Kenntnisse der deutschen Sprache werden für Bereiche mit KundInnenkontakt als zentral erachtet. Die Kategorisierungen Geschlecht, Alter oder sexuelle Orientierung sind für benachteiligende Zuschreibungen hingegen von untergeordneter Relevanz.

1.5 „Mit einem normalen Arbeiter ist die Anlernzeit ein, zwei Produktionstage, mit einer behinderten Person ist es oft vier, fünf Wochen"
Industrie

Im Rahmen dieses Erhebungsblockes wurde ein Online-Fragebogen für ArbeitgeberInnen programmiert und vom Arbeitsmarktservice und der UnternehmerInnenvertretung Wirtschaftskammer innerhalb der Zielgruppe beworben. Obwohl ArbeitgeberInnen aus allen Branchen eingeladen wurden, sich an der Umfrage zu beteiligen, nahmen fast ausschließlich Unternehmen aus der Industrie an der Umfrage teil. Durch diese Überrepräsentanz des Industriesektors in der Stichprobe erschien eine branchenspezifische Auswertung nicht sinnvoll. Daher wurden in der Auswertung nur die Daten für den Industriebereich berücksichtigt.

Gefragt danach, welche Personen es in ihrer Branche generell schwer haben, eingestellt zu werden, geben die an der Umfrage teilnehmenden Unternehmen folgende Personen(gruppen) an: Personen mit Behinderungen, über 50-jährige Personen, Muslime mit sichtbarer Religionszugehörigkeit sowie stark übergewichtige Personen.[28]

---

28 Die Antwortmöglichkeiten waren vorgegeben, Mehrfachantworten waren möglich.

Abbildung 2: Personengruppen mit Schwierigkeiten eine Arbeit zu finden

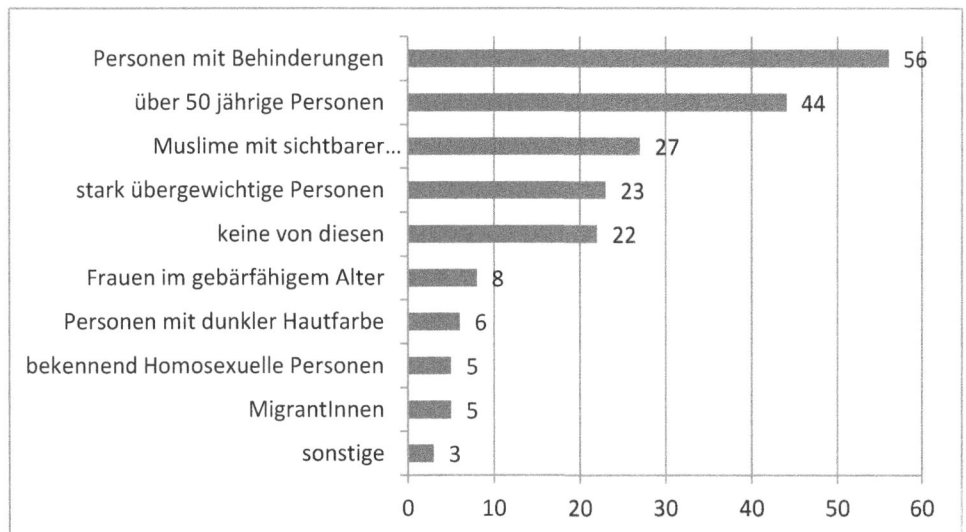

Frage: „Welche Personen haben es unabhängig von der Qualifikation in Ihrer Branche besonders schwer, eine Arbeit zu finden?" Mehrfachnennungen möglich, Zustimmung in %, n=78.

Unter der Option „Sonstige" wurden Personen mit abgebrochener oder keiner Ausbildung und ehemalige Häftlinge genannt. Hinsichtlich der Personen mit Behinderungen, die hier an erster Stelle stehen, stimmen auch 16 % der Befragten der Aussage: „Personen mit Behinderungen verursachen zu viel Aufwand im Betrieb" zumindest eher zu.

Interessant in diesem Zusammenhang ist das Ergebnis, dass älteren Personen in der Industrie zwar Probleme zugeschrieben werden, Arbeit zu finden, dass sie nach Angaben der befragten ArbeitnehmerInnen allerdings kaum Schwierigkeiten dabei haben, Führungspositionen zu erreichen. Dies zeigt deutlich, dass Personen ab 50 Jahren am Arbeitsmarkt in zweierlei Hinsicht wahrgenommen werden. Sind sie erwerbstätig, so befinden sie sich häufig in Führungspositionen bzw. in Positionen, in denen sie Kompetenz ausstrahlen. Sind sie arbeitslos, gelten sie aufgrund ihrer höheren tariflichen Einstufung sowie aufgrund von Zuschreibungen einer baldigen Pensionierung und vermehrter Krankenstände als schwer vermittelbar. Zudem stimmen 18 % der Befragten der Aussage „Ältere ArbeitnehmerInnen sind nicht so belastbar wie jüngere" zumindest eher zu.

Ähnlich wie aus den Ergebnissen der qualitativen Befragung ersichtlich wurde, zeigt sich auch hier die zentrale Relevanz von schlechten Erfahrungen mit bestimmten Personengruppen als Begründung oder Erklärung für deren Ablehnung durch ArbeitgeberInnen. Der Aussage „Wenn ich mit einer bestimmten Personengruppe schon schlechte Erfahrungen gemacht habe, sinkt meine Bereitschaft, solche Personen wieder einzustellen" stimmen 36 % der Befragten eher zu, 10 % stimmen zu.

Abbildung 3: Schlechte Erfahrungen mit Personengruppen als Ablehnungsgrund

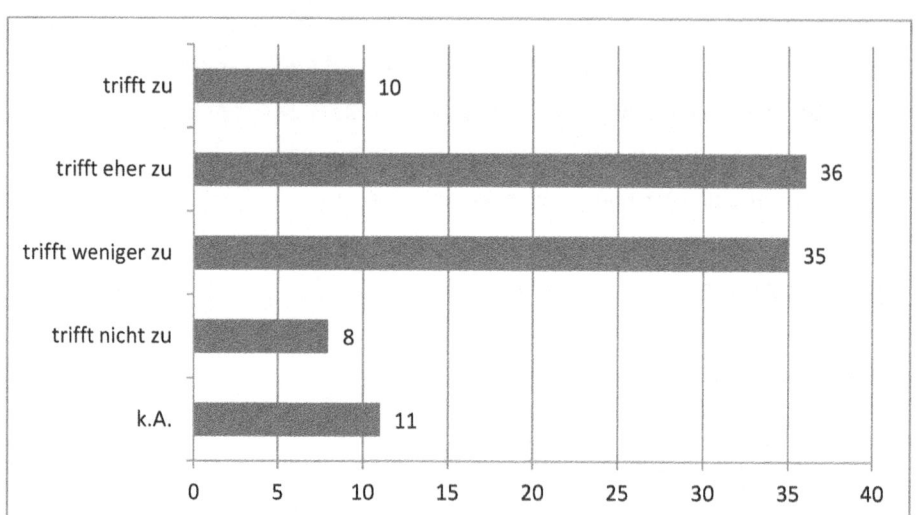

Aussage: „Wenn ich mit einer bestimmten Personengruppe schon schlechte Erfahrungen gemacht habe, sinkt meine Bereitschaft, solche Personen wieder einzustellen." Zustimmung in %, n=78.

Die Zustimmenden wurden auch danach gefragt, mit welcher Gruppe sie schon schlechte Erfahrungen gemacht hatten. Dabei liegen Personen mit Behinderungen (23 %) an erster Stelle, gefolgt von MuslimInnen mit sichtbarer Religionszugehörigkeit (13 %) und über 50-jährigen Personen (5 %). Unter den sonstigen Personen werden SchuldnerInnen, Personen in Arbeitsmarktintegrationsmaßnahmen sowie Jugendliche in Ausbildungsprogrammen oder Fördermaßnahmen des Arbeitsmarktservice angegeben.

Auch anhand der standardisierten Befragung zeigt sich die Relevanz von Deutschkenntnissen für den Industriebereich. 41 % der Befragten stimmen der Aussage „Gute Deutschkenntnisse sind in meinem Betrieb besonders wichtig" zu, 28 % stimmen dieser Aussage eher zu. Weiters stimmen 5 % der Befragten der Aussage „Afrikaner haben eine andere Arbeitseinstellung als Österreicher" zu, 14 % stimmen eher zu. Gleichzeitig geben nur 4 % der Befragten an, mit Personen mit dunkler Hautfarbe schlechte Erfahrungen gemacht zu haben. Ähnlich wie die Ergebnisse für die Branchen Baugewerbe und Produktion zeigen, scheinen auch im Industriesektor Zuschreibungen, die sich an einer spezifischen Mentalität festmachen, relevant zu sein.

Darüber hinaus spielt die Kategorisierung weibliches Geschlecht im Zusammenhang mit dem Familienstand auch in der Industrie eine Rolle, wenn es um benachteiligende Einstellungen geht. 27 % der Befragten stimmen der Aussage „Die längerfristige Arbeitsleistung von jungen Frauen ist unsicher, denn sie gehen früher oder später in Karenz" zumindest eher zu.

Die ArbeitgeberInnen wurden auch danach gefragt, ob sie sich bestimmte Personengruppen in ihrem Team vorstellen können oder nicht. Ihren Antworten zufolge sind die Befragten hinsichtlich der Teamzusammensetzung offen. Alle Befragten geben an, sich Frauen, über 50-jährige Personen, bekennend homosexuelle Personen, Personen mit dunkler Hautfarbe, Männer und MigrantInnen im Team vorstellen zu können. Ablehnungen – wenn auch nur geringe – gab es der Gruppe der MuslimInnen mit sichtbarer Religionszugehörigkeit gegenüber. 10 % können sich diese eher nicht im Team vorstellen und 1 % gar nicht. Weiters können sich 8 % der Befragten stark übergewichtige Personen eher nicht im Team vorstellen.

Die Ablehnung von Personen mit sichtbarer muslimischer Religionszugehörigkeit in Hinblick auf die Teamzusammensetzung deckt sich mit den Angaben der befragten AMS-ExpertInnen. Außerdem stimmen 20 % der Befragten der Aussage „Bekennende Muslime sind problematisch für das Betriebsklima" zumindest eher zu. Bei jenen Befragten, die angeben, dass in ihrem Arbeitsbereich KundInnenkontakt herrscht (n=52), liegt die Gruppe der MuslimInnen klar an erster Stelle, wenn es um Bedenken in Hinblick auf mögliche Ablehnungen durch KundInnen geht.

Abbildung 4: Antizipierte Ablehnung durch KundInnen

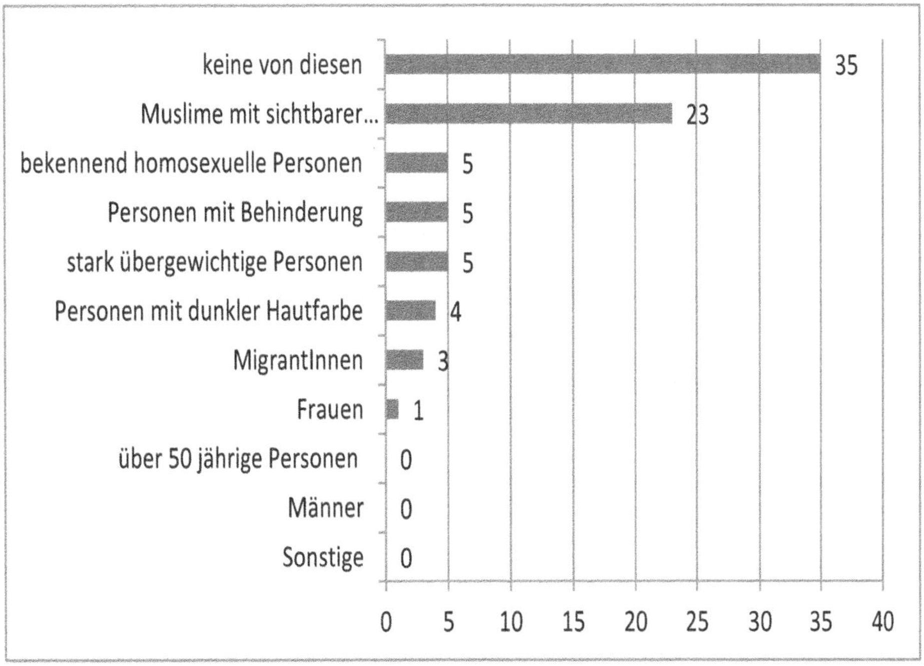

Personengruppe	%
keine von diesen	35
Muslime mit sichtbarer…	23
bekennend homosexuelle Personen	5
Personen mit Behinderung	5
stark übergewichtige Personen	5
Personen mit dunkler Hautfarbe	4
MigrantInnen	3
Frauen	1
über 50 jährige Personen	0
Männer	0
Sonstige	0

Frage: „Bei welcher Personengruppe hätten Sie Bedenken, dass sie von Ihren Kunden abgelehnt würde? Mehrfachnennungen möglich, Angaben in %, n=52.

2 Rationalisierungsmuster von Einstellungen und Haltungen

Wie bereits in der Darstellung der Einstellungen und Haltungen von DienstgeberInnen in den einzelnen Branchen deutlich wurde, argumentieren ArbeitgeberInnen in unterschiedliche Richtungen, um ihre Ablehnung von Angehörigen bestimmter Gruppen zu legitimieren.

Diese Begründungen können als ökonomisiert bezeichnet werden, da von DienstgeberInnen dabei das Interesse ihres Betriebes glaubwürdig ins Zentrum gerückt wird. Vorgebrachte Begründungen betreffen sowohl die Kosten- als auch die Einnahmen-/Erlösseite des Betriebes. In beiden Bereichen spielt das Erfahrungswissen der befragten DienstgeberInnen eine große Rolle. Auf Basis persönlicher Erfahrungen verbinden ArbeitgeberInnen mit der Einstellung bestimmter Personen höhere Kosten für ihren Betrieb. Mit höheren Kosten für den Betrieb verbinden DienstgeberInnen die Vorstellung, wonach Angehörige bestimmter Personengruppen weniger leistungsfähig oder leistungsbereit sind, es zu Schwierigkeiten innerhalb des Teams kommt oder für den Betrieb zusätzliche Aufwendungen oder Mühen entstehen. Auch auf der Einkommens- bzw. Erlösseite argumentieren die befragten DienstgeberInnen mit persönlichen Erfahrungen, wonach bestimmte Personen von KundInnen abgelehnt würden, weswegen sie bei der Beschäftigung von Angehörigen dieser Gruppen Umsatzeinbußen antizipieren.

2.1 Kostenseitige Argumentationen

Kostenseitige Argumentationsmuster verweisen vor allem auf die Arbeitsfähigkeit, die Leistungsbereitschaft sowie Probleme im Team, die von ArbeitgeberInnen antizipiert werden.

Als mangelnde *Arbeitsfähigkeit* gilt die eingeschränkte Befähigung bestimmter Personengruppen, Tätigkeiten in einer Branche adäquat und zuverlässig ausführen zu können. Diese wird von ArbeitgeberInnen branchenspezifisch Angehörigen bestimmter Gruppen zugeschrieben und gilt daher als zentrales Argument für die Ablehnung jener Personen. In allen Branchen haben DienstgeberInnen klare Vorstellungen darüber, welche Personen für die anfallenden Tätigkeiten besonders geeignet sind und welche nicht – diese Vorstellungen beziehen sich nicht auf die Qualifikationen. Personen, die diesen Vorstellungen nicht entsprechen, werden als unpassend für die Tätigkeiten ihrer Branche angegeben, wobei der Ausdruck „unpassend" beschreibt, dass es dabei nicht um die Qualifikation geht.

Bei Zuschreibungen einer eingeschränkten Arbeitsfähigkeit geht es um längere Anlernzeiten (Personen mit Behinderungen), höhere tarifliche Einstufungen (ältere Erwerbstätige), häufige Arbeitspausen durch religiöse Rituale oder eine langsamere Arbeitsweise durch eine „kulturell bedingte Arbeitsmentalität", Arbeitsausfälle (Frauen im gebärfähigem Alter, ältere Erwerbstätige, Personen mit Behinderungen) und der nahe Pensionsantritt bei älteren Personen. Alle diese angeführten Aspekte und Zuschreibungen werden von ArbeitgeberInnen genannt um zu begründen, dass sich die Anstellung von Angehörigen dieser Personengruppen für den Betrieb nicht „auszahlen würde". Würde die Einstellung dieser Personen trotzdem erfolgen, so hätte der Betrieb mit höheren Kosten zu rechnen – so die Argumentation.

Wenn es um die Vermittelbarkeit von Arbeitskräften geht, werden diese Einstellungen und Haltungen auch den befragten AMS-ExpertInnen geteilt, etwa wenn auf die Dominanz von MigrantInnen unter den schwer vermittelbaren Personen am Arbeitsmarkt verwiesen wird.

Unter *Leistungsbereitschaft* wird von ArbeitgeberInnen der Wille verstanden, sich für den dienstgebenden Betrieb einzusetzen und die zugewiesenen Tätigkeiten bestmöglich ausführen zu können bzw. zu wollen. Hier geht es weniger um die Fähigkeit, sondern um den Willen, der bestimmten Gruppen von Arbeitskräften abgesprochen wird. Auch dabei baut die Argumentation auf Kosten für den Betrieb auf, die durch die Einstellung von Personen mit einer geringen Leistungsbereitschaft entstehen, um die mangelnde Attraktivität von Arbeitskräften, die bestimmten Gruppen zugehörig sind oder als zugehörig gelten, nachvollziehbar zu machen. Pünktlichkeit, Einsatzbereitschaft und Zuverlässigkeit gelten als Eigenschaften, auf die Betriebe in allen Branchen besonders Wert legen und diese Eigenschaften werden bestimmten Gruppen von Arbeitskräften tendenziell abgesprochen.

Eine mangelnde Leistungsbereitschaft wird an diskontinuierlichen Berufsbiografien, dem Bezug von AMS-Ausbildungs- und Fördermaßnahmen sowie abgebrochenen Ausbildungen festgemacht und betrifft neben anderen Gruppen insbesondere Jugendliche. Befragte Personalverantwortliche nennen diesbezüglich die Erfahrung, wonach Jugendliche eher eine Anstellung im Hilfsarbeiterbereich anstreben oder Arbeitslosigkeit in Kauf nehmen, als den für sie mühseligeren und finanziell zunächst weniger lukrativen Weg einer Lehre zu beschreiten. Auch PersonalvermittlerInnen gelingt es schwer, solche Jugendliche in den Arbeitsmarkt zu integrieren. Neben diesen vorrangig berufsbiografischen Aspekten, wird eine mangelnde Leistungsbereitschaft auch an einer bestimmten „kulturellen Mentalität" festgemacht, was vor allem Personen mit dunkler Hautfarbe (TürkInnen) oder schwarze Menschen betrifft.

Die *Teamzusammensetzung* und die Antizipation von Konflikten im Team spielen ebenfalls eine wichtige Rolle in der kostenseitigen Legitimation benachteiligender Einstellungen und Haltungen von ArbeitgeberInnen. Dabei geht es darum, dass mit dem Eintritt von neuen MitarbeiterInnen, die Angehörige bestimmter Gruppen sind (oder denen es zugeschrieben wird), Probleme im Team vermutet werden, die die Produktivität einschränken und dem Betrieb Kosten verursachen. Diese Argumentationen spielen insbesondere dann eine Rolle, wenn die betroffenen Personengruppen im Betrieb verstärkt sichtbar sind. Das sind beispielsweise Personen mit dunkler Hautfarbe oder Frauen in männerdominierten Branchen, wie im Baugewerbe.

Die Ergebnisse der Befragungen weisen diesbezüglich auf die zentrale Relevanz hin, die homogen zusammengesetzten Teams eingeräumt wird. Homogene Teams werden als weniger konfliktanfällig und produktiver arbeitend gesehen. Homogene Teams würden produktiver arbeiten, weil sich in solchen Fällen auch die privaten Interessen der KollegInnen decken würden. Dazu das Zitat einer befragten Personalvermittlerin:

> Da war ein Team in der gleichen Schicht eingeteilt, die waren in der Altersspanne von 19 und über 50, das hat nicht funktioniert, die reden über ganz andere Dinge, die haben ganz andere Freizeitinteressen. Sie haben dann die Schichten getauscht und gleichaltrige Leute in eine Schicht getan, das hat funktioniert und die Produktivität war größer. [AG_6]

Die Personalbereitstellerin macht im Interview deutlich, dass sich diese Einstellung nicht nur bei ihren KundInnen, also potentiellen ArbeitgeberInnen, findet, sondern dass sie sie selbst teilt. Daher akzeptiert sie solche personenbezogenen Kriterien im Anforderungsprofil ihrer KundInnen, die Arbeitskräfte suchen, sobald sie mit der Teamzusammensetzung legitimiert werden, während sie pauschale und unbegründete Ablehnungen von Gruppen wie beispielsweise TürkInnen oder AfrikanerInnen nicht akzeptiert. In diesem Fall beendet die Personalberatungsfirma, in der die Interviewpartnerin tätig ist, die Zusammenarbeit.

Konflikte im Team werden von ArbeitgeberInnen insbesondere dann antizipiert, wenn MigrantInnen aus (ehemaligen) Krisengebieten zusammentreffen oder kulturelle Konflikte angenommen werden, wenn etwa muslimische Männer und österreichische Frauen im Team zusammentreffen. Das Achten auf die Homogenität von Teams bedingt Benachteiligungen bei der Einstellung, etwa von Frauen in männerdominierten Bereichen, älteren Personen in jüngeren Teams, Personen mit Migrationsgeschichte in Teams von ÖsterreicherInnen usw.

Interessanterweise gibt es eine Ausnahme von der Bedeutung, die der Teamhomogenität eingeräumt wird. Anders als alle anderen homogenen Teams gelten reine Frauenteams weder als besonders produktiv noch als konfliktarm – im Gegenteil. Die Beschäftigung eines Mannes in einem Frauenteam wird daher nicht als problematisch für das Betriebsklima, sondern vielmehr als wichtige Ressource zur Konfliktminderung betrachtet. Dazu eine Befragte aus dem Tourismusbereich:

> Ja, das [Konflikte im Team] ist schon ein Frauenproblem. Und ich glaub, das zieht sich vom klassischen Zickenkrieg bei den 16-17-jährigen bis hin zu den „Eifersuchtsdramen" oder Neiddramen bis ins höhere Alter. Ja, das ist so und ich glaub, das ist leider ein bisschen ein Manko von uns Girls. Ja, natürlich wäre da ein Mann super, aber wir suchen sowieso nirgends nur ein Geschlecht. [AG_5]

Die Integration von Männern in Frauenteams erfolge zum Vorteil des Teams, was von allen Betriebsangehörigen (ArbeitgeberInnen und Kolleginnen) so gesehen würde.

Türkischen Männern wird von ArbeitgeberInnen zumeist ein muslimisches Religionsbekenntnis und fehlender Respekt vor Frauen im Allgemeinen und höher gestellten Frauen im Besonderen zugeschrieben. In ähnlicher Richtung kann auch die Aussage einer befragten Personalbereitstellerin interpretiert werden:

> Moslems haben ein Problem mit Frauen, die kommen in die Personalfirma und fragen nach dem Chef. Dann sag ich: „Ich bin der Chef." Und dann sagen die: „Nein, ich möchte mit einem Mann reden." Dann werfe ich sie hinaus, hab aber ein mulmiges Gefühl. Das Büro ist im Erdgeschoß, die Wände aus Glas und im Winter wird es schnell dunkel und die Moslems treten oft in Gruppen auf. Da muss man extravertiert sein und darf keine Angst zeigen. [AG_3]

Aus diesem Zitat werden Befürchtungen deutlich, die sich am Geschlecht in Verbindung mit der Religionszugehörigkeit und daraus abgeleiteten kulturellen Mentalitäten speist. Weiters verknüpfen sich in der Argumentation von ArbeitgeberInnen antizipierte Teamkonflikte durch eine an kulturellen Mentalitäten festgemachte eingeschränkte Leistungsbereitschaft. Sind Personen tatsächlich weniger leistungsbereit und wird dies von Vorgesetzten geduldet, so kann dies zu Konflikten im Team führen, weil sich leistungsstärkere KollegInnen dann ungerecht behandelt fühlen:

> Bei den Afrikanern happert es halt mit der Arbeitseinstellung und mit dem Arbeitstempo, der Wille ist da, aber die Einstellung fehlt. Der versteht das nicht, wenn man ihm sagt, dass ein anderer seine Leistung in dreimal so kurzer Zeit erbringt, der versteht das nicht, der sagt, er hat eh gearbeitet. Der fühlt sich dann auch ungerecht behandelt. Vor allem ist es dann auch die Dynamik unter den Leuten, die gewaltig darunter leidet. Die Leute werden dann nach einiger Zeit natürlich ausgegrenzt und die Sachen werden ihnen an den Kopf geschmissen. [AG_1]

Nach Angaben der befragten AMS-ExpertInnen spielen gerade bei der Ablehnung von Personen mit dunkler Hautfarbe Teamkonstellationen eine große Rolle:

> So lange er arbeitet und sich einigermaßen verständigen kann und arbeiten darf, ist das [die Migrationsgeschichte] für die Branche nicht so ein Problem. Das, was ich schon erlebt habe, ist zum Beispiel, dass ein Firmenchef sagt: Ich kann den nicht einstellen. Das war konkret wegen der Hautfarbe, weil einfach seine Partie [sein Team] sagt, sie arbeiten mit dem nicht zusammen. Und das war aber auch eine gemischte Partie von Ausländern und Österreichern, die gesagt haben, sie arbeiten mit dem Schwarzen nicht zusammen. Da kann die Firma nichts dafür, das ist ein gesellschaftliches Problem. Da kann der Chef nicht sagen zu den fünf Mitarbeitern: Geht ihr heim und ich stelle den einen jetzt ein. [AMS_2]

Wie aus diesem Zitat deutlich wird, verweisen DienstgeberInnen bei Ablehnungen bestimmter Personen häufig auf deren angebliche Unvereinbarkeit mit einer bereits bestehenden Teamkonstellation. Ein solches Vorgehen wird von Seiten des AMS zumindest indirekt gerechtfertigt, indem der Dienstgeber hier aus seiner Verantwortung entlassen wird. In ähnlicher Weise wird vom befragten AMS-Experten auf KundInnenerwartungen verwiesen, die dazu führten, dass bestimmte Personen von DienstgeberInnen nicht eingestellt würden. Um die Geschäftsbeziehungen mit ihren KundInnen nicht zu gefährden, bliebe den ArbeitgeberInnen – ähnlich wie beim Betriebsklima – nichts anderes übrig, als bestimmte Personen abzulehnen. Der befragte Arbeitgeber in der Holzverarbeitung bestätigt die Einschätzungen des AMS. Seiner Erfahrung nach würden Personen, die nicht akzentfrei Deutsch sprächen, von KundInnen ebenso abgelehnt wie Personen mit dunkler Hautfarbe. Aus diesem Grund „kann er gar nicht anders", als die entsprechenden BewerberInnen nicht in Erwägung zu ziehen, wenn auch Bewerbungen von Angehörigen anderer Personengruppen vorliegen. Die Ergebnisse der Befragung zeigen deutlich, dass dem Betriebsklima eine besondere Relevanz zugeschrieben wird, da ein gut funktionierendes Team produktiver arbeitet. Dementsprechend hat das bestehende Team einen zentralen Einfluss auf die Anstellung neuer Arbeitskräfte und damit auf die Auswahl zukünftiger KollegInnen. Nach den Angaben der interviewten ArbeitgeberInnen bliebe ihnen nichts anderes übrig, als auf die Wünsche ihrer Angestellten einzugehen und bestimmte Personen entweder nicht einzustellen oder auch zu kündigen, wenn sie das Betriebsklima und damit die Produktivität ihres Betriebes nicht gefährden wollen. Hier können Ausgrenzungen von Angehörigen bestimmter Personengruppen in ihren Begründungen externalisiert werden.

In den Interviews wurden auch **zusätzliche Kosten** angegeben, die mit der Einstellung bestimmter Personen verbunden wären, aber sich nicht unter die Aspekte Arbeitsfähigkeit, Leistungsbereitschaft sowie Teamzusammensetzung integrieren lassen. Diese können materielle Kosten wie ein erhöhter finanzieller Aufwand, aber auch immaterielle Kosten wie ein besonderer Aufwand sein. In erster Linie betrifft dies die Einstellung von Menschen mit Behinderungen, bei denen die befragten DienstgeberInnen befürchten, mit hohen materiellen Kosten für die Anpassung von Betriebsräumen konfrontiert zu sein. Als problematisch, weil mit immateriellen Kosten verbunden, wird von den befragten DienstgeberInnen die Beschäftigung von Menschen mit privaten Problemen wie Schulden, Suchterkrankungen oder Kontakten mit der Polizei angesehen. Auch diese würden dem Betrieb Kosten und Belastungen verursachen.

2.2 Einnahmen-/Erlösseitige Argumentationen

Auf der Einnahmen- bzw. Erlösseite spielen angenommene *KundInnenerwartungen* eine Rolle. Die Argumentation geht dahin, dass KundInnen Angehörige bestimmter Personengruppen ablehnen würden und daher dem Geschäft ausblieben, was Umsatzeinbußen zur Folge hätte. Als Konsequenz daraus könnten bestimmte Personen in Bereichen mit KundInnenkontakt nur erschwert oder überhaupt nicht eingestellt werden. Diese antizipierten KundInnenablehnungen betreffen vorwiegend Personen mit Migrationsgeschichte und Akzent, Personen mit dunkler Hautfarbe und Musliminnen mit Kopftuch.

Dieses Argumentationsmuster zeigt sich am Zitat eines befragten Arbeitgebers in der Holzverarbeitung:

> Aber beim Kunden stößt das absolut auf taube Ohren, ich kann dort keinen Dunkelhäutigen rüberschicken, weil der fällt dort auf wie ein bunter Hund. Beim [Großkunden] arbeiten vielleicht zwei Schwarze, die nicht bei der Reinigungsfirma sind. (…) Von mir her kein Problem, ich würde jeden nehmen, aber ich mache eine Dienstleistung beim Kunden und da muss ich die Kundenvorgaben akzeptieren, egal wie sie sind. [...] Na ja, offiziell [kommuniziert der Kunde seine Ablehnung von schwarzen Personen] natürlich nicht, aber wenn da jemand kommt, der halt schon von den Grundvoraussetzungen her nicht wirklich entspricht, dann kann der arbeiten, so viel und so gut wie er will, der wird nach einem Tag bei mir wieder am Hof stehen und dann kriege ich den Anruf [vom Kunden]: „Den kannst du dir behalten." Das ist halt eher schwierig [AG_1]

Deutlich aus diesem Zitat wird die Argumentation von DienstgeberInnen, dass ihnen, ähnlich wie hinsichtlich der Teamzusammensetzung, nichts anderes übrig bliebe, als den Wünschen ihrer KundInnen nachzukommen, wenn sie Umsatzeinbußen nicht hinnehmen wollen. Durch diese Sichtweise können benachteiligende Haltungen bestimmten Personengruppen gegenüber nach außen (auf eine diskriminierende Gesellschaft/diskriminierende KundInnen) verlagert werden.

3 Resümee

Durch die Befragung von ArbeitgeberInnen, Personalverantwortlichen und PersonalvermittlerInnen (aus dem öffentlichen und privatwirtschaftlichen Bereich) findet die Betroffenenseite im Hinblick auf mehrfache Diskriminierungen ein Gegenüber. Die Ergebnisse bestätigen zum größten Teil die Erfahrungen der Betroffenen und die Einschätzungen der anfangs befragten ExpertInnen. Neu an den Ergebnissen dieses Erhebungsteils ist die dadurch geschaffene Möglichkeit der Herausarbeitung von ökonomisierten Argumentationen für Haltungen und Einstellungen, die bestimmte Personengruppen ablehnen und damit benachteiligen. Diese Argumentationen machen es aus Sicht der ArbeitgeberInnen verständlich, warum Angehörige bestimmter Gruppen als Arbeitskräfte nicht attraktiv sind. So wie diese Argumente eingebracht werden, erscheinen sie als allein dem betriebswirtschaftlichen Interesse verpflichtet und unabhängig von persönlichen Abneigungen, Vorlieben oder diskriminierenden Einstellungen. In ihrer Konsequenz sind sie jedoch diskriminierend, sie führen branchenübergreifend zu Zugangsbarrieren insbesondere für MuslimInnen, Personen mit Behinderungen, Personen mit dunkler Hautfarbe und älteren Erwerbstätigen.

Darüber hinaus herrschen branchenspezifische Argumentationen für die Ablehnung bestimmter Gruppen, die an Anforderungen der jeweiligen Branche festgemacht werden. Im Handel etwa sollen Arbeitskräfte nicht nur eine kompetente KundInnenberatung im Hinblick auf die jeweiligen Produkte anbieten und sich durch Freundlichkeit und Höflichkeit auszeichnen, sie sollen vielmehr auch das „Image des Produktes" bzw. des Betriebes transportieren können. Diese Fähigkeit wird – je nach Ausrichtung des Handels – entweder älteren oder übergewichtigen Personen oder aber BerufseinsteigerInnen abgesprochen. Im Dienstleistungssektor bzw. im Tourismus/Gastgewerbe herrschen ähnliche Anforderungen. Insbesondere ein gepflegtes Erscheinungsbild ist hier von zentraler Relevanz, welches vorwiegend an körperlichen Kriterien wie Schlankheit und Fitness festgemacht wird. Übergewicht wird nicht nur mit fehlenden Leistungsfähigkeit in Verbindung gebracht, sondern ursächlich mit Trägheit. Personen mit schlechten Deutschkenntnissen oder denen schlechte Deutschkenntnisse über den Namen oder die ethnische Herkunft zugeschrieben werden, haben in beiden Branchen Nachteile.

In den männerdominierten Sektoren wie Industrie und Produktion herrschen wiederum andere Voraussetzungen. Hier sind insbesondere Stereotypen vorherrschend, die Leistungsfähigkeit und Arbeitsbewusstsein mit „kulturellen Mentalitäten" und dem Geschlecht in Verbindung bringen.

Wertende Einstellungen und Haltungen werden von DienstgeberInnen mit persönlichen Erfahrungen belegt und auf Basis ökonomisierter Begründungen kosten- und erlösseitig legitimiert. Auf der Kostenseite stehen die Arbeitsfähigkeit, die Leistungsbereitschaft, die Teamzusammensetzung sowie andere antizipierte Kosten im Zentrum, auf der Erlösseite spielen vor allem angenommene KundInnenerwartungen eine zentrale Rolle, die mit MitarbeiterInnen aus bestimmten sozialen Gruppen nicht vereinbar wären.

Auf Basis dieser ökonomisierten Begründungen für verallgemeinertes Erfahrungswissen kommt es vor allem zu Einstellungsdiskriminierungen der betroffenen Personengruppen. Darüber hinaus wird so auch die Zuweisung von Personen an prestigeärmere und einkommensschwächere Aufgabenbereiche begründet, etwa die Zuteilung von Lager- oder Reinigungsarbeiten ohne KundInnenkontakt an MuslimInnen bzw. Personen mit dunkler Hautfarbe. Auch Aufstiegsdiskriminierungen sowie Beendigungsdiskriminierungen können begründet werden, indem im Hinblick auf die Teamzusammensetzung erwähnt wird, dass die Moslems auf der Baustelle eine Frau in einer Führungsposition nicht akzeptieren würden oder die fremdenfeindlichen Österreicher im Team den neu angestellten Afrikaner nicht akzeptieren, weswegen er leider gekündigt werden müsse.

Wiewohl sich die Strategie des „Diversity Managements" auch in Österreich schon etabliert hat, weisen die Ergebnisse der Befragung darauf hin, dass „Harmonie durch Homogenität" wohl eher der Leitgedanke der Personalpolitik in den befragten Unternehmen ist. Mit Ausnahme von reinen Frauenteams gelten homogene Teams als produktiver und konfliktärmer, weswegen ArbeitgeberInnen insbesondere in Kleinbetrieben nicht nur bestehenden KollegInnen ein Mitspracherecht bei der Einstellung neuer MitarbeiterInnen einräumen, sondern auch darauf achten, dass Angehörige bestimmter Personengruppen nicht eingestellt werden, um das Betriebsklima nicht zu gefährden.

Die Ergebnisse der Befragung zeigen deutlich, dass benachteiligende Zuschreibungen, Haltungen und Einstellungen vorherrschender sind, wenn genügend Personal zur Verfügung steht und die Betriebe kleinstrukturierter und lokal tätig sind. In Wirtschaftssektoren, die hoch oder spezifisch qualifizierte MitarbeiterInnen verlangen sowie auch in international agierenden Großbetrieben spielen diese Haltungen keine so große Rolle. Dagegen ist die „Passgenauigkeit" von MitarbeiterInnen in Kleinbetrieben wichtiger, zumal von ArbeitgeberInnen langfristige Beschäftigungsverhältnisse von ArbeitgberInnen angestrebt werden, da diese die Qualität der Dienstleistungen und die KundInnenbeziehungen verbessern würden.

Einmal ist nicht genug?
Resümee

Zentrales Ergebnis unserer Untersuchung sind die Wechselwirkungen zwischen Ungleichheiten auf der Strukturebene und der Ebene der symbolischen Repräsentationen, die die Handlungsoptionen der Betroffenen und damit auch die Auswirkungen von mehrfachen Diskriminierungen unterschiedlich prägen. Da diese mittels der intersektionellen Mehrebenenanalyse identifiziert wurden, sei zunächst noch einmal auf die Analyseebenen in dieser Methode verwiesen.

Unterschieden werden die Strukturebene (Makro- und Mesoebene), die Ebene der symbolischen Repräsentationen und die Ebene der Identitätskonstruktionen (Mikroebene). Auf der Makroebene geht es um Sozialstrukturen, die mehrfache Diskriminierungen und das Handeln der AkteurInnen einrahmen. Strukturen prägen mehr oder weniger alle gesellschaftlichen Bereiche und sozialen Verhältnisse. Strukturkategorien wie Klasse, Geschlecht, Körper oder Rasse erklären Machtstrukturen mit. Auf der Ebene der symbolischen Repräsentationen stellt sich die Frage, wie untersuchte Phänomene und Prozesse mit Normen und Ideologien verbunden sind und welche kulturellen Ordnungen dahinter stehen. Zur Ebene der symbolischen Repräsentationen gehört auch das Alltagswissen der Gesellschaftsmitglieder. Die Mikroebene der Interaktionen und Konstruktion von Identitäten umfasst schließlich Prozesse des Klassifizierens von Individuen in und durch soziale Handlungen. Es wird davon ausgegangen, dass Kategorisierungen wie Geschlecht, Nationalität, Religion o.ä. durch Interaktionen sozial hergestellt werden. Die intersektionelle Mehrebenenanalyse untersucht die Wechselwirkungen zwischen Ungleichheitskategorien auf diesen Ebenen (Degele/Winker 2009, 19f.).

In der vorliegenden Studie wurde mittels der Mehrebenenanalyse eine Typologie von Lebenslagen Betroffener von mehrfachen Diskriminierungen gebildet. Damit konnte gezeigt werden, wie mehrfache Diskriminierungen die Handlungsoptionen der Betroffenen je unterschiedlich prägen.

Es finden sich einerseits wechselseitige Verstärkungen von Ungleichheiten auf der Strukturebene und der Ebene der symbolischen Repräsentationen. Diese führen zu Barrieren im Zugang zu Arbeit und schränken die Handlungsmöglichkeiten der Betroffenen im besonderen Maße ein. Besonders deutlich zeigen sie sich anhand der Strukturkategorien „Rasse" und „Körper" und etwas differenzierter im Bereich der Strukturkategorie „Geschlecht".

Strukturelle Benachteiligungen von MigrantInnen aus Drittstaaten zeigen sich insbesondere als Einschränkungen im Zugang zum Arbeitsmarkt durch fremdenrechtliche Regelungen und die fehlende Anerkennung von Qualifikationen aus dem Herkunftsland. Diese strukturellen Benachteiligungen sind eng mit symbolischen Repräsentationen verknüpft, mit Vorstellungen, wonach Drittstaatsangehörige niedrig qualifiziert, vorwiegend am Hilfsarbeitsmarkt tätig sind und schlechte Sprachkenntnisse haben. Die Evidenz dieser symbolischen Repräsentationen zeigt sich insbesondere anhand der Ergebnisse der ArbeitgeberInnenbefragungen (vgl. Kapitel zur ArbeitgeberInnenbefragung). MigrantInnen aus EU-Drittstaaten und insbesondere MuslimInnen wird von ArbeitgeberInnen zugeschrieben, dass sie eingeschränkt leistungsfähig und zuverlässig sind. Solche Zuschreibungen werden an ihren „südländischen Mentalitäten" festgemacht und mit subjektiven Deutungen von

Erfahrungen mit solchen Arbeitskräften begründet. Zudem herrschen wirkmächtige symbolische Repräsentationen im Hinblick auf MuslimInnen. ArbeitgeberInnen gehen davon aus, dass ihre kulturelle/religiöse Identität und dazugehörige Praxen wie regelmäßiges Beten, der Verzicht auf Schweinefleisch oder bestimmte Kleidungsvorschriften nicht nur deren Einsatzfähigkeit einschränken würden, sondern auch problematisch für das Betriebsklima sowie die Beziehungen zu KundInnen sind. Zur Begründung dieser Einstellungen werden einerseits Erfahrungen mit MitarbeiterInnen aus solchen Gruppen und andererseits „betriebswirtschaftliche Aspekte" wie der antizipierte Verlust von KundInnen, Störungen des Betriebsklimas und reibungsloser Arbeitsabläufe sowie eine geringere Produktivität durch „mentalitätsbedingte" Langsamkeit und Gebetspausen herangezogen. Aus ihrer Sicht scheint es daher „rational" MuslimInnen nicht einzustellen, wenn andere Arbeitskräfte zur Verfügung stehen.

Die wechselseitige Verstärkung von strukturellen Ungleichheiten, die den Zugang zu Arbeit für MigrantInnen aus EU-Drittstaaten einschränken und Zuschreibungen von ArbeitgeberInnen, die diese Personen als unproduktivere Arbeitskräfte ausweisen, führt zu wiederholten Einstellungsdiskriminierungen. Diese mehrfachen Diskriminierungen, verbunden mit der fehlenden Anerkennung von Qualifikationen aus dem Herkunftsland, führen dazu, dass die Betroffenen auf den Hilfsarbeitsmarkt beschränkt sind, um ein Einkommen erwirtschaften zu können. Im Rahmen dieser Tätigkeiten am Hilfsarbeitsmarkt werden sie wiederum oft von KundInnen, KollegInnen und Vorgesetzten belästigt. Die Kategorisierungen ethnische Zugehörigkeit, Migrationshintergrund und Religionszugehörigkeit Islam sind daher vor allem mit den Tatbeständen Einstellungsdiskriminierung und Belästigung verbunden. Zeitlich zeigen sie sich wiederholt und in allen Stadien der Berufsbiografie, unabhängig davon, ob sich die Betroffenen im Laufe der Zeit Qualifikationen und (Sprach-) Kenntnisse angeeignet haben.

Deren Auswirkungen sind *finanziell* Einkommenseinbußen bzw. gar kein Einkommen, Armut, *psychische* Belastungen durch die wiederholten Belästigungen und den fehlenden Zugang zu (qualifikationsadäquater) Arbeit. *Berufsbiografisch* zeigen sich die Auswirkungen dieser Diskriminierungen darin, dass im Herkunftsland oder in Österreich nebenberuflich angeeignete Qualifikationen kaum verwertet werden können. So sind HochschulabsolventInnen beispielsweise in Österreich dazu gezwungen, putzen zu gehen oder Taxi zu fahren.

Eine ähnliche Form der wechselseitigen Verstärkung von Ungleichheiten auf der Strukturebene und der Ebene der symbolischen Repräsentationen zeigt sich im Hinblick auf die Strukturkategorie Körper. Gesetzliche Regelungen zur Integration von Personen mit Behinderungen in den Arbeitsmarkt statten sie mit Kündigungsschutz aus und verbieten mittelbare Diskriminierungen, etwa wenn Barrieren am Arbeitsplatz nicht beseitigt werden, obwohl dies für ArbeitgeberInnen zumutbar wäre. Kollektivvertragliche Regelungen, die mit zunehmenden Dienstjahren ein steigendes Entgelt vorsehen, sind eigentlich für den Schutz behinderter und älterer Arbeitskräfte bestimmt. Die Ergebnisse der Befragungen zeigen aber deutlich, dass diese Regelungen in der Konsequenz ArbeitnehmerInnen mit Behinderungen oder ältere Erwerbstätige für ArbeitgeberInnen unattraktiver machen können. Dies auch vor dem Hintergrund der Wirkmächtigkeit symbolischer Repräsentationen, die sich als bodyistische Diskurse zeigen und die körperliche Erscheinung zur Grundlage der Bewertung von Gesundheit und Leistungsfähigkeit machen. Von den befragten ArbeitgeberInnen wird behinderten, älteren und in manchen Branchen auch übergewichtigen

Personen eine eingeschränkte Vermittelbarkeit am Arbeitsmarkt zugeschrieben sowie eine mangelnde Flexibilität. Auch ein erhöhter Aufwand im Zuge der Einstellung von Personen mit Behinderungen durch Adaptionen von Arbeitsplätzen und längere Anlernzeiten wird von ArbeitgeberInnen antizipiert. Auch hier scheint es für ArbeitgeberInnen „rational" zu sein, Personen mit Behinderungen oder ältere Erwerbstätige nicht anzustellen, wenn andere Arbeitskräfte verfügbar sind.

Die zentrale Folge des Zusammenwirkens von strukturellen Regelungen und bodyistischen Repräsentationen ist im Hinblick auf die Kategorie „Körper" ebenfalls ein eingeschränkter oder versperrter Zugang zum Arbeitsmarkt bzw. ein Ausschluss vom Arbeitsmarkt im Falle des Alters oder einer später eintretenden Behinderung/chronischen Krankheit. Auch hier kommt es zu wiederholten Einstellungsdiskriminierungen und Belästigungen. Belästigungen erfolgen oft systematisch mit dem Ziel, die Betroffenen gegen Ende ihrer Erwerbsbiografie oder gegen Ablauf des Kündigungsschutzes „los zu werden" und münden in Beendigungsdiskriminierungen.

Die Auswirkungen von mehrfachen Diskriminierungen sind auch bei der Kategorie „Körper" *finanziell* Einkommenseinbußen bzw. Abhängigkeit von Sozialleistungen, *psychische* Belastungen durch das Gefühl, am Arbeitsmarkt „wertlos" zu sein, was Suchterkrankungen zur Folge haben kann, und *berufsbiografisch* sind es diskontinuierliche Erwerbsbiografien mit langen Zeiten der Abhängigkeit von Sozialleistungen.

Eine wechselseitige Verstärkung von Ungleichheiten auf der Strukturebene und der Ebene der symbolischen Repräsentationen findet sich auch im Hinblick auf die Strukturkategorie Geschlecht und betrifft vorwiegend Frauen mit Kinderbetreuungsverpflichtungen. Die strukturell ungleiche Verteilung von unbezahlter Arbeit zwischen Männern und Frauen verstärkt sich mit ideologischen Familienbildern und tradierten Geschlechterrollen. Die Vereinbarkeit von Kinderbetreuung und Erwerbsarbeit betrifft in der Praxis vorwiegend Frauen (Strukturebene) und wird daher von ArbeitgeberInnen Frauen (auch kinderlosen) in einem bestimmten Alter zugeschrieben (Repräsentationsebene). Die ArbeitgeberInnenbefragungen haben auf diese symbolischen Repräsentationen hingewiesen. Frauen mit kleinen Kindern oder Frauen im gebärfähigen Alter wird zugeschrieben, dass sie weniger flexibel, nicht langfristig einsetzbar und daher weniger geeignet für Führungspositionen seien. Auch die Betroffenenbefragung hat gezeigt, wie sehr die Geburt eines Kindes mit Karriereeinbußen für Frauen einher geht. Gleichzeitig verweisen die Identitätskonstruktionen betroffener Frauen auf diese symbolischen Repräsentationen und sie hinterfragen strukturelle Benachteiligungen nicht. Die Hauptlast der Vereinbarkeit von Familie und Beruf und die negativen Konsequenzen für die eigenen Karrieren im Vergleich zu jenen der Väter ihrer Kinder werden von den betroffenen Frauen angenommen.

Auch diese wechselseitige Verstärkung von Ungleichheiten auf der Strukturebene und der Ebene der symbolischen Repräsentationen, die mit Identitätskonstruktionen der Betroffenen verknüpft sein kann, führt zu Zugangsbarrieren zum Arbeitsmarkt und schränkt die Handlungsmöglichkeiten der Betroffenen ein. Dies führt bei hochqualifizierten Frauen zu wiederholten Einstellungsdiskriminierungen und innerhalb von Erwerbsarbeitsverhältnissen zu langfristigen Entgeltdiskriminierungen und langfristig wirkenden Aufstiegsdiskriminierungen.

Die Auswirkungen dieser Diskriminierungen sind *berufsbiografisch* „Sackgassenkarrieren", wobei sich hohe Qualifikationen und Karriereambitionen nicht im beruflichen Erfolg niederschlagen. Eine weitere Auswirkung ist ein beschränkter Zugang zu Arbeit, zumindest in einem Ausmaß, das für die Betroffenen wünschenswert wäre. *Finanzielle* Folgen sind ein geringes Einkommen, aber meist keine Existenzbedrohung, und *psychische* Auswirkungen zeigen sich vorwiegend in einer fehlenden Work-Life-Balance und dem Gefühl, am Arbeitsplatz für die eigenen Leistungen nicht wertgeschätzt zu werden.

Andererseits findet sich im Hinblick auf die Strukturkategorie Geschlecht eine tendenzielle Verlagerung von Ungleichheiten von der strukturellen Ebene zur Ebene der symbolischen Repräsentationen. Strukturelle Benachteiligungen, die den Zugang von Frauen zum Arbeitsmarkt einschränken, sind beseitigt und sozialpolitische Maßnahmen sowie Regelungen zur Kompensierung von Ungleichheiten wurden eingeführt. Sowohl unter ArbeitgeberInnen als auch unter ArbeitnehmerInnen herrscht eine höhere Sensibilität für das Verbot von Geschlechterdiskriminierungen. Von diesem weitgehenden Abbau struktureller Ungleichheiten am Arbeitsmarkt profitiert allerdings vorwiegend eine bestimmte Gruppe von Frauen, nämlich solche mit hohen Qualifikationen und Karriereambitionen, die weder Kinderbetreuungsverpflichtungen noch Migrationsgeschichte haben. Obwohl diese Frauen nicht (mehr) mit strukturellen Benachteiligungen konfrontiert sind, kommen auch sie beruflich nicht in dem Ausmaß weiter wie vergleichbare Kollegen und erhalten auch weniger Entgelt als diese. Dieser Umstand lässt sich mit symbolischen Repräsentationen erklären, die trotz abgebauter struktureller Benachteiligungen noch wirksam sind. Es handelt sich hierbei um diskursive Verknüpfungen von Geschlecht und Arbeit und daraus abgeleitete geschlechtsspezifische Bewertungsmuster. Männerdominierte Arbeitsbereiche/Qualifikationen gelten im Vergleich zu frauendominierter Arbeit als höherwertig. Damit hängt auch die Segregation der Berufsfelder und -tätigkeiten zusammen, wobei Männern in gleichen Berufsfeldern eher Arbeiten zugewiesen werden, die mit höherem Prestige und höheren Bonifikationen einhergehen. Männern werden zudem mehr Vorteile in Gehaltsverhandlungen eingeräumt und sie werden von ihren Vorgesetzten stärker gefördert. Auf alle diese Aspekte haben die ExpertInnen- und die Betroffenenbefragung hingewiesen.

Diese Wechselwirkungen zwischen Ungleichheiten auf der Strukturebene und der Ebene der symbolischen Repräsentation, die als Verschiebungen bezeichnet werden können, führen weniger zu Einstellungs- und Beendigungsdiskriminierungen, sondern vielmehr zu mehrfachen Diskriminierungen innerhalb von Arbeitsverhältnissen. Wiederholte und langfristig wirkende Entgelt- und Aufstiegsdiskriminierungen kommen hier im besonderen Ausmaß vor, wobei mit der Strukturkategorie Geschlecht Kategorisierungen wie sexuelle Orientierung, Alter, Weltanschauung oder Religionszugehörigkeit verwoben sein können.

Die Folgen dieser mehrfachen Diskriminierungen sind ähnlich wie bei mehrfachen Diskriminierungen aufgrund des Familienstandes/Geschlechts, die Handlungsoptionen der Betroffenen sind hier allerdings größer. Sie können ArbeitgeberInnen auf Benachteiligungen ansprechen, in Gehaltsverhandlungen besonders „hart" sein und wenn all dies nichts nützt, können sie sich am Arbeitsmarkt nach Alternativen umsehen und finden diese in der Regel auch vor. Die Handlungsoptionen von diskriminierten Frauen ohne Kinderbetreuungsverpflichtungen und ohne Migrationsgeschichte sind dadurch größer.

Die zentrale Fragestellung der Studie lautet:

Haben mehrfache Diskriminierungen Auswirkungen auf die Berufsbiografien der Betroffenen? Führt das Auftreten von mehrfachen Diskriminierungen zu anderen Formen von Auswirkungen als bei eindimensionalen Diskriminierungen?

Resümee

Bereits die Ergebnisse der explorativen ExpertInnenbefragung haben nahegelegt, dass eindimensionale Diskriminierungen in der Praxis kaum vorkommen und mehrfache Diskriminierungen die Regel sind. Die entwickelte Arbeitsdefinition von mehrfacher Diskriminierung mit den Komponenten Kategorisierung, Tatbestand und Zeit ist breit angelegt und erfasst diesen mehrdimensionalen Charakter von mehrfachen Diskriminierungen.

Die Ergebnisse der Studie zeigen, dass sich die Formen von Auswirkungen weniger nach „einfacher" vs. „mehrfacher" Diskriminierung unterscheiden lassen, sondern vielmehr *nach der Art der mehrfachen Diskriminierung*. Hinsichtlich der Auswirkungen ist es also weniger relevant, *dass* die Komponenten Kategorisierung, Tatbestand und Zeit zusammen mehrfachdiskriminierend wirken, sondern vielmehr *wie* sie zusammenwirken. Insbesondere die Dimension der Zeit beeinflusst die Auswirkungen von mehrfachen Diskriminierungen zentral. Wiederholte und langfristig wirkende Diskriminierungen wirken nachhaltiger auf die Berufsbiografien der Betroffenen ein als andere und zwar unabhängig davon welcher Tatbestand oder welche Kategorisierung(en) involviert sind. Die Auswirkungen von allen Formen von mehrfachen Diskriminierungen sind mehr oder weniger starke finanzielle Einschränkungen, das Gefühl für die eigenen Leistungen nicht wertgeschätzt zu sein und trotz Leistung und Ambition beruflich nicht weiterzukommen.

Die spezifischen Verbindungen von Ungleichheiten auf der Struktur- und Repräsentationsebene, die hinter den jeweiligen Tatbeständen mehrfacher Diskriminierungen liegen, beeinflussen nicht nur deren Auswirkungen, sondern vielmehr die Handlungsoptionen der Betroffenen. Daher lässt sich die Forschungsfrage wie folgt beantworten: Mehrfache Diskriminierungen haben vor allem dann andere (schwerwiegendere) Auswirkungen für die Betroffenen, wenn sich die hinter konkreten Tatbeständen liegenden strukturellen Ungleichheiten wechselseitig mit benachteiligend wirkenden symbolischen Repräsentationen verstärken. Dieses Modell der wechselseitigen Verstärkung von Ungleichheiten führt unabhängig von der Kategorisierung (ob es sich um Frauen, MigrantInnen oder Personen mit Behinderungen handelt) zu Barrieren im Zugang zu Arbeit. Folgen können diskontinuierlichen Berufsbiografien, Langzeitarbeitslosigkeit, Hilfsarbeitstätigkeiten trotz hohen Qualifikationen und teilweise Armutsgefährdung sein. Die Art der Kategorisierung spielt dabei jedoch keine große Rolle: Frauen unterschiedlicher Altersgruppen, MigrantInnen und Personen mit Behinderungen oder chronischen Erkrankungen können davon betroffen sein.

Die Ergebnisse der Studie sind in vielfacher Weise nicht „neu", vieles davon bestätigt die Ergebnisse einschlägiger Studien. Neu an der Studie ist vielmehr die Breite der Annäherung an mehrfache Diskriminierungen unter Berücksichtigung verschiedener Perspektiven, die sich zum Teil widersprechen. Es gibt bereits viele Studien, die sich mit Einzelaspekten der mehrfachen Diskriminierung auseinandersetzen, vorwiegend gruppenbezogene Ansätze vertreten. Mehrfache Diskriminierungen werden anhand bestimmter Gruppen, wie beispielsweise Frauen mit Migrationshintergrund oder Frauen mit Behinderungen untersucht. Vorwiegend werden Betroffene oder ExpertInnen befragt (vgl. Einleitung und Kapitel zum Stand der Forschung). Die vorliegende Studie war hier breiter angelegt und führte zur Bestätigung bestehenden Wissens, aber auch zu neuem Wissen im Zusammenhang mit mehrfachen Diskriminierungen. Durch die Ergebnisse der Studie zeigt sich einerseits die Relevanz des Phänomens mehrfacher Diskriminierungen, andererseits lässt sich aus der Studie weiterer Forschungsbedarf zum Thema ableiten.

Die Grenzen der Studie sind in der Zusammensetzung der Stichprobe der Betroffenenbefragung begründet, die einerseits von hochqualifizierten Frauen ohne Migrationsgeschichte dominiert ist und andererseits von Migrantinnen aus EU-Drittstaaten, die in Österreich auf den Hilfsarbeitsmarkt beschränkt sind. Weiterführende Studien können hier an anderen Gruppen ansetzen, sollten aber verschiedene Gruppen in das Forschungsdesign mit einbeziehen, um einen gruppenbezogenen Zugang zu vermeiden. Ein gruppenbezogener Ansatz wird dem Phänomen der mehrfachen Diskriminierung zumindest in der qualitativen Forschung nicht gerecht, einerseits weil er essentialisierend ist und andererseits, weil es nötig ist, die Auswirkungen von mehrfachen Diskriminierungen anhand von verschiedenen Lebenslagen zu vergleichen, um eindeutige Aussagen treffen zu können.

Außerdem sollten weiterführende Studien zu mehrfachen Diskriminierungen an der gezielten Analyse der ArbeitgeberInnensicht ansetzen. Diese können entweder quantitativ angelegt sein und die Einstellungen von ArbeitgeberInnen systematischer erforschen und erklären oder qualitativ im Rahmen breit angelegter Diskursanalysen. Die Ergebnisse der Studie wiesen auf die Bedeutung von Bodyismen für mehrfache Diskriminierungen am Arbeitsmarkt hin, gleichzeitig steht die Forschung zu Bodyismen am Arbeitsmarkt noch am Anfang. Diskursanalytische Zugänge können auch zu diesem Thema fruchtbare Ergebnisse liefern.

Literaturverzeichnis

AHMADPOUR-MILANI Cheryl (2012): Mehrfach-Diskriminierung von Mädchen und Frauen mit türkischem Migrationshintergrund in Österreich. Diplomarbeit, Universität Wien, Wien.
APOSTOLOVSKI Veronika (2013): Die UNO-Komitees und Mehrfachdiskriminierung – eine Bestandaufnahme, verfügbar unter:
http://antidiscrimination.etc-graz.at/cms/fileadmin/user_upload/Projekte/laufend/ADTJ/Bibliothek/Publikationen/UNO_Komitees_und_Mehrfachdiskriminierung.pdf.
AULENBACHER Brigitte, MEUSER Michael, RIEGRAF Birgit (Hg.) (2010): Soziologische Geschlechterforschung. Eine Einführung. Studienskripten zur Soziologie. VS-Verlag für Sozialwissenschaften, Wiesbaden.
AULENBACHER Brigitte, WETTERER Angelika (Hg.) (2009): Arbeit, Perspektiven und Diagnosen der Geschlechterforschung. Westfälisches Dampfboot, Münster.
AULENBACHER Brigitte (2007): Vom fordistischen Wohlfahrts- zum neoliberalen Wettbewerbsstaat: Bewegungen im gesellschaftlichen Gefüge und in den Verhältnissen von Klasse, Geschlecht und Ethnie. In: KLINGER Cornelia, KNAPP Gudrun-Axeli, SAUER Birgit (Hg.): Achsen der Ungleichheit. Zum Verhältnis von Klasse, Geschlecht und Ethnizität, Campus-Verlag, Frankfurt/Main, 42-55.
BAER Susanne (2010): Mehrdimensionale Diskriminierung – Begriffe, Theorien und juristische Analyse. In: ANTIDISKRIMINIERUNGSSTELLE DES BUNDES (Hg.): Mehrdimensionale Diskriminierung, Berlin 2010.
BAER Susanne, SMYKALLA Sandra (2009): Zur Bedeutung von Stereotypen für gleichstellungspolitische Interventionen. In: BAER Susanne, SMYKALLA Sandra, HILDEBRANDT Karin (Hg.): Schubladen, Schablonen, Schema F – Stereotype als Herausforderung für Gleichstellungspolitik, USP Publishing, Kleine Verlag, Hamburg.
BECK-GERNSHEIM Elisabeth (1980): Das halbierte Leben, Männerwelt Beruf – Frauenwelt Familie. Fischer Taschenbuch Verlag, Frankfurt.
BECKER-SCHMIDT Regina (2007): „Class", „gender", „ethnicity", „race": Logiken der Differenzsetzung, Verschränkungen von Ungleichheitslagen und gesellschaftliche Strukturierung. In: KLINGER Cornelia, KNAPP Gudrun-Axeli, SAUER Birgit (Hg.): Achsen der Ungleichheit. Zum Verhältnis von Klasse, Geschlecht und Ethnizität, Campus-Verlag, Frankfurt/Main, 56-83.
BECKER-SCHMIDT Regina (1980): Widersprüchliche Realität und Ambivalenz: Arbeitserfahrungen von Frauen in Fabrik und Familie. In: Kölner Zeitschrift für Soziologie und Sozialpsychologie 32, 705-725.
BECKER-SCHMIDT Regina (1987): Die doppelte Vergesellschaftung – die doppelte Unterdrückung: Besonderheiten der Frauenforschung in den Sozialwissenschaften. In: UNTERKIRCHER Lili, WAGNER Ina (Hg.): Die andere Hälfte der Gesellschaft. Soziologische Befunde zu geschlechtsspezifischen Formen der Lebensbewältigung. Österreichischer Soziologentag 1985. Verlag des Österreichischen Gewerkschaftsbundes, Wien, 10-25.
BERESWILL Mechthild, RIEKER Peter, SCHNITZLER Anna (Hg.) (2012): Migration und Geschlecht. Theoretische Annäherungen und empirische Befunde. Beltz Juventa, Weinheim/Basel.
BERGMANN Nadja, GINDL Karoline (2004): Geschlechterrollen und Behinderung – Wunsch und Realität. GeM-Koordinationsstelle, Wien, verfügbar unter:
http://www.lrsocialresearch.at/files/Langtext_Geschlechterrollen_Behinderung.pdf.BIELING Hans-Jürgen (2007): Die neue politische Ökonomie sozialer Ungleichheit. In: KLINGER Cornelia, KNAPP Gudrun-Axeli, SAUER Birgit (Hg.): Achsen der Ungleichheit. Zum Verhältnis von Klasse, Geschlecht und Ethnizität, Campus-Verlag, Frankfurt/Main, 100-115.

BIFFL Gudrun, PFEFFER Thomas, ALTENBURG Friedrich (2013): Diskriminierung in Rekrutierungsprozessen verstehen und überwinden. Schriftenreihe Migration und Globalisierung, März 2013, Krems.

BOGNER Andreas, LITTIG Beate, MENZ Wolfgang (Hg.) (2005): Das Experteninterview. Theorie, Methode, Anwendung, 2. Aufl., VS-Verlag für Sozialwissenschaften, Wiesbaden 2005.

BOLDER Axel, EPPING Rudolf, KLEIN Rosemarie, REUTTER Gerhard (2010): Die Fragen der neuen Lebensläufe und die Antworten der Erwachsenenbildung. In: ds. (Hg.), Neue Lebenslaufregimes – neue Konzepte der Bildung Erwachsener? VS Verlag für Sozialwissenschaften, Wiesbaden, 9-24.

BOURDIEU Pierre (1982): Die feinen Unterschiede. Kritik der gesellschaftlichen Urteilskraft. Suhrkamp, Frankfurt am Main.

BRADLEY Harriet, HEALY Geraldine (2008): Ethnicity and Gender at Work. Inequalities, Careers and Employment Relations. Palgrave, Macmillan.

BREMER Helmut (2010): Was kommt nach dem „selbstgesteuerten Lernen"? Zu Irrwegen, Gegenhorizonten und möglichen Auswegen einer verhängnisvollen Debatte. In: BOLDER Axel, EPPING Rudolf, KLEIN Rosemarie, REUTTER Andreas (Hg.): Neue Lebenslaufregimes – neue Konzepte der Bildung Erwachsener? VS Verlag für Sozialwissenschaften, Wiesbaden, 201-214.

BRÜNNING Gerhild, KUWAN Helmut (2002): Benachteiligte und Bildungsferne – Empfehlungen für die Weiterbildung, Bielefeld, verfügbar unter: http://www.die-bonn.de/esprid/dokumente/doc-2002/bruening02_01.pdf.

BUDOWSKI Monica, NOLLERT Michael (Hg.) (2010): Soziale Ungleichheiten. Seismo-Verlag, Zürich.

BURZAN Nicole (2007): Soziale Ungleichheit: Eine Einführung in die zentralen Theorien. Studientexte zur Soziologie. VS-Verlag für Sozialwissenschaften, Wiesbaden.

BURRI Susanne, SCHIEK Dagmar (Hg.) (2009): Multiple Discrimination in EU Law: Opportunities for legal responses to intersectional gender discrimination? European Network of Legal Experts in the Field of Gender Equality, European Commission, Directorate-General for Employment, Social Affairs and Equal Opportunities.

CARLES Isabelle, JUBANY-BAUCELLS, Olga (2010): genderace. The Use of Racial Antidiscrimination Laws. Gender and Citizenship in a Multicultural Context. Final Report, verfügbar auf: http://genderace.ulb.ac.be/rapports/GENDERACE%20FINAL%20REPORT%20sent.pdf.

CLEMENS Wolfgang (2010): Ageismus und Altersdiskriminierung auf Arbeitsmärkten – eine Einleitung. In: BRAUER Kai, CLEMENS Wolfgang (Hg.): Zu Alt? „Ageism" und Altersdiskriminierung auf Arbeitsmärkten, VS-Verlag für Sozialwissenschaften, Wiesbaden, 7-20.

COHEN Philip N., HUFFMAN Matt L. (2003): Individuals, Jobs, and Labor Markets: The Devaluation of Women's Work. In: American Sociological Review, 68(3), 443-463.

CRENSHAW Kimberlé (1991): Mapping the Margins: Intersectionality, Identity Politics, and Violence against Women of Color, 43 Stanford Law Review 6, 1241-99.

CRENSHAW Kimberlé (1989): Demarginalizing the Intersection of Race and Sex: A Black Feminist Critique of Antidiscrimination Doctrine. In: The University of Chicago Legal Forum, S. 139-167.

DAHRENDORF Ralf (1974): Pfade aus Utopia. Arbeiten zur Theorie und Methode der Soziologie. Piper, München.

DEGELE Nina, WINKER Gabriele (2009): Intersektionalität. Zur Analyse sozialer Ungleichheiten. Transcript-Verlag, Bielefeld.

DIEKMANN Andreas (2009): Empirische Sozialforschung. Grundlagen, Methoden, Anwendungen. Rowohlt, Reinbek bei Hamburg.

DIETRICH Hans, ABRAHAM Martin (2008): Eintritt in den Arbeitsmarkt. In: ABRAHAM Martin, HINZ Thomas (Hg.): Arbeitsmarktsoziologie. Probleme, Theorien, empirische Befunde. 2. Aufl., VS-Verlag für Sozialwissenschaften, Wiesbaden, 69-98.

DÖRRE Klaus (2007): Prekarisierung und Geschlecht. Ein Versuch über unsichere Beschäftigung und männliche Herrschaft in nachfordistischen Arbeitsgesellschaften. In: AULENBACHER Brigitte, FUNDER Maria, JACOBSEN Heike, VÖLKER Susanne (Hg.): Arbeit und Geschlecht im Umbruch der modernen Gesellschaft, Forschung im Dialog. VS Verlag für Sozialwissenschaften, Wiesbaden, 285-301.

EPPING Rudolf (2010): Exklusion trotz – oder durch – Weiterbildung? In: BOLDER Axel, EPPING Rudolf, KLEIN Rosemarie, REUTTER Andreas (Hg.): Neue Lebenslaufregimes – neue Konzepte der Bildung Erwachsener? VS-Verlag für Sozialwissenschaften, Wiesbaden, 215-242.

EU-KOMMISSION (2007): Bekämpfung von Mehrfachdiskriminierung. Praktiken, Politikstrategien und Rechtsvorschriften. Generaldirektion Beschäftigung, Soziales und Chancengleichheit, Referat G4. Luxemburg.

FALK Susanne (2005): Geschlechtsspezifische Ungleichheit im Erwerbsverlauf. Analysen für den Deutschen Arbeitsmarkt. VS-Verlag für Sozialwissenschaften, Wiesbaden.

FREDMAN Sandra (2005): Mehrfache Diskriminierung und EU-Recht, 2 Europäische Zeitschrift zum Antidiskriminierungsrecht, 12-19.

GÄCHTER August (2010): Der Integrationserfolg des Arbeitsmarktes. In: LANGTHALER Herbert (Hg.): Integration in Österreich. Sozialwissenschaftliche Befunde. Wien, 143-163.

GÄCHTER August (2001): Dequalifikation in Österreich, verfügbar auf: https://www.zsi.at/attach/desk-arko.pdf.

GEISBERGER Tamara, GLASER Thomas (2014): Geschlechtsspezifische Verdienstunterschiede. Analysen zum „Gender Pay Gap" auf Basis der Verdienststrukturerhebung 2010. Statistische Nachrichten 3/2014, 1-12.

GENKOVA Petia (2007): Berufskarriere und Lebenszufriedenheit – psychologische Aspekte. SEIFERT Manfred, GÖTZ Irene, HUBER Birgit (Hg.): Flexible Biografien? Horizonte und Brüche im Arbeitsleben der Gegenwart. Campus-Verlag, Frankfurt/New York, 227-238.

GLÄSER Jochen, LAUDEL Grit (Hg.) (2009): Experteninterviews und qualitative Inhaltsanalyse, 3. überarb. Aufl., VS-Verlag für Sozialwissenschaften, Wiesbaden 2009.

GOTTSCHALL Karin (1995): Geschlechterverhältnis und Arbeitsmarktsegregation. In: BECKER-SCHMIDT Regina, KNAPP Gudrun-Axeli (Hg.): Das Geschlechterverhältnis als Gegenstand der Sozialwissenschaften. Campus-Verlag, Frankfurt/New York, 125-162.

GRUAZ Isa (2008): Doppelt diskriminiert – Frau sein und behindert sein. Dissertation an der Karl-Franzens-Universität, Institut für Erziehungs- und Bildungswissenschaften, Graz.

GRÜNBICHLER Sylvia, ANDREE Barbara (2009): Gehörlose junge Frauen am Arbeitsmarkt und in der Gesellschaft. Möglichkeiten und Grenzen ihrer Partizipation. Eine empirische Studie im Auftrag des Bundessozialamtes. Institut für Translationswissenschaft, Universität Graz, Graz.

HANNETT Sarah (2003): Equality at the Intersections: The Legislative and Judicial Failure to Tackle Multiple Discrimination, 23 Oxford Journal of Legal Studies 1, 65-86.

HAFFNER Yvonne (2007): Mythen um männliche Karrieren und weibliche Leistung. Verlag Barbara Budrich, Opladen&Farmington Hills.

HARTMANN Michael (2003): Individuelle Karrierepolitik oder herkunftsabhängiger Aufstieg? Spitzenkarrieren in Deutschland. In: HITZLER Ronald, PFADENHAUER Michaela (Hg.): Karrierepolitik. Beiträge zur Rekonstruktion erfolgsorientierten Handelns, Leske+Budrich, Opladen, 159-172.

HEINTZ Bettina, NADAI Eva, FISCHER Regula, UMMEL Hannes (1997): Ungleich unter Gleichen. Studien zur geschlechtsspezifischen Segregation des Arbeitsmarktes. Campus-Verlag, Frankfurt/New York.

HERLYN Gerrit (2007): Deutungsmuster und Erzählstrategien bei der Bewältigung beruflicher Krisenerfahrungen. In: SEIFERT Manfred, GÖTZ Irene, HUBER Birgit (Hg.): Flexible Biografien? Horizonte und Brüche im Arbeitsleben der Gegenwart. Campus-Verlag, Frankfurt/New York, 167-184.

HILLMERT Stefan (2010): „Neue Flexibilität" und klassische Ungleichheiten: Ausbildungs- und Berufsverläufe in Deutschland. In: BOLDER Axel, EPPING Rudolf, KLEIN Rosemarie,

REUTTER Andreas (Hg.): Neue Lebenslaufregimes – neue Konzepte der Bildung Erwachsener? VS-Verlag für Sozialwissenschaften, Wiesbaden, 43-56.
HINZ Thomas, ABRAHAM Martin (2008): Theorien des Arbeitsmarktes. Ein Überblick. In: ds (Hg.): Arbeitsmarktsoziologie. Probleme, Theorien, empirische Befunde. 2. Aufl., VS-Verlag für Sozialwissenschaften, Wiesbaden, 17-68.
HOLZLEITHNER Elisabeth (2010): Mehrfachdiskriminierung im europäischen Rechtsdiskurs. In: HOMMEL Ulrike, SCHERR Albert (Hg.): Diskriminierung. Grundlagen und Forschungsergebnisse. VS Verlag für Sozialwissenschaften, Wiesbaden, 95-113.
HRADIL Stefan (2001): Soziale Ungleichheit in Deutschland. Leske+Budrich, Opladen.
JACOB Jutta, KÖBSELL Swantje, WOLLRAD Eske (Hg.) (2010): Gendering disability. Intersektionale Aspekte von Behinderung und Geschlecht. Transcript Verlag, Bielefeld.
KALSBERGER Kerstin (2013): Migration und Gesundheit: die Gesundheitssituation von Migrantinnen in Österreich am Beispiel der Stadt Graz. Masterarbeit, Universität Graz, Graz.
KÄLIN Walter (2000): Grundrechte im Kulturkonflikt. Freiheit und Gleichheit in der Einwanderungsgesellschaft, Zürich.
KALTER Frank (2008): Ethnische Ungleichheit auf dem Arbeitsmarkt. In: ABRAHAM Martin, HINZ Thomas (Hg.): Arbeitsmarktsoziologie. Probleme, Theorien, empirische Befunde. 2. Aufl., VS-Verlag für Sozialwissenschaften, Wiesbaden, 303-332.
KANTER Rosabeth M. (1977): Men and Women of the Corporation, Basic Books, New York.
KELLER Reiner (2007): Diskursforschung. Eine Einführung für SozialwissenschaftlerInnen. 3. akt. Aufl. VS-Verlag für Sozialwissenschaften, Wiesbaden.
KELS Peter (2009): Arbeitsvermögen und Berufsbiografie. Karriereentwicklung im Spannungsfeld zwischen Flexibilisierung und Subjektivierung. VS Verlag für Sozialwissenschaften, Wiesbaden.
KLEIN Rosemarie, REUTTER Gerhard (2010): Verstetigung der Lebenslaufperspektive von Langzeitarbeitslosen durch arbeitsmarktorientierte Weiterbildungspolitik? In: BOLDER Axel, EPPING Rudolf, KLEIN Rosemarie, REUTTER Andreas (Hg.): Neue Lebenslaufregimes – neue Konzepte der Bildung Erwachsener? VS-Verlag für Sozialwissenschaften, Wiesbaden, 341-365.
KLINGER Cornelia, KNAPP Gudrun-Axeli, SAUER Birgit (Hg.) (2007): Achsen der Ungleichheit. Zum Verhältnis von Klasse, Geschlecht und Ethnizität, Campus-Verlag, Frankfurt/Main.
KOLLAND Franz (2010): Altersbilder und ihre normative Wirkung im Wandel der Erwerbsarbeit. In: BRAUER Kai, CLEMENS Wolfgang (Hg.): Zu Alt? „Ageism" und Altersdiskriminierung auf Arbeitsmärkten, VS-Verlag für Sozialwissenschaften, Wiesbaden, 61-80.
KRECKEL Reinhard (2004): Politische Soziologie der sozialen Ungleichheit. Reihe Theorie und Gesellschaft; Bd. 25, 3. erw. Aufl., Campus-Verlag, Frankfurt/Main.
KREIMER Margareta (2009): Ökonomie der Geschlechterdifferenz. Zur Persistenz von Gender Gaps. VS-Verlag für Sozialwissenschaften, Wiesbaden.
KRELL Gertraude, WINTER Regine (2011): Anforderungsabhängige Entgeltdifferenzierung: Orientierungshilfen auf dem Weg zu einer diskriminierungsfreieren Arbeitsbewertung. In: KRELL Gertraude, ORTLIEB Renate, SIEBEN, Barbara (Hg.): Chancengleichheit durch Personalpolitik, 6. Auflage, Gabler, Wiesbaden, 343-360.
KROMREY Helmut (2000): Empirische Sozialforschung. Modelle und Methoden der standardisierten Datenerhebung und Datenauswertung. 9. Aufl., Leske+Budrich, Opladen.
KRÜGER Helga (2007): Geschlechterungleichheit verstimmt: Institutionalisierte Ungleichheit in den Verhältnissen gesellschaftlicher Reproduktion. In: KLINGER Cornelia, KNAPP Gudrun-Axeli, SAUER Birgit (Hg.): Achsen der Ungleichheit. Zum Verhältnis von Klasse, Geschlecht und Ethnizität, Campus-Verlag, Frankfurt/Main, 178-192.
KRÜGER Helga (1995): Dominanzen im Geschlechterverhältnis: Zur Institutionalisierung von Lebensläufen. In: BECKER-SCHMID Regina, KNAPP Gudrun-Axeli (Hg.): Das Geschlechterverhältnis als Gegenstand der Sozialwissenschaften. Campus-Verlag, Frankfurt/New York, 195-219.

LUTZ Helma, VIVAR Maria Teresa Herrera, SUPIK Linda (Hg.) (2013): Fokus Intersektionalität. Bewegungen und Verortungen eines vielschichtigen Konzeptes, 2. Überarbeitete Auflage, VS-Verlag für Sozialwissenschaften, Wiesbaden.

MAIER Friederike, FIEDLER Angela (Hg.) (2008): Verfestigte Schieflagen. Ökonomische Analysen zum Geschlechterverhältnis, edition sigma, Berlin.

MAYRHOFER Wolfgang, MEYER Michael, STEYRER Johannes (2005): Macht?Erfolg?Reich?Glücklich? Einflussfaktoren auf Karrieren, Linde Verlag, Wien.

MAKKONEN Timo (2002): Multiple, Compound and Intersectional Discrimination: bringing the experiences of the most marginalized to force, Institute for Human Rights, Åbo Akademi University.

MAYRING Philipp (2007): Qualitative Inhaltsanalyse. Grundlagen und Techniken. 9. Aufl., Weinheim.

McCALL Leslie (2005): The complexity of intersectionality. In: Signs: Journal of Women in Culture and Society. Volume 3 (3) S. 1771-1800.

MEIER Isabella, PHILIPP Simone, STARL Klaus (2012): Nothing Compares to You, Who Compares to Me? Mehrdimensionalitäten bei Mehrfachdiskriminierung. In: BIFFL Gudrun, RÖSSL Lydia (Hg.): Migration & Integration, 2. Ausgabe, omnium, Leobersdorf/München.

MEYER Michael, IELLATCHICH Alexandre (2005): Über den Stallgeruch: soziale Herkunft, Lebensstil und Karriereerfolg. In: MAYRHOFER Wolfgang, MEYER Michael, STEYRER Johannes (Hg.): Macht? Erfolg? Reich? Glücklich? Einflussfaktoren auf Karrieren. Linde Verlag, Wien, 100-131.

MÜHLING Tanja (2008): Minderheiten auf dem Arbeitsmarkt. In: ABRAHAM Martin, HINZ Thomas (Hg.): Arbeitsmarktsoziologie. Probleme, Theorien, empirische Befunde. 2. Aufl., VS-Verlag für Sozialwissenschaften, Wiesbaden, 241-262.

MÜLLER Ursula, KELLMER Ariana (2011): Diskriminierungserfahrungen von Studierenden, Universität Duisburg/Essen, verfügbar auf:
http://www.uni-due.de/imperia/md/content/diversity/ude-studierendenbefragung_diskriminierung_20.12.2011_f.pdf.

NELL Werner, YESHURUN Stephanie-Aline (2008): Arbeitsmarkt, Migration, Integration in Europa. Ein Vergleich. Wochenschau-Verlag, Schwalbach.

NEWMAN William M. (1973): A study of minority groups and social theory. Haper & Row, New York.

NOTZ Gisela (2008): Arbeit: Hausarbeit, Ehrenamt, Erwerbsarbeit. In: BECKER Ruth, KORTENDIEK Beate (Hg.): Handbuch Frauen und Geschlechterforschung, Theorie, Methoden, Empirie. 2. Aufl., VS-Verlag für Sozialwissenschaften, Wiesbaden, 472-480.

O'BRIEN Kerry (2012): Obesity Discrimination: the Role of Physical Appearance, Personal Ideology, and Anti-fat Prejudice, International Journal of Obesity, 2012.

OSTNER Illona (1978): Beruf und Hausarbeit. Die Arbeit der Frau in unserer Gesellschaft. Campus-Verlag, Frankfurt/New York.

PAIERL Silvia (2009): Gender und Behinderung. Benachteiligungskonstellationen von Frauen mit Behinderung am Arbeitsmarkt. IFA – Institut für Arbeitsmarktbetreuung und -forschung Steiermark, Graz.

PHILIPP Simone, MEIER Isabella, APOSTOLOVSKI Veronika, STARL Klaus, SCHMIDLECHNER Karin Maria (2014): Intersektionelle Benachteiligung und Diskriminierung, Nomos/Dike/facultas, Baden-Baden.

PHILIPP Simone, STARL Klaus (2014): Lebenssituation von „Schwarzen" in urbanen Zentren Österreichs. Bestandsaufnahme und Implikation für nationale, regionale und lokale Menschenrechtspolitiken, verfügbar unter:
http://www.etc-graz.at/typo3/fileadmin/user_upload/ETC-Hauptseite/publikationen/Selbststaendige_Publikationen/ETC-Neumin-Web.pdf.

PLUTZAR Verena (2008): Sprache als „Schlüssel" zur Integration? Eine kritische Annäherung an die österreichische Sprachenpolitik im Kontext von Migration. In: LANGTHALER Herbert (Hg.):

Integration in Österreich. Sozialwissenschaftliche Befunde, Studienverlag Innsbruck u. a., 123-142.
REINERS Diana (2007): No future. Marginalisierte Jugendliche ohne Arbeitsmarktchancen. In: SEIFERT Manfred, GÖTZ Irene, HUBER Birgit (Hg.): Flexible Biografien? Horizonte und Brüche im Arbeitsleben der Gegenwart. Campus-Verlag, Frankfurt/New York, 49-62.
RENDENBACH Ingo (1990): Ökonomie der Schwerbehindertenbeschäftigung. Eine marktorientierte Perspektive. Campus-Verlag, Frankfurt/New York.
RIESENFELDER Andreas, SCHELEPA Susanne, WETZEL Petra (2011): Beschäftigungssituation von Personen mit Migrationshintergrund in Wien. Endbericht i.A. der Kammer für Arbeiter und Angestellte Wien, verfügbar unter: http://medienservicestelle.at/migration_bewegt/wp-content/uploads/2012/01/IBIB_AK_BeschaeftigungvonMigranteninWien.pdf.
ROßNAGEL STAMOV Christian (2010): Was Hänschen nicht lernt...? Von (falschen) Altersstereotypen zum (echten) Lernkompetenzmangel. In: BRAUER Kai, CLEMENS Wolfgang (Hg.): Zu Alt? „Ageism" und Altersdiskriminierung auf Arbeitsmärkten, VS-Verlag für Sozialwissenschaften, Wiesbaden, 187-204.
SCHIEK Dagmar (Hg.) (2011): European Union Non-Discrimination Law and Intersectionality. Investigating the triangle of racial, gender and disability discrimination, Ashgate.
SCHROER Markus (2007): Defizitäre Reziprozität: Der Raum der Überflüssigen und ihr Kampf um Aufmerksamkeit. In: KLINGER Cornelia, KNAPP Gudrun-Axeli, SAUER Birgit (Hg.): Achsen der Ungleichheit. Zum Verhältnis von Klasse, Geschlecht und Ethnizität, Campus-Verlag, Frankfurt/New York, 257-270.
SCHUBERT Renate (1993): Ökonomische Diskriminierung von Frauen. Eine volkswirtschaftliche Verschwendung, Fischer, Frankfurt a.M.
SCHULZE Gerhard (1992): Die Erlebnisgesellschaft: Kultursoziologie der Gegenwart. Campus-Verlag, Frankfurt/Main (Studienausgaben 2000 und 2005).
SCHWINN Thomas (2007): Komplexe Ungleichheitsverhältnisse: Klasse, Ethnie und Geschlecht. In: KLINGER Cornelia, KNAPP Gudrun-Axeli, SAUER Birgit (Hg.): Achsen der Ungleichheit. Zum Verhältnis von Klasse, Geschlecht und Ethnizität, Campus-Verlag, Frankfurt/Main, 271-286.
SINGER Viola (2008): Diskriminierung von übergewichtigen Menschen. Tectum, Marburg.
SOLANKE Iyiola (2009): Stigma: A Limiting Principle Allowing Multiple-Consciousness in Anti-Discrimination Law? In: SCHIEK Dagmar, CHEGE Victoria (Hg.): European Union Non-Discrimination Law, Comparative Perspectives on Multidimensional Equality Law. Routledge Cavendish, London, New York, 115-136.
STADLER Bettina, WIEDENHOFER-GALIK Beatrix (2009): Arbeits- und Lebenssituation von Migrantinnen und Migranten in Österreich. Modul der Arbeitskräfteerhebung 2008, Statistik Austria, Wien 2009.
STARL Klaus (2008): Migration und Bildung – Verletzt Österreich das Recht auf Bildung? In: POSCH Willibald und SCHLEIFER Wolfgang (Hg.): Rechtsfragen der Migration und Integration. Leykam, Graz, 91-103.
STARL Klaus, PHILIPP Simone, MEIER Isabella, APOSTOLOVSKI Veronika (2012): „Die Intersektionalität schwingt latent immer mit" Intersektionelle Benachteiligung und Diskriminierung. Divergenz zwischen Lebensrealitäten und Rechtspraxis. In: juridikum nr 3/2012. 270-279.
STRUPP Julia (2006): Geschlecht – Alter – Behinderung. Ein Überblick. In: Zeitschrift für Frauenforschung und Geschlechterstudien, Jg. 24, Heft 4 Geschlecht, Altern und Gesundheit, 90-101.
VANDENHOLE Wouter (2005): Non-Discrimination and Equality in the View of the UN Human Rights Treaty Bodies, Antwerpen, Intersentia.
VESTER Michael (2001): Soziale Milieus im gesellschaftlichen Strukturwandel: Zwischen Integration und Ausgrenzung. Suhrkamp Verlag, Frankfurt am Main.
VÖLKER Susanne (2006): Praktiken der Instabilität, Eine empirische Untersuchung von Prekarisierungsprozessen. In: AULENBACHER Brigitte, BERESWILL Mechthild, LÖW Mar-

tina, MEUSER Michael, MORDT Gabriele, SCHÄFER Reinhild, SCHOLZ Sylka (Hg.): FrauenMännerGeschlechterforschung, State of the Art. Westfälisches Dampfboot, Münster, 140-154.

WALGENBACH Katharina, DIETZE Gabriele, HORNSCHEIDT Antje, PALM Kerstin (2007): Gender als interdependente Kategorie. Neue Perspektiven auf Intersektionalität, Diversität und Heterogenität, Opladen, Verlag Barbara Budrich.

WEITGASSER Gabriele (2008): Mind the gap. Zur Chancengleichheit von Frauen mit Behinderung im Integrativen Betrieb, Diplomarbeit FH Joanneum, Studiengang Sozialarbeit/Sozialmanagement, Graz.

WEST Candance, ZIMMERMAN Don (1987): Doing Gender. In: Gender und Society 1, 125-151.

WETTERER Angelika (2002): Arbeitsteilung und Geschlechterkonstruktion. „Gender at Work" in theoretischer und historischer Perspektive. UVK-Universitätsverlag Konstanz, Konstanz.

WETTERER Angelika (1992): Profession und Geschlecht: Über die Marginalität von Frauen in hochqualifizierten Berufen. Campus-Verlag, Frankfurt/New York.

WROBLEWSKY Angela, HERZOG-PUNZENBERGER Barbara (2010): Wann kommt die Vielfalt endlich in den Köpfen an? Eine Bestandsaufnahme zum Umgang mit sprachlicher und kultureller Vielfalt im österreichischen Schulwesen. In: LANGTHALER Herbert (Hg.): Integration in Österreich. Sozialwissenschaftliche Befunde, StudienVerlag, Innsbruck u. a., 105-122.

Die AutorInnen

Simone Philipp forscht als Geisteswissenschaftlerin zum Diskriminierungsverbot, zu Migration, Integration und zu Kinderrechten und ist als Trainerin in der Menschenrechtsbildung tätig.

Isabella Meier forscht als Sozialwissenschaftlerin zu Intersektionalität und arbeitet als Social Expert im Rahmen des National Focal Point Austria für die Grundrechteagentur der EU.

Klaus Starl ist seit 2003 Geschäftsführer am ETC Graz. Er lehrt und forscht zum Diskriminierungsverbot.

Margareta Kreimer ist Professorin am Institut für Volkswirtschaftslehre an der Universität Graz und forscht zu arbeitsmarktökonomischen und sozialpolitischen Fragestellungen.

The manufacturer's authorised representative in the EU is Springer Nature Customer Service Centre GmbH, Europaplatz 3, 69115 Heidelberg, Germany. If you have any concerns regarding our products, please contact ProductSafety@springernature.com

Printed and bound by CPI Group (UK) Ltd, Croydon, CR0 4YY
25/03/2026
02078189-0020